# 高等法律职业教育系列教材
## 审定委员会

高等法律职业教育系列教材

# 治安管理实务

ZHIAN GUANLI SHIWU

主　编○曾　郁　周静茹
主　审○张玉忠　李　颖
副主编○龚亭亭　林　岚
撰稿人○曾　郁　周静茹　龚亭亭
　　　　林　岚　金　琳　王凌云
　　　　齐　霞　田加知　陆时莉

中国政法大学出版社

2020·北京

声　明　1. 版权所有，侵权必究。

　　　　2. 如有缺页、倒装问题，由出版社负责退换。

**图书在版编目（CIP）数据**

治安管理实务/曾郁，周静茹主编. —北京：中国政法大学出版社,2020.1（2025.1重印）
ISBN 978-7-5620-9398-5

Ⅰ.①治… Ⅱ.①曾…　②周…　Ⅲ.①治安管理－中国－高等职业教育－教材　Ⅳ.①D631.4

中国版本图书馆CIP数据核字(2019)第300516号

---------------------------------------------------------------------------------------------------------------------

出 版 者　　中国政法大学出版社
地　　址　　北京市海淀区西土城路 25 号
邮　　箱　　fadapress@163.com
网　　址　　http://www.cuplpress.com (网络实名：中国政法大学出版社)
电　　话　　010-58908435(第一编辑部) 58908334(邮购部)
承　　印　　北京鑫海金澳胶印有限公司
开　　本　　787mm×1092mm　1/16
印　　张　　19.75
字　　数　　410 千字
版　　次　　2020 年 1 月第 1 版
印　　次　　2025 年 1 月第 4 次印刷
印　　数　　11001~15000 册
定　　价　　49.00 元

总序 Preface

高等法律职业化教育已成为社会的广泛共识。2008 年，由中央政法委等 15 部委联合启动的全国政法干警招录体制改革试点工作，更成为中国法律职业化教育发展的里程碑。这也必将带来高等法律职业教育人才培养机制的深层次变革。顺应时代法治发展需要，培养高素质、技能型的法律职业人才，是高等法律职业教育亟待破解的重大实践课题。

目前，受高等职业教育大趋势的牵引、拉动，我国高等法律职业教育开始了教育观念和人才培养模式的重塑。改革传统的理论灌输型学科教学模式，吸收、内化"校企合作、工学结合"的高等职业教育办学理念，从办学"基因"——专业建设、课程设置上"颠覆"教学模式："校警合作"办专业，以"工作过程导向"为基点，设计开发课程，探索出了富有成效的法律职业化教学之路。为积累教学经验、深化教学改革、凝塑教育成果，我们着手推出"基于工作过程导向系统化"的法律职业系列教材。

《国家中长期教育改革和发展规划纲要（2010～2020 年）》明确指出，高等教育要注重知行统一，坚持教育教学与生产劳动、社会实践相结合。该系列教材的一个重要出发点就是尝试为高等法律职业教育在"知"与"行"之间搭建平台，努力对法律教育如何职业化这一教育课题进行研究、破解。在编排形式上，打破了传统篇、章、节的体例，以司法行政工作的法律应用过程为学习单元设计体例，以职业岗位的真实任务为基础，突出职业核心技能的培养；在内容设计上，改变传统历史、原则、概念的理论型解读，采取"教、学、练、训"一体化的编写模式。以案例等导出问题，根据内容设计相应的情境训练，将相关原理与实操训练有机地结合，围绕关键知识点引入相关实例，归纳总结理论，分析判断解决问题的途径，充分展现法律职业活动的演进过程和应用法律的流程。

法律的生命不在于逻辑，而在于实践。法律职业化教育之舟只有驶入法律实践的海洋当中，才能激发出勃勃生机。在以高等职业教育实践性教学改革为平台进行法律职业化教育改革的路径探索过程中，有一个不容忽视的现实问题：高等职业教育人才培养模式主要适用于机械工程制造等以"物"作为工作对象的职业领域，而法律职业教育主要针对的是司法机关、行政机关等以"人"作为工作对象的职业领域，这就要求在法律职业教育中对高等职业教育人才培养模式进行"辩证"地吸纳与深化，而不是简单、盲目地照搬照抄。我们所培养的人才不应是"无生命"的执法机器，而是有法律智慧、正义良知、训练有素的有生命的法律职业人员。但愿这套系列教材能为我国高等法律职业化教育改革作出有益的探索，为法律职业人才的培养提供宝贵的经验、借鉴。

2016 年 6 月

前 言
*Foreword*

　　当前公安工作改革进入系统性重塑、整体性变革的新阶段，公安工作以习近平新时代中国特色社会主义思想为指导，贯彻落实总体国家安全观和以人民为中心的发展思想，以改革强警战略和公安大数据建设为动力，大力推进公安机关的治安管理工作。为适应治安形势和治安管理实践的变化，本着与时俱进的态度，我们及时对本书的相关内容加以修订。

　　在修订教材过程中，遵循高等职业教育指导思想，理论知识以够用为度，注重警务技能的培养之外，重视学生的职业能力和潜能的培养，更有利于学生职业生涯的可持续发展。特别是随着云计算、物联网、大数据技术的飞速发展和人工智能的日趋成熟，治安管理的方法和措施同样必须跟上时代快速发展的步伐，在"互联网+公安政务服务"时代，公安岗位需要既熟悉各项治安管理业务，又能适应现代信息社会和新科技时代需要的智慧型职业人才。

　　本教材将理论内容与实训内容一体化，典型工作任务的基本内容与警务实训融进每一个单元项目。教材编写以案例导入，工作任务驱动，体现职业教育的实践性、开放性，实现"教、学、训、战"一体化模式。以真实典型的案例导入，既考虑到治安工作的规律特点，也照顾到教学内容的需要，设计的案例合理，符合工作逻辑，又具有一定的典型性。

　　教材涵盖了治安管理专业的大部分内容，包括人口管理、公共治安秩序管理、特种行业管理、危险物品管理、道路交通管理、涉外行政警务、治安案件查处、群体性事件的预防和处置、治安危机管理等。考虑到职业教育的特点，在每一业务单元专设技能训练项目，突出职业能力的培养。

　　参加本书编写工作的有：曾郁（编写单元一、单元二、单元三），周静茹（编写单元八），龚亭亭（编写单元十一、单元十二），林岚（编写单元十、单元十三），金琳（编写单元四、单元六），王凌云（编写单元九），齐霞（编写单元七），田加知、吉林警察学院陆时莉（编写单元五）。广州铁路公安局深圳铁路公安处张玉忠处长、吉林警察学院李颖教授担任本教材的主审，提出了宝贵的修改意见，在此向他们表示衷心的感谢。

　　由于编者的水平、时间和实践经验有限，本书难免出现不妥之处，恳请读者批评指正，我们努力改正。

编　者

2019 年 9 月

# 绪 论

**知识目标**

1. 了解治安、治安管理的含义及其管理范围。

2. 了解治安管理的历史。

3. 掌握治安管理的任务和原则。

**能力目标**

1. 能正确理解治安及治安管理的含义。

2. 能准确理解治安管理的范围和任务。

3. 能掌握并在实践中坚决贯彻治安管理的各项原则。

**知识结构图**

$$
\text{绪论}
\begin{cases}
\text{治安管理的含义和范围}
\begin{cases}
\text{治安的含义} \\
\text{治安管理的概念} \\
\text{治安管理的范围}
\end{cases} \\
\text{治安管理的历史}
\begin{cases}
\text{中国古代社会的治安管理} \\
\text{中国近代社会的治安管理} \\
\text{新中国的治安管理}
\end{cases} \\
\text{治安管理的任务和原则}
\begin{cases}
\text{治安管理的任务} \\
\text{治安管理的原则}
\end{cases}
\end{cases}
$$

# 项目一　治安管理的含义和范围

## 一、治安的含义

### （一）"治"与"安"的字义

在我国古籍中，早期"治"和"安"更多是分别使用的。从字义上讲，相对于乱而言，治是治理或管理的意思，同时用"之治""之乱"来形容两种不同的社会状态；安与危相对，指安全或安宁。据《说文解字》，治，从水从台，水从台前流过，秩序井然；安，从屋从女，意为居家而安。

### （二）古代"治安"的含义

在我国历史上最早把"治"和"安"连起来作为一词使用的是战国时期的韩非。《韩非子·显学篇》中"此四者所以治安也，而民不知悦也"的治安，是指治国安民的意思。把治安作为一个完整的概念来阐述，则最早见于公元前173年西汉贾谊的《治安策》中。贾谊在《治安策》中陈述了当时社会政治的流弊和国家长治久安的方略，提出不要等诸侯谋反时再去治安，"此时而欲为治安，虽尧舜不治"。司马迁在《史记》中也使用了"治安"一词："古者殷周有国，治安皆千余岁"。

这就是说，古代的治安含义非常广泛，主要是指治理国家，统治民众，管理社会，使国家政治清明，社会稳定。

### （三）现代"治安"的含义

在现代，国家职能分工越来越细，特别是警察制度形成后，"治安"一词的含义比古代要窄许多。现代的治安，是指国家统治阶级维护和巩固统治所需要的并由有关法律所规范的一种社会秩序，即一般所说的社会治安。狭义的治安，就是治安行政管理，也即国家警察部门为维护社会治安秩序、保障正常社会生活依法进行的各种行政管理活动。

社会秩序的内容极为广泛，包括人们在社会活动中必须遵守的行为规则、道德规范、法律规章，表示动态有序平衡的社会状态，具体包括政治、经济、生产、生活秩序，具体表现为国家安全秩序、公共安全、公民人身安全及公私财产安全等。治安秩序是社会秩序的重要组成部分。

治安秩序是国家统治阶级维护和巩固其统治所需要的最基本条件，没有和平稳定的社会治安秩序，统治阶级就无法正常行使国家权力，社会生产和人民生活就无法正常进行。任何一种形态的社会和政府，都把如何创造一个安定良好的社会治安秩序作为一项重要任务。治安秩序是其他社会秩序的基础，是其他社会秩序运行的重要保障。

治安秩序的基本内容是由国家宪法、刑事法律和治安行政法律法规所规范的，不需要专门法律、法规来维护的社会秩序不属于治安秩序。治安秩序主要是由公安法规所规范的那些涉及国家安全、公共安全、公民人身权利及公私财产安全等方面的社会秩序。

有关法律如《治安管理处罚法》《警察法》《道路交通安全法》《居民身份证法》《娱乐场所管理条例》等。

**特别强调**

社会治安是一个法律概念；社会治安是一个政治概念；社会治安的内容具有时空变异性。

**【案例1-1】**

2010年2月26日上午10时许，某市公安局网监支队、某县公安局网监大队联合侦办组办案民警进入杨某军家中，对房内一台笔记本电脑和一台台式电脑硬盘进行了检查，查出大量从网络下载复制的涉嫌淫秽色情的物品，包括视频文件39个（约7G），淫秽黄色图片526张（约80M）。鉴于嫌疑人杨化军在家观看淫秽物品，并未向外传播，且没有以此作为谋利的工具，根据公安部发布实施的《计算机信息网络国际联网安全保护管理办法》的有关规定：任何单位和个人不得利用国际联网制作、复制、查阅和传播淫秽、色情信息，网监部门对嫌疑人杨某军处以警告及罚款3000元的处罚。

此事经媒体报道后，某县公安局随即进行了复查，经复查认为，对杨某军的处罚适用法律不当，于3月24日对杨某军作出了撤销原处罚的决定。

**【问题思考】**

1. 杨某军的行为是否违法？

2. 为什么某县公安局经复查认为，对杨某军的处罚适用法律不当，于3月24日对杨某军作出了撤销原处罚的决定？

**二、治安管理的概念**

治安管理是治安行政管理的简称，是指公安机关依照国家法律和法规，运用行政手段，维护社会治安秩序和公共安全，保障社会生活正常进行的行政管理活动。

**【案例1-2】**

2011年4月18日某市警方经群众举报获悉该市的一些舞台、剧院、演艺厅等演出场所存在低俗甚至色情内容的表演。当晚8点左右立即派出便衣警员前往现场进行前期摸底，同时迅速调集多种警种在周边集结待命，并制定行动预案，于当晚9点40分统一举动，发起冲击，迅速端掉了该市的多个淫秽表演窝点。

**【问题思考】**

1. 公安机关为什么要对娱乐场所进行管理？

**2. 公安机关对娱乐场所的管理属于什么管理?**

治安管理是国家行政管理的重要组成部分,是公安工作的重要方面。

**(一) 治安管理是一种行政行为**

行政行为是享有行政权能的组织或个人运用行政权对行政相对人所作的法律行为。治安管理属于国家行政管理的内容之一,它是公安机关及其人民警察以维护国家安全、公共安全、公民人身安全和公私财产安全为目的,运用管理、命令、指导、监督、制裁等方式执行治安管理法律、法规的行政管理活动。

**(二) 治安管理是以维护社会治安秩序为目的的行政行为**

国家每一类行政活动都有特定的目的和内容,治安管理的目的和内容主要在于维护社会治安秩序。国家协调发展和社会稳定,需要维护各方面的秩序,治安秩序是其他社会秩序得以正常存在和发展的前提和保障,治安管理通过维护社会治安秩序,保障整个社会生活的正常进行,实现国家和社会的稳定。

**(三) 治安管理是由国家公安机关实施的行政行为**

治安秩序是社会秩序的组成部分,它关系到国家、社会和个人的安全,属于社会公共事务范畴,所以治安管理的主体只能由特定国家机关运用国家权力加以实施。在我国,各级公安机关是治安管理的专门机关,按照公安机关的内部分工,治安行政管理工作主要由治安管理部门具体负责,交通、出入境、社会安全防范等若干业务部门也有涉及。

**(四) 治安管理主要是依法公开实施管理的行政行为**

国家为了维护社会治安秩序,制定一系列的法律和法规。治安管理部门的职责就是贯彻、执行、监督和保障这些法律、法规的实施。与公安机关的侦查工作不同,因为治安管理侧重对社会治安秩序的维护、控制,所以管理应以公开方式为主。但是由于治安管理的性质、内容和对象具有不同于其他行政管理的特殊性,担负着预防、发现、制止违法犯罪的任务,在管理过程中不排除使用一些秘密方式和手段,它们是公开管理的辅助和补充。

### 三、治安管理的范围

治安管理的范围是随着经济、社会及科学技术的发展,特别是社会治安形势的变化和治安管理机关工作的需要而不断发展、变化的。中华人民共和国成立以来,我国治安管理的范围几经变化,涉及生活的方方面面,目前,主要包括以下几类业务:公共治安秩序管理、特种行业管理、危险物品管理、人口管理、道路交通管理、消防监督管理、出入境管理、社会治安防范监督指导。

**特别强调**

治安管理的业务范围不是一成不变的,它随着社会和治安形势的发展变化而变化。

拓展阅读

英国警察按职业性质分为两种，一是正规警察，主要担负刑事侦查、交通管理和巡逻执法；二是行业警察，类似于我国的铁路公安、民航公安、林业公安，主要从事一些半公共工作，如服务于运河、内河、船坞、私人企业、铁路、原子能机构等不同种类的行业警察。

在英国另有两种特殊警察。一是隶属于英国国防部的国防部警察，也叫军事警察，主要分布于英国各军事区域，担负所管辖范围内守卫巡逻检查等任务，并有侦察权；二是私人保安警察，其受雇于团体和个人，为公共机构和个人提供警卫、保镖、押运、防范和调查任务，其工作范围只限于受理民事案件和极其轻微的刑事案件，调查对象不得涉及英国皇室、政府部门、国营企业和政府部门的工作人员。

# 项目二　治安管理的历史

在我国，真正意义上的社会治安管理是在近代才产生的，但治安管理和具有这种职能的管理机构可以追溯到阶级社会产生的最初时期。我国历代统治者都十分重视社会治安管理，把社会治安管理的好坏作为衡量一个社会稳定与否的标准。为此，历代统治者不仅在各级政府机构中设置了具有治安管理职能的机构，而且还制定了治安管理法规，从多角度、多方向来加强社会治安管理。

## 一、中国古代社会的治安管理

早在原始社会时期，我国就有了社会治安管理的萌芽。到了原始社会末期（相当于传说中的"五帝"时期），随着氏族部落联盟组织管理形式的不断完善，出现了包含有社会治安管理功能的管理机构。

《尚书·舜典》记载，舜在位时设立的管理机构如"司徒""士"就是具有治安管理职能的机构。"司徒"的职责是负责处理氏族成员之间的纠纷，并对氏族成员进行伦理教育，以维护社会的治安秩序。"士"为狱官之长，处罚那些违反氏族共同利益、损害和侵犯氏族内部治安管理的行为。

这一时期的治安管理无论是从分工还是职能角度看，与后来的治安管理机构无法相比，仅仅处于萌芽阶段，但并不能否定它在一定程度上反映了那个时期的治安管理现实。

### （一）奴隶社会的治安管理

夏朝沿用了原始公社末期部落联盟议事会的司徒和士的官职名称，却有本质上的不同，夏朝的司徒和士作为国家机器的组成部分，执行治安管理职能。为了维持国家统治和对外征讨的需要，夏朝有了户口登记和统计。

奴隶制国家由夏朝经商朝发展到西周，国家职能有了进一步发展。如在司徒之下设司武，负责禁止打架斗殴、寻衅滋事；司稽，负责巡市、查获犯禁、拘捕盗贼。在司寇之下设司民，负责户口登记和统计；野庐氏，负责道路交通管理。

奴隶社会是治安管理职能的萌芽阶段，到了奴隶社会的晚期，治安管理职能有了一定的发展。当然，这个时期的治安管理职能还是初步的，其具体内容多与军事、司法、刑事、行政等交织在一起。

（二）封建社会的治安管理

自春秋战国之交进入封建社会以后，我国经历了两千多年的漫长的封建社会时期，这一时期，我国的治安管理初步成型，其职能和机构有了较大的发展。

1. 秦朝的治安管理。公元前221年秦始皇统一中国。秦王朝在全国自上而下建立了一套完整的官僚体系。在中央，"三公"中设御史大夫，"九卿"中设廷尉，主管全国司法和治安工作。在地方，京师设中尉，掌管京师治安、巡查禁备盗贼；内史，掌管京师军政和司法，兼管京师治安。郡、县设郡尉、县尉，主要任务是抓捕盗贼，协助郡守、县令负责本地区的治安。县以下，乡设游缴、里设里正，掌管乡、里治安，还设有亭和都亭管理治安。秦朝的亭和都亭是我国历史上设置最早的专门治安管理机构，类似于现代的公安派出所。

2. 唐朝的治安管理。唐朝是我国封建社会的鼎盛时期，有较为严密的治安管理机构和有关治安管理的法律规定。在中央设立的吏、户、礼、兵、刑、工六部之中，户部掌管户籍、赋税、财政等，刑部掌管司法行政，均兼有治安管理的职能。在京城设左右金吾卫，掌管皇帝、宫廷警卫和京城的巡警。此外，还设有左右街史，直接执行京城的治安任务。在地方，州刺史之下有司户参军、司兵参军和司法参军，州之下是县，县令之下有司户、司法等专职官员管理户籍、缉捕盗贼、维护地方治安秩序，行使治安管理职能。唐朝除了设置了较完备的治安管理机构外，还制定了较严密的有关治安管理的法律，形成了相当完善的户口管理制度。

3. 明朝的治安管理。明朝是我国封建专制统治高度强化的时期，统治者为了维护自己的统治，在京师和地方建立了庞杂的治安管理机构。京师的治安管理机构有四个：一是五城兵马司，负责缉捕盗贼，查禁街市斗殴、赌博，查缉户口和消防，维护治安秩序；二是亲军卫和留守卫，负责京师警戒、守门和夜间巡逻；三是锦衣卫，是皇帝的心腹特务机构；四是巡捕军队，负责夜间治安（白天由五城兵马司负责）。省级行政机关设"三司"，分工负责，分巡分守；府的长官为知府，推官为知府的副贰官，专掌司法，其中也有治安管理的职责；州设知州、判官，其中判官负责治安工作；县设知县、县丞、主簿、典史等若干人，其中知县掌一县之政，主簿、典史负有维护治安的专门职责。县以下基层和农村实行里甲制度，建立保甲组织。里设里长，甲设甲首。

保甲组织的主要职责是防止管区内发生贼盗，维持治安。

4. 清朝的治安管理。清朝是我国最后一个封建王朝，为维护统治，建立了更庞大的治安管理机构。在中央，仍设六部，其中户部和刑部兼有治安管理职能。在京师，设提督九门巡捕五营步军统领衙门（简称步军统领衙门），负责维护治安和捕盗。在地方，治安由地方行政长官负责。为了加强户口管理，强化了保甲制度，在州、县、城、乡，十户为牌，十牌为甲，十甲为保，分设牌长、甲长、保长，主要职责是编查户口、稽查奸宄、劝善惩恶、维持治安。

**特别提醒**

由于我国在封建社会长期实行行政、司法、军事合一的体制，在这种制度下，始终没有形成完全独立于行政和军事部门之外的治安行政管理体系，可以说我国古代"有治安管理之实、无治安管理之名"。

### 二、中国近代社会的治安管理

#### （一）清朝末期的治安管理

鸦片战争以后，清政府仿效西方国家建立警察制度。1898 年 6 月湖南按察使黄遵宪在巡抚陈宝箴的支持下，将西方的警察制度引入了中国，在长沙创建了湖南保卫局。保卫局虽然随着百日维新的失败而告终，但它是中国近代警察制度和治安管理的萌芽。1902 年清政府在北京设立"工巡总局"，既负责京师的治安又负责土木工程和审理刑事、民事案件。1905 年，清政府将"工巡总局"改为"巡警部"，这是我国最早的专职的中央警察机关。1907 年，清政府为统一各地警察机构，决定在各省设巡警道，州县设巡警署，负责当地治安工作。在建立正规警察机构的同时，清政府还颁布一系列治安管理法规，如《违警律》《户口管理规则》《管理危险物品规则》《结社集会律》等。

#### （二）北洋军阀统治时期的治安管理

1911 年，袁世凯窃取了辛亥革命的胜利果实，中国进入了长达 15 年的北洋军阀的黑暗统治时期。在京师，将原内、外巡警总厅改为京师警察厅，直属内务部。在京师各区设警察署，署下设分驻所和派出所，形成完整的京师治安管理系统。在地方，将清末的省巡警道改为省警务局。市设警察厅，州、县设警察事务所，分别负责辖区内的治安。1913 年北洋政府还在两广、两湖设立了水上警察厅。

为加强警察教育，北洋政府还设置了警察学校和警官高等学校以培养和训练警察和警官。

北洋政府还非常重视警察法规的制定，在治安管理方面的法律有：《治安警察条例》《违警罚法》《管理枪支规则》《管理印刷业规则》，其中《违警罚法》是我国第一部独立的治安行政法规。

**（三）国民党统治时期的治安管理**

国民党统治时期，在中央，由内政部作为全国警察的最高领导机关，所属警政司后改为警察总署，负责全国治安管理。在南京市设首都警察厅，市内各区设警察局，局下设分驻所、派出所，管理辖区治安，这些警察机构还设有保安、消防、交通、侦查、水上警察队和巡逻队等专业警察队。

在地方，从省、市、县到区、乡、镇普遍设置警察机构。国民党政府还以所谓"人民自卫"的名义，在地方各县编设"保安团"，用以弥补警力不足，辅助警察维护"治安"。同时还强化了保甲制度，以户为单位，设户长；十户为甲，设甲长；十甲为保，设保长；相邻各保设联保主任。保甲协助警察"清查户口、稽查奸宄、逮捕罪犯、维持秩序"，并实行"联保连坐"。

**（四）人民民主政权区域的治安管理**

1931年，中华苏维埃共和国在江西瑞金成立，在临时中央人民政府委员会内务部设立民警管理局，省设民警分局，城市设民警所，负责维护社会治安秩序，查禁赌博、贩毒和吸毒，配合政府保卫总部打击国民党特务、奸细和暗藏的反革命分子。

抗日战争期间，各根据地的公安机构不尽相同。在陕甘宁边区，边区政府下设民政厅和保安处执行警察职能。边区首府延安市设公安局，局内设有治安科。1938年5月成立了延安市警察队，隶属于市公安局，主要任务是维护社会治安和警卫工作。

解放战争时期，随着解放区逐步扩大，形成了陕甘宁边区和东北、华北、中原、华东及内蒙古等十多个解放区。内蒙古自治政府和华北人民政府均设立公安部，东北成立公安总处，省、市设立公安厅、局，在各级公安机关内均设有负责治安管理工作的部门。解放区治安管理部门的主要任务是：配合有关部门除匪反霸、防奸反特，处罚违警行为，管理枪支弹药，整顿社会秩序。

**三、中华人民共和国的治安管理**

**（一）中华人民共和国成立至基本完成社会主义改造时期的治安管理**

这一时期大体是1949年10月~1957年。中华人民共和国成立后，国家设立公安部，省、自治区、直辖市设公安厅（局），地区设公安处，市、县设公安局，城市街道、农村乡镇设公安派出所，农村地区和不设区的乡设公安特派员，负责基层治安管理工作。公安机关治安管理部门一方面积极参与了肃特、镇压反革命的伟大斗争；另一方面配合整个公安工作，开展打击盗匪和流氓集团、取缔各种反动会道门的斗争，同时积极建立治安管理的各项业务工作，如户口、消防、交通等各项业务的管理工作。经过几年的努力，初步形成了以户口管理为中心，以派出所工作为基础，包括交通、消防在内的治安管理工作体系。

（二）保卫大规模社会主义建设顺利进行

1956 年社会主义改造基本完成以后，1957 年 1 月～1966 年 4 月，我国开始进入全面社会主义建设时期，治安管理工作也进入全面建设和发展时期。从巩固人民新生政权，转向保障社会主义经济建设；从大规模群众性的镇压反革命运动，转向进一步加强隐蔽斗争、治安管理和法制建设。公安机关治安管理部门一手抓预防犯罪工作，一手抓同治安灾害事故的斗争。

这一时期，还注意加强治安行政法规的建设。颁布了《治安管理处罚条例》，还制定和实施了《户口登记条例》《公安派出所组织条例》等几十种治安行政法规，使治安管理逐步建立在社会主义法制的基础之上。

（三）十年"文化大革命"中的严重挫折

1966～1976 年的"文化大革命"，使治安管理工作遭到了严重破坏，治安管理的各级公安机关被"砸烂"，广大治安民警受到迫害和摧残。中华人民共和国成立以来建立的治安管理制度和治安管理法规被全盘否定和取消。

（四）"在徘徊中前进"的两年

1977～1978 年，在中国当代史上是徘徊前进的两年。社会治安受到"文化大革命"后遗症的影响，突出表现为青少年犯罪。有些青少年整日游荡街头，盗窃、抢劫、聚众斗殴，甚至侮辱、强奸妇女，有些犯罪团伙为了争夺地盘，大打群架。面临这样混乱的治安问题，公安部于 1977 年 12 月在北京召开了第十七次全国公安工作会议，部署全面恢复治安管理工作，积极预防和严厉打击各类治安、刑事案件，同时开展了多项治安管理业务工作。

（五）保卫改革开放，为新时期中国特色社会主义现代化建设保驾护航

这一时期社会治安的主要特点是：粉碎"四人帮"后，从"大乱"走向"大治"。特别是经过三次"严打"斗争，社会治安恢复了正常状态。但随着改革开放的深入、社会政治经济形势的变化，社会治安又面临更多新情况、新问题。各类刑事案件开始回升，同刑事案件息息相关的黄、赌、毒等治安恶性案件剧增；交通消防方面的灾害事故大幅上升；沿海地区流动人口急剧增加。公安工作包括治安管理的工作重点也随之转向服从和服务于社会主义经济建设、保卫改革开放，为中国特色社会主义现代化建设保驾护航。

新时期治安管理具有以下特点：一是治安管理机构逐步发展完善；二是治安管理走上法制轨道；三是治安管理加快现代化进程；四是治安管理队伍不断加强。

为适应治安行政管理容量的扩大，专业要求日益提高的需要，20 世纪 80 年代，各级公安机关逐步把刑事侦查从治安管理部门分离出去；各大中城市公安机关在公共秩序管理、特种行业管理、危险物品管理等方面有了专门的机构和人员；为加强人口管

理，把户政管理从治安管理部门分离出来。90 年代，为应对突发事件，各大中城市建立了公安指挥中心和公安防暴队。进入 2000 年，随着互联网对国家安全和社会稳定的影响越来越大，成立了网络安全监控机构。2019 年，在深入分析了当前治安管理工作面临的形势任务和风险挑战后，公安部提出了通过全面实施社会治安防控体系建设、基层基础建设、推进改革强警和公安大数据战略、锻造过硬队伍等行动，落实各项治安管理工作，维护国家公共安全和社会治安秩序。

此外，我国还制定、完善了治安管理的法律体系，如《治安管理处罚法》《道路交通安全法》《消防法》《出境入境管理法》《禁毒法》《居民身份证法》《人民警察法》《危险化学品安全管理条例》《娱乐场所管理条例》《娱乐场所治安管理办法》《保安服务管理条例》等一系列法律法规。

# 项目三　治安管理的任务和原则

## 一、治安管理的任务

治安管理的任务是维护国家安全和社会稳定，概括来说，我国治安管理的主要任务是：依据治安管理法律、法规，运用行政管理手段，维护社会治安秩序和公共安全，保护公民的合法权益，保障社会主义现代化建设的顺利进行，其核心是预防违法犯罪。

【资料 1-1】

2012 年 3 月，某市公安局新闻办公室向媒体通报，近年来，该市警方积极推进社会治安视频监控系统建设，成功织就一张覆盖全市公共场所、主干道路、企事业单位、居民小区的"天网"。同时，该市警方加强和创新视频监控在打击犯罪、治安防控、社会管理等方面的深度应用，积极推进视频监控综合应用实战化，不断提升警务运作效能。据统计，2012 年 1~2 月，该市警方利用视频监控系统破获刑事案件 949 宗，抓获犯罪嫌疑人 1710 人，发现违法犯罪线索 2758 条，取得了良好的应用效果。

【问题思考】

1. 治安视频监控系统在治安管理中起着什么样的作用？

2. 治安管理的任务是什么？

治安管理的任务是指根据国家法律规范规定的，由公安机关治安管理部门承担的工作和责任，具体可归纳为以下几个方面：

（一）预防、发现和控制犯罪

预防、发现和控制犯罪是治安管理的首要任务。预防犯罪是指治安管理要针对产生犯罪或诱发犯罪的原因，充分发动和依靠广大群众和社会各方面的力量，从犯罪主体和易被侵害的客体两个方面，采取各种行之有效的措施，实施全方位、多层次的防范，以在犯罪的心理结构和犯罪的机遇、诱因和条件之间，设置屏障，防止和减少犯罪行为的发生。控制犯罪是指将公开和隐蔽的手段相结合，从时间和空间上加强对整个社会面的控制。一是防范、控制可能实施违法犯罪的主体；二是控制可能实施违法犯罪的时空和其他条件；三是管理可能被违法犯罪侵害的对象。

（二）预防、查处违反治安管理的行为

违反治安管理行为与刑事犯罪行为相比，尽管它的社会危害性较小，但从实践情况看，违反治安管理行为的发案数往往几倍于刑事案件，它对社会治安的威胁不能轻视。因此，有效预防和查处治安案件对于维护治安秩序，具有重要意义。预防和查处违反治安管理的行为，是治安管理的一项经常而又繁重的任务。预防和查处措施主要有：一是广泛开展法制宣传教育，提高公民的法律意识是预防违反治安管理行为发生的根本方法；二是开展社会丑恶现象的专项整治，净化社会环境，同时公安机关在日常的治安管理工作中，采取各种手段来消除和限制诱发社会丑恶现象的不良因素和条件，从而预防和减少违反治安管理行为的发生；三是认真查处治安案件，积极制止违反治安管理行为的发生。

（三）预防、查处治安灾害事故

治安灾害事故，是指违反治安管理法规或安全操作规程而引起的人员伤亡、物质财富损毁的灾害事故，包括道路交通事故、火灾、爆炸、中毒、翻沉船和放射性事故，以及由于公共秩序混乱造成的死伤事故等。为了防止治安灾害事故的发生，应做好以下几方面的工作：一是广泛开展安全生产的宣传教育，普及安全知识，增强安全事故防范意识；二是贯彻"谁主管、谁负责"的原则，明确职责分工，落实各项安全责任制；三是严密管理，强化安全检查，实施动态管理，及时消除安全隐患，堵塞管理漏洞；四是对已经发生的治安事故，查明原因、总结教训、落实整改措施，严厉追究相关责任人的刑事责任和其他责任。

（四）预防、平息群体性事件

群体性事件，是指聚众共同实施的违反国家法律、法规，扰乱社会秩序，危害公共安全，侵害公民人身安全和公私财产安全的行为。积极预防、妥善处置由人民内部矛盾引发的群体性事件，是新世纪新阶段公安机关维护国家安全和社会稳定的重要任务。

预防、处置群体性治安事件，一是从思想上重视，认识到群体性治安事件对社会治安秩序造成的危害和正确及时处置的意义；二是要做好群体性治安事件的预防工作；三是及时处置群体性治安事件。

另外，公安机关的治安管理部门还具有协助其他行政部门进行管理的任务。治安管理由于具有特殊的强制性而拥有其他行政管理所不具有的权威性和约束力，因而它是其他行政管理顺利进行的保障。当然，治安管理部门只有在其他行政管理部门依法履行职责受到拒绝、阻碍时，才能依法予以协助，并及时查处有关违反治安管理行为。

## 二、治安管理的原则

**【资料 1-2】**

2019 年 2 月 23 日广州交警微博发布：近期广州交警在全市范围内持续开展行人、非机动车交通违法行为治理工作，对违反交通管理的行人、非机动车的管理方式可以"五选一"。执勤民警在查获行人、非机动车交通违法行为时，在向违法行为人说明其违法行为的危害性同时，对违法行为人的管理方式可由其本人从以下五种方式中进行选择：①执法接受 20~50 元的罚款；②抄写《非机动车、行人交通安全"八不准"法规条文》一次；③做志愿者，协助交警维持路口交通秩序，并签订《我与交警有个约定》；④观看 20 分钟交通安全警示视频；⑤把自己的违法行为、违法地点发到微博或微信朋友圈，求好友点赞 20 个。对违反交通管理的行人、非机动车采取"五选一"管理规定，更能体现人性化的执法，通过抄写法规条文、朋友圈集赞等方式，促进广大市民安全出行、文明出行的交通意识。

（一）依法行政原则

公安机关在实施维护社会秩序的治安管理过程中，要严格依照治安管理的法律、法规进行，做到依法行政。

治安管理坚持依法行政原则，其基本要求是：

1. 合法行政。治安管理部门实施治安行政管理，应当依照法律、法规、规章的规定，不得作出侵犯公民、法人和其他组织合法权益或者增加公民、法人或者其他组织义务的决定。

2. 合理行政。治安管理部门实施治安管理所采取的措施和手段应当是必要、适当的。

3. 程序正当。治安管理部门实施治安行政管理，除涉及国家秘密和依法受到保护的商业秘密、个人隐私外，应当公开。要严格遵循法定程序，依法保障当事人的合法权益。

4. 高效便民。治安管理部门实施治安行政管理，应当遵守法定时限，积极履行法定职责，提高办事效率，提供优质服务。

5. 诚实守信。治安管理部门公布的信息应当全面、准确、真实；非因法定事由并经法定程序，治安管理部门不得撤销、变更已经生效的行政决定。

6. 权责统一。治安管理部门依法履行治安管理职责，如果违法或者不当行使职权，应当依法承担法律责任，实现权力和责任的统一。

（二）管理与服务相统一原则

执法为民是公安机关执法思想的核心，管理与服务相统一是执法为民思想在治安管理工作中的具体反映和基本要求。治安管理作为国家公共行政管理，奉行立警为公、执法为民的服务宗旨，为国家建设服务、为社会发展服务、为人民大众服务、为纳税人服务。管理与服务的关系是，以管理为手段，以服务为目的。

（三）专门机关管理与依靠群众相结合的原则

专门机关是指具有国家治安行政主体资格的公安机关治安管理部门及其人民警察。依靠群众是指公安机关治安管理部门组织指导群众积极参与社会治安秩序的维护工作，广泛预防违法犯罪。治安管理专门机关在治安管理工作中，把治安管理执法的专业工作与群众维护社会治安的各种活动相结合，如安全检查、法制宣传、调解纠纷、监督改造、社会帮教和维护交通等。

（四）预防为主、保障安全的原则

预防为主，是指在同违法犯罪行为和治安事故作斗争中，在处理预防和打击（查处）两方面的工作关系时，应把预防放在主导的地位；保障安全，是指各项治安管理业务工作都要从安全出发，通过各种手段达到安全的目的，它是治安管理的出发点和归宿。

（五）公开管理与秘密工作相结合的原则

公开管理就是依法以公开的行政管理方式进行管理，主要包括依法立法、指导、监督、检查、许可、强制、处罚、调解等。秘密工作，是公安机关依法在内部规定和使用不对社会公开的必要手段，主要包括治安秘密力量工作和管理、技术控制手段。公开管理和秘密相结合，就是要把两种工作方法配合使用，准确掌控治安形势的变化，满足治安管理和整个公安工作的需求。

# 治安管理的主体

## 知识目标

1. 了解治安管理机关的组织管理情况及其主要职责。

2. 掌握治安管理机构的性质、设置、任务及职权。

3. 理解社会治安防范组织的性质、任务及职权。

## 能力目标

1. 能充分认识公安部、省（自治区、直辖市）厅局、市县局、公安基层组织的主要职责。

2. 能按公安派出所任务和工作目标的要求胜任公安派出所的工作。

3. 能结合治安保卫委员会、保安服务公司的任务和职权对其进行领导和监督。

## 知识结构图

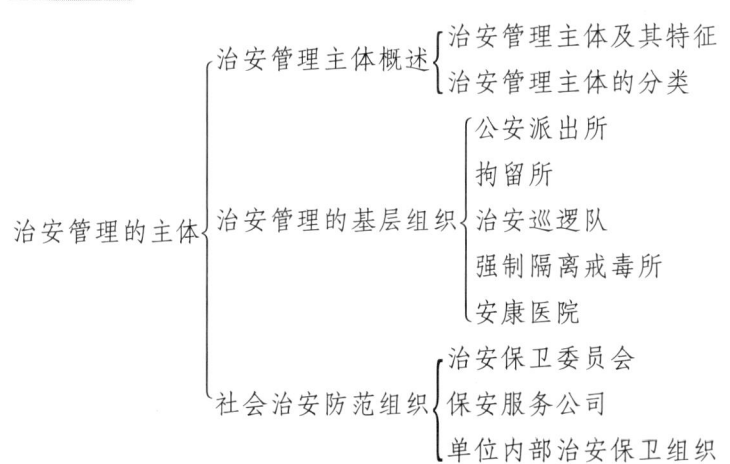

# 项目一 治安管理主体概述

## 一、治安管理主体及其特征

**【案例2-1】**

2015年，杨浦分局以警军合作、警企合作、警民合作为基石，不断挖掘、整合社会资源，努力实现治安防范工作由"公安独角戏"向"社会大合唱"的转变。分局结合辖区部队多、部队医院多、部队院校多的特点，积极与南京政治学院上海分院、第二军医大学等多家驻区部队沟通协调，在全市率先组建了由军、警、民三方共同参与的大巡防队伍，打造区域群防群治工作新常态。

"看到民警、军人在小区里巡逻，我们感觉特别安全！"五角场镇梅花社区居民高兴地说。"军警民"大巡防开展以来，这个曾经被小偷数次光顾的小区，不但居民安全感和满意度明显提升，春节期间还实现了入室盗窃零发案。

**【问题思考】**

1. 治安管理的主体有哪些？

2. 治安巡逻有什么意义和作用？

（一）治安管理主体的含义

治安管理主体，是依照国家法律、法规享有治安管理权，能以自己名义进行治安管理活动，履行治安管理职能的公安机关及法律授权的组织和个人。根据治安管理主体的性质和职责的不同，治安管理主体可分为治安管理机构和社会治安防范组织。

（二）治安管理主体的特征

1. 治安管理主体是依法享有治安管理职权的治安管理力量。治安管理是国家重要的行政管理活动，在我国，公安机关是依法维护社会治安秩序、行使国家治安管理权的专门机关。社会治安防范组织是依法设立的、协助公安机关维护社会治安秩序的群众性治安保卫组织。

2. 治安管理主体以维护社会治安为基本目标。治安管理主体是治安秩序的维护者，治安管理主体只以维护社会治安作为最主要、最基本的目标。

3. 治安管理主体依法组建、依法行动。治安管理主体是必须由法律法规全面规范的权力组织，它们只能是依法组建，自身的行为必须在法律法规的规范下进行。治安管理组织不但通过约束或者保护自身来实现公共安全，还可合法地采用相应方式对其他的个人或群体进行不同程度的行为调控。

## 二、治安管理主体的分类

治安管理主体是以维护社会治安为主要目的的各类社会组织的总称，大致可划分为以下几类：

（一）治安管理机构

治安管理机构是国家依法设立的维护社会治安秩序、履行行政管理职能的专门组织，是公安机关的主要业务部门。

1. 全国的治安管理机构按纵向的行政层次可分为：中央治安管理机构和地方治安管理机构；地方治安管理机构又可分为省级治安管理机构、市（州）级治安管理机构、县（市）级治安管理机构和基层治安管理机构。

2. 治安管理机构按横向的业务分工来分，县级以上治安管理机构一般都设有治安秩序管理、特种行业管理、户政管理、枪支危险物品管理、道路交通管理及消防监督管理等部门。

3. 基层的治安管理机构又称为治安管理基层组织，包括县（市）公安局下属的公安派出所、巡警队、交警队等部门。

👉 **特别提醒**

公安部主管全国的公安工作，在公安部内，由治安管理局、道路交通管理局、出入境管理局等部门分工管理不同治安管理业务。

各省、自治区、直辖市公安厅（局），主管本地区的公安工作，省、自治区、直辖市的治安管理机构一般包括：治安管理处（局、治安总队）、户证处（人口总队）、国内安全保卫处（局）、技术防范工作办公室、巡警总队（处）、交通管理局（交通警察总队）、出入境管理处，有的地方还设有水上警察总队（处）、旅游保卫处、外来人口管理处等。

市、县治安管理机构包括：治安管理处（支队、科）、户政处（科）、国内安全保卫处（科）、交通管理处（交通警察支队、大队）等业务部门，分别履行治安管理职责。

公安机关设置治安拘留所、强制戒毒所、精神病管治院（部分市才有）。

（二）社会治安防范组织

社会治安防范组织，又称之为群众性治安保卫组织，它是相对于国家设立的履行治安管理职能的公安机关而言的，在公安机关的指导下，开展维护社会治安的各种社会性组织，包括群众自治性治安保卫组织、企事业单位内部保卫组织、保安服务公司以及其他群众自发形成的治安防范组织。

👉 **拓展阅读**

广州市公安局新闻办公室2019年4月10日通报：2019年第一季度，全市公安机关和公安民警发扬连续作战的优良作风，在全力保障春运安保、春节节庆、全国和省市"两会"安保安全有序的基础上，精心组织、深入部署开展"扫黑除恶"专项斗争，严打电信网络诈骗、网络涉枪、"两抢一盗"等突出违法犯罪，创造了平安稳定的社会治安环境。1~3月，全市共受理社会面总警情环比下降23%，其中社会面侵财、侵犯人身权利类警情分别环比下降23.8%和19.6%，有20天实现"两抢"零发案（2018年度"两抢"零发案为14天）。同时，警方打击刑事犯罪进一步提质增效，刑事案件破案数、刑事拘留人数分别上升15.6%和11%，命案破案率保持100%。

"智慧新指挥"推动社会防控体系优化升级

广州警方强化科技信息化应用优化升级社会治安防控体系，大力推进"公安网+盘查"、视频查控、人群热力图等高科技手段在日常训练防控以及春运、花市等大型安保实战警务中的深度应用。今年以来，全市各级公安机关共开展盘查491.7万人次，查获505名在逃人员。警方还在进一步提升防控密度的基础上，深化移动警务、机器人及无人机在一线巡防勤务中的融合应用，推进智慧新巡控建设，健全完善指挥中心与一线巡防力量之间双向推送反馈、信息实时核查机制，提升精准巡逻、精准打击水平，荔湾、越秀警方在实战中通过扁平化指挥调度、快速拦截，分别成功截获在逃嫌疑人和抢劫嫌疑人。

在维护社会治安稳定工作中，广州警方积极营造"共建共治共享"社会治理格局，加强政府职能部门、行业主管单位的联动配合，健全完善多种力量分级分类、联勤联动机制，大力推进重点客运站场、地铁站点、公交线路等公共交通领域人防、物防、技防建设和日常安全防范，广泛发动内保力量、物业保安、快递小哥等"广州街坊"力量参与治安防控工作，健全完善"地上地下""车上车下""市内市外"联勤联动工作。

聚焦风险防控，压实各级治安单位主体责任

广州警方继续运用"借力+嵌入+融合"社会治理新理念，深化"五位一体"单位内部安全防控网建设，着力打造人人有责、人人尽责的社会治理共同体。3月下旬，广州警方组织警力对全市机关团体、水电油气、银行金融机构、金银珠宝营业场所、医疗机构等治安保卫重点单位开展安全隐患排查整治行动，期间共出动警力1267人次，先后检查中国石化广州分公司、广州供电局等537个重点单位及重要部位，排查发现整改安全隐患492处。

针对社会各界高度关注的校园安全，警方在全市范围内组织开展了2019年春季开学"护校安园"专项行动督导检查，汇同教育部门共检查11个公安派出所、43所各类中小学幼儿园，现场提出整改建议42条、书面整改建议146条。在春季开学首日，全市各级公安机关立足本职、主动作为，采用开学礼、班会课、课堂教学、专题讲座、应急疏散演练等方式积极配合教育部门和校园举办"开学安全教育第一课"。目前，全市各级公安机关共选派2708名法制副校长和法制辅导员深入学校，开展法制教育3300次，发放各类宣传资料10万余份，普及了校园安全防范知识，提高了师生的自我防范意识和能力。

广州警方表示，全市各级公安机关将紧紧围绕"践行新使命、忠诚保大庆"主题实践活动，继续不折不扣将维护社会大局安全稳定的各项工作责任落到实处，奋力把广州建设成为"最安全稳定、最公平公正、法治环境最好的城市"，迎接新中国成立70周年。[1]

# 项目二　治安管理的基层组织

治安管理基层组织是指由县（市）级公安机关设置或派出的，直接面对公众，具体实施基层社区内或者职权内的各项治安管理工作的治安管理组织。

## 一、公安派出所

【资料2-1】

××公安派出所现有民警136人，该派出所管辖区位于城市中心区，火车站附近，有八个社区。虽然辖区面积不大，但该辖区人流量非常大，据统计高达10万人次。而且，辖区里以娱乐、桑拿等特种行业居多，特种行业在辖区内共有120多家，治安情况比较复杂。全所在上级公安机关的领导下，在全体民警的共同努力下，按"发案少、秩序好、社会稳定、群众满意"的目标，充分履行公安职责，使社会治安秩序明显好转。实现了队伍建设和业务工作的双丰收，是首批省级达标派出所。

【问题思考】

1. 派出所的任务是什么？

2. 派出所的权限有哪些？

公安派出所是市、县公安机关直接领导的派出机构，是公安机关打击违法犯罪、维护社会治安、服务人民群众、保卫一方平安的基层综合性战斗实体。

（一）公安派出所的性质

公安派出所的性质可概括为以下几个方面：

1. 公安派出所是公安派出性机关。公安派出所是市、县公安局或相当于县级公安机关的派出机构，不是一级公安机关，也不是一级行政机关。它可以代表上级公安机关，按照法律规定和上级公安机关授予的权限，对管辖的区域的社会治安进行管理。

2. 公安派出所是公安机关最基层的组织。公安派出所既不是城市街道或乡镇人民政府及其他行政组织的基层组织，也不是公安机关某个业务部门的基层组织，是公安

---

〔1〕　资料来源：广州公安网易号，2019年4月10日。

机关有机整体的重要组成部分，是整个公安机关的基层组织，是公安系统的终端组织。

3. 公安派出所的工作是全部公安工作的根基。公安派出所的工作是整个公安工作的基础，直接关系到公安工作的全局。一切公安工作都与公安派出所工作密切相关，公安派出所工作的强弱，直接影响和制约着整个公安工作。

4. 公安派出所是具有多功能的综合性的战斗实体。公安派出所是居于社会治安管理最前沿，肩负着对辖区治安负全责，具体承担多项治安管理工作任务，战斗在第一线的实体单位。同时具有防范、打击、教育、管理、改造等多种功能。

（二）公安派出所设置的原则

【资料2-2】

2019年3月21日，公安部召开"部分地方公安机关社区农村警务建设工作经验交流会暨公安派出所工作座谈会"，公安部副部长孙力军提出，要通过全面加强社区农村警务建设，来解决目前人员流动性增强后造成的"空壳"村庄等问题，具体的措施包括持续推进警力下沉，在年底前彻底解决5人以下派出所警力问题，同时按照城市、农村的不同情况，以每名民警管理实有人口3000～5000人的基本标准，配齐社区（驻村）民警。

公安机关应当综合考虑辖区面积、人口数量、治安状况和工作需要，原则上与乡、镇、街道行政区划相对应设立公安派出所。对于地域面积小、人口少、治安好的建制乡，公安机关警力紧张的，可暂不设立公安派出所，但要派驻民警为辖区群众办理相关事务。

城区公安派出所每所民警不少于20人，城镇公安派出所民警每所不少于10人，乡公安派出所民警每所不少于5人。

公安派出所的设立、撤销或者变更，由县（市、区、旗）公安机关提出申请，经同级人民政府机构编制主管部门审核同意后，逐级报请省、自治区、直辖市公安厅、局审批。

（三）公安派出所的种类

公安派出所按其隶属关系可分为两大类：

1. 地方公安机关派出所。是指县（市）公安局（分局）在所辖地区内设立的派出所。根据其分布区域的不同，可分为城镇、农村、水上、边防等公安派出所。

2. 专门公安机关派出所。是指铁路、交通、民航、林业等公安机关在本系统管辖范围内设立的派出所。

📝 **特别提醒**

地方公安派出所除少数专门管理治安派出所外，均既管治安又管户口，这是区别专门公安机关派出所的主要标志。专门公安机关派出所由其上级公安机关领导，同时接受所在地公安机关的业务指导。

**（四）公安派出所的职责**

根据公安部《公安派出所正规化建设规范》第2条，公安派出所的主要职责如下：

1. 收集、掌握、报告影响社会政治稳定和治安稳定的情报信息。

2. 管理辖区内的实有人口。

3. 管理辖区内的重点行业、公共娱乐场所和枪支、弹药、爆炸、剧毒等危险物品。

4. 指导、监督辖区内的机关、团体、企业、事业单位的内部治安保卫工作。

5. 宣传、发动、组织、指导群众开展安全防范工作。

6. 办理辖区内发生的因果关系明显、案情简单、一般无需专业侦查手段和跨县、市进行侦查的刑事案件，并协助侦查部门侦破其他案件。

7. 办理治安案件，调解治安纠纷。

8. 参与火灾、交通、爆炸、中毒等治安灾害事故的预防工作。

9. 接受群众报警、求助，为群众提供服务。

**特别提醒**

公安派出所的工作目标是：发案少，秩序好，社会稳定，群众满意。

**（五）公安派出所的内部分工**

公安派出所一般设置有所长、指导员（教导员）、副所长、内勤民警、社区民警、户籍民警、治安民警等岗位，各岗位既分工又合作，共同完成派出所的各项任务。

所长是公安派出所的负责人，全面主持各项工作；指导员（教导员）负责所里的政治思想工作；副所长负责所分管业务，并协助所长做好全所的各项工作。

内勤民警负责派出所文书档案、来访接待、安全保卫和其他内部勤务；社区民警全面负责所在社区各项工作，包括监管被依法判处管制、剥夺政治权利、缓刑、假释、监外执行的罪犯，被取保候审、监视居住人员，调解治安纠纷、收集治安信息、指导社区做好安全防范工作；户籍民警负责户口登记、统计和居民身份证管理；治安民警负责辖区内特种行业、危险物品、公共复杂场所的管理，查禁、取缔"黄、赌、毒"等社会丑陋恶现象，负责查处治安案件并协助侦破刑事案件等。一些派出所设置一定数量的刑警、巡警，专职从事相关工作。

**特别提醒**

各地的公安派出所可根据警员的人数及实际需要来进行内部分工。警力较多、治安情况复杂的城区派出所，可以建立社区警务中队、巡逻中队、治安中队和内勤中队。警力少、治安情况相对平稳的农村派出所，可实行一人一岗或一人多岗。

（六）公安派出所的工作制度

要全面完成各项工作任务，派出所必须建立各项工作制度，规范内部管理。

1. 公安派出所的勤务制度。勤务，是公安机关为完成其担负的任务所进行的有计划的工作活动。当前，公安派出所常见的勤务制度主要有：

（1）值班勤务制度。值班勤务是公安派出所的一项基本勤务活动。公安派出所的性质，决定了必须保证一定数量的民警24小时值班。公安派出所民警值班时，必须坚守岗位，严格遵守工作交接制度，做好值班记录，有情况及时请示报告，不得从事与值班工作无关的活动。

（2）备勤勤务制度。备勤，就是预备勤务，即派出所民警留在所内整装待命，以备发生突发性事件时机动使用或者执行临时派遣任务。备勤勤务由民警轮流担任，备勤的民警可在备勤岗位上处理自己的业务工作，但不得离岗。备勤民警应当保持通讯联络，随时待命。完成临时派遣任务后，应当继续备勤。

（3）巡逻勤务制度。巡逻勤务，是公安机关严密社会面控制，快速应对突发事件，预防、发现和打击现行违法犯罪活动所实施的一种动态巡查警戒活动。公安派出所应当根据辖区情况，划分巡逻区域，确定巡逻路线，明确巡逻重点，并根据警情的变化适时进行调整。

（4）守望勤务制度。守望勤务，指为掌握、控制某些与治安秩序相关的特定区域、特定目标的动态、局势，而采取的定点、定位的瞭望、监视，是一种静态的警戒方式。守望勤务分为公开守望、秘密守望两种。

**特别提醒**

值班、备勤、案（事）件处理、巡逻、治安检查及特定勤务，必须由两名以上公安派出所民警执行。公安派出所民警在执法执勤时，除特殊情况外，应当按规定着制式警服。

2. 公安派出所的会议制度。公安派出所的会议制度至少有两种，所务会和民主生活会。所务会由所长主持，由所领导和业务骨干或者全体民警参加，主要研究所里的各项工作和管理中的重要问题；民主生活会由指导员主持，全所民警参加，主要开展政治思想工作。

3. 公安派出所的请示报告制度。请示报告制度，是公安派出所正确贯彻上级公安机关的部署和行使职权、履行职责的重要措施。请示制度，是指凡职责范围内不应、不能独立处理的，应当事先请示；报告制度，是指日常工作应当定期报告，专门工作应当专门报告，紧急情况应立即报告，重大问题必须书面报告。除特殊紧急情况外，应当逐级请示。

4. 群众工作制度。民警应当牢固树立全心全意为人民服务的宗旨意识，建立良好的警民关系，提高为群众服务的效率和质量。公安派出所的群众工作制度主要有：警民联系制度、公开办事制度、向群众报告工作制度。群众工作制度的主要内容包括：①在社区警务室定期接待群众；②设立警民联系箱、联系簿，发放警民联系卡，公布联系电话；③帮助联系解决群众求助的事宜；④为群众代办户口、公民身份证件等事宜，对孤寡老人、残疾人等有特殊困难的群众实行上门服务；⑤参与社会公益活动。

5. 岗位责任制度。

（1）民警岗位责任制。民警岗位责任制是根据公安部制定的《公安派出所民警岗位责任制试行办法》而实施的一种岗位责任制度，它规定了公安派出所的领导和全体民警各自的工作职责和定期考核评比的标准与方法。

（2）社区民警责任制。根据公安部《公安派出所执法执勤工作规范》，城区、城镇公安派出所应当在辖区内以社区为单位设立社区警务室，并根据社区规模、人口数量和治安情况在每个社区配备 1 名以上责任区民警。农村公安派出所根据辖区人口数量、地域面积、治安情况，实行民警驻村或者包片责任制。这是一种特殊的民警岗位责任制。

**特别提醒**

社区民警在所在社区工作的时间，每周不得少于 30 小时。公安派出所应当保持社区民警的稳定性，尽量不要随意调动。

6. 公安派出所的装备管理制度。公安派出所的武器装备，是指按照国家有关规定配备的武器、警械、交通工具、通信器材及其他警用器材和设备。根据《公安机关人民警察内务条令》的规定，武器装备制度包括维护保养和保管制度。

（1）装备维护保养制度。使用的装备应当定期进行维护保养；对封存和外出人员留下的装备，应当指定专人定期维护保养；发现装备损坏，应当及时上报，并根据损坏的程度及时组织修复；如本单位不能修复，应当按上级要求组织送修或者就地修理。

（2）装备保管制度。设置装备保管室（库）或者专用保管柜，建立账目，专人管理；妥善保管装备，做好防抢夺、防盗窃、防破坏和防火、防水、防潮等工作；严禁任何单位或者个人擅自将装备进行调换、转借、赠送、变卖、出租；装备交接、送修，应当严格办理手续，及时登记、统计。装备的损失、消耗情况应当及时上报。

公安民警佩带、使用武器、警械，应当经过严格训练，遵守《枪支管理法》《人民警察使用警械和武器条例》《公安机关公务用枪管理规定》的规定。公安机关应当建立严格的装备管理制度，加强装备的日常管理，保证装备经常处于良好状态。

**特别提醒**

根据《枪支管理法》的规定，携带枪支时，必须同时携带持枪证件，不得在禁止携带枪支的区域、场所携带枪支。

## 二、拘留所

**【案例 2-2】**

2012 年 6 月 12 日 16 时许，韦某与朋友喝酒之后，独自一人徒步经过东兰县汽车总站，当他看见在此维护交通秩序的该县公安局交通管理协警员韦某某时，觉得有些"看不惯"，便上前无故挑衅，用低俗的言语侮辱韦某某。韦某某发觉其已醉酒，便极力劝说韦某回家休息，韦某却突然发飙，对其拳打脚踢，并强行抢夺执法记录仪，致韦某某轻微伤和执法记录仪毁坏。在此过程中，一批不明真相的群众上前围观，造成道路交通一度堵塞，社会影响极为恶劣。

当地公安机关经过调查取证之后，依法给予韦某行政拘留 15 日的处罚。

**【问题思考】**

1. 行政拘留的执行场所在哪里？

2. 行政拘留、司法拘留、刑事拘留的区别是什么？

拘留所是依法执行行政拘留、司法拘留的场所。根据国务院《拘留所条例》，县级以上地方人民政府根据需要设置拘留所。拘留所的设置和撤销，由县级以上地方人民政府公安机关提出意见，按照规定的权限和程序审批。县级以上地方人民政府公安机关主管本行政区域拘留所的管理工作。

拘留所由县、市公安局、城市公安分局设置，拘留所实行所长负责制，设正、副所长，并根据需要配备民警。

拘留所是对下列人员执行拘留的场所：①被公安机关、国家安全机关依法给予拘留行政处罚的人；②被人民法院依法决定拘留的人。

拘留所收拘被拘留人，应当告知被拘留人依法享有的权利和应当遵守的规定。拘留所收拘被拘留人，应当对被拘留人的人身和携带的物品进行检查。被拘留人的非生活必需品及现金由拘留所登记并统一保管。检查发现的违禁品和其他与案件有关的物品应当移交拘留决定机关依法处理。对女性被拘留人的人身检查应当由女性人民警察进行。拘留所发现被拘留人可能被错误拘留的，应当通知拘留决定机关，拘留决定机关应当在 24 小时内作出处理决定；对依照《治安管理处罚法》第 21 条的规定不应当被执行拘留的，拘留所不予收拘，并通知拘留决定机关。拘留所发现被拘留人吸食、注射毒品成瘾的，应当给予必要的戒毒治疗，并提请拘留所的主管公安机关对被拘留人依法作出社区戒毒或者强制隔离戒毒的决定。

拘留所应当对被拘留人进行法律、道德等教育，组织被拘留人开展适当的文体活动。拘留所应当保证被拘留人每日不少于 2 小时的拘室外活动时间。拘留所不得强迫被拘留人从事生产劳动。

📝 **特别提醒**

　　被拘留人在解除拘留时有下列情形之一的，拘留所应当向有关机关或者单位移交被拘留人：依法被决定驱逐出境、遣送出境的；依法被决定执行刑事强制措施的；依法被决定社区戒毒、强制隔离戒毒的；依法被决定采取强制性教育矫治措施的。

### 三、治安巡逻队

**【资料2-3】**

　　2018年11月13日，广安市广安区公安分局特巡警大队铁骑中队正式成立，24名队员全部从辅警中选拔，对广安城南城北片区的商圈、景点、学校等人流密集的场所进行全天候"三班倒"24小时不间断巡逻。首批铁骑中队配备24辆摩托车，每个工作时段至少16辆摩托车同时巡逻。每名队员配备手铐、手电筒、警棍等8件单警装备，负责快速反应、反恐防暴、治安事件处置等任务。铁骑中队的成员集中开展了突发事件处置、案件现场勘察、交通疏导等方面的培训，以提高单警作战能力。同时，铁骑中队队员驾驶的摩托车配有警示灯、移动喊话装置和对讲系统，克服了车巡的不足，机动灵活性强、出警快速便捷。

**【问题思考】**

　　1. 治安巡逻队的任务是什么？

　　2. 治安巡逻的力量有哪些？

　　治安巡逻队是一支专司巡逻勤务、用以维护城镇公共治安秩序、处置各种治安紧急事件的治安管理队伍。

　　省、自治区、直辖市公安厅（局）设立巡逻指挥协调中心或巡警总队，负责指挥、协调和指挥巡逻工作；省辖市和地级市在市公安局组建巡警支队，分局设巡警大队，大队下设若干巡警中队；不设分局的县级市公安局以及规模大、人口多的县公安局，组建巡警大队，大队下设巡警中队，其他县公安局设立巡警中队或巡警队。

📝 **拓展阅读**

　　重庆市公安局交通巡逻警察总队于2010年2月7日正式挂牌成立，标志重庆市交警、巡警正式合一。交巡警合并后，担负起维护治安、管理交通、打击犯罪、服务群众的四大职能，交巡警成为一支履行刑事、行政和道路交通管理执法职责的复合型警种。据介绍，110、122数据成功割接后，122交通事故报警台信息正式合并到110报警服务台。整合后，市民只需拨打110便能实现治安、刑事及交通事故的报警和求助。同时，重庆市社会新型防控警务体系启动后，重庆市公安局在主城区设立了150个交巡警平台，群众也可以直接到平台报警。交巡警、民警可面对面接受群众的报警，服务群众更直接。

### 四、强制隔离戒毒所

强制隔离戒毒所是公安机关依法通过行政强制措施为戒毒人员提供科学规范的戒毒治疗、心理治疗、身体康复训练和卫生、道德、法制教育，开展职业技能培训的场所。根据《公安机关强制隔离戒毒所管理办法》的规定，强制隔离戒毒所由县级以上地方人民政府设置。强制隔离戒毒所由公安机关提出设置意见，经本级人民政府和省级人民政府公安机关分别审核同意后，报省级人民政府批准，并报公安部备案。

强制隔离戒毒所的机构名称为"××省（自治区、直辖市）××市（县、区、旗）强制隔离戒毒所"。同级人民政府设置有司法行政部门管理的强制隔离戒毒所的，公安机关管理的强制隔离戒毒所名称为"××省（自治区、直辖市）××市（县、区、旗）第×强制隔离戒毒所"。

强制隔离戒毒所凭《强制隔离戒毒决定书》接收戒毒人员。强制隔离戒毒所接收戒毒人员时，应当对戒毒人员进行必要的健康检查，确认是否受伤、患有传染病或者其他疾病，对女性戒毒人员还应当确认是否怀孕，并填写《戒毒人员健康检查表》。强制隔离戒毒所应当配合办案部门查清戒毒人员真实情况，对新入所戒毒人员信息应当与在逃人员、违法犯罪人员等信息系统进行比对，发现戒毒人员有其他违法犯罪行为或者为在逃人员的，按照相关规定移交有关部门处理。

### 五、安康医院

安康医院是由公安机关管理的执行强制医疗的专门机构，是公安机关管理的精神病管治院，承担着本地区扰乱社会治安的精神病人、司法精神疾病鉴定及部分普通精神病患者的收容管治工作。安康医院一般设在大中城市，由公安机关申请设立和管理，体制上属于公安事业编制，接受医疗卫生部门的业务指导、监督。

# 项目三　社会治安防范组织

社会治安社会治，治安问题的根源在于社会。社会治安防范组织，是相对于国家设立的履行政府职能的治安管理机构而言的，在公安机关的指导下，各种形式的治安管理主体通过多样化的途径把公众组织起来，在法律范围内维护所在区域治安的社会性组织。

## 一、治安保卫委员会

【案例 2-3】

宁蒗县西布河乡共有 10 个治保委员会、107 个治保小组，"治保会"成员均由熟悉辖区环境的人员组成，一直是乡党委、政府和派出所的得力助手。8 月 13 日，西布河派出所组织全乡"治保会"人员开展了社会治安综合治理培训会。会上，西布河派出所民警们对辖区治保组织近年来在矛盾纠纷排查化解和维护辖区社会治安稳定方面作出的贡献和努力表示了感谢，大家共同对辖区当前的治安形势进行了研究，对需要进行重点打击和整治的社会治安突出问题进行了集体商议。次日，西布河派出所民警就收到了成效。治保会成员向民警反映称麦地河村与战河乡木耳坪村接壤处有吸毒人员出现。得到线索后，西布河派出所民警立即前往该地点进行蹲点调查。8 月 14 日凌晨，民警成功将涉嫌吸毒的李某（尿检结果呈阳性）查获。李某对其吸食毒品海洛因的违法事实供认不讳。

【问题思考】

1. 治保会的性质是什么？

2. 实践中，治保会工作存在哪些问题？

治安保卫委员会，简称治保会，是我国《宪法》确定设置在基层单位的群众性治安保卫组织，是党和政府动员组织群众维护社会治安秩序的重要形式，是公安工作与群众路线相结合的纽带和桥梁。

我国《宪法》及《村民委员会组织法》《城市居民委员会组织法》等法律法规确立了治保会的法律地位，是治保会得以存在和发展的根本保证。

（一）治安保卫委员会的性质

1. 群众性。治保会必须是由人民群众组织起来的治安保卫组织，治保会组织的成员完全由本地区、本单位的群众直接选举产生，其主要工作是宣传、教育、帮助本社区群众做好自身安全防范，具有群众性。

2. 自治性。治保会本身是居民委员会、村民委员会等居民自治组织的一部分，治保会可以通过与群众民主协商，制定执行规范性的安全保卫规约，自己管理自己，自己教育自己，具有自治性。

3. 治安工作性。根据我国《宪法》的规定，治保会的根本任务是协助公安机关维护社会治安，治保会是团结和带领群众参加治安保卫活动的骨干力量，是协助公安机关维护社会治安的助手，具有治安工作性，必须接受公安机关的业务指导。

4. 辅助性。治保会只是一种治安辅助力量，只能配合公安机关维护社会治安，不能代表甚至代替公安机关、人民警察执法执勤。

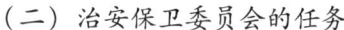

（二）治安保卫委员会的任务

根据公安部和中央综治委意见，结合各地的实际情况，治保会的任务有以下几个方面：

1. 及时向公安机关反映敌社情动态和可能造成危害社会治安的民间纠纷及闹事苗头，协助政府和有关部门做好控制、教育、疏导、化解工作，切实维护社会稳定。

2. 宣传、教育群众增强法制观念和安全防范意识，动员组织群众搞好治安防范。治保会要通过各种形式，开展普法教育和安全防范知识教育，提高群众遵纪守法意识和自我防范意识。

3. 组织群众参与安全文明小区、安全文明村镇的创建活动，开展治安巡逻、安全检查等项社会治安群防群治工作，落实防火、防盗、防破坏、防其他灾害事故为主要内容的安全防范措施。

4. 对有轻微违法犯罪行为和刑释人员进行帮助、教育；协助公安机关依法对被判处管制、缓刑、假释、剥夺政治权利、监外执行的罪犯，以及取保候审、监视居住的被告人、犯罪嫌疑人进行监督、考察、教育和改造工作，以化解消极因素为积极因素，减少犯罪，维护社会治安。

5. 协助公安机关及时保护案件现场，主动发现和积极提供破案线索；对现行违法犯罪分子进行控制或扭送公安机关；配合党委、政府和有关部门及时疏导、调解有可能激化的民间纠纷。

6. 向政府及公安机关反映人民群众对社会治安管理工作的意见、建议和要求。

（三）治安保卫委员会的职权

1. 对现行的与通缉在逃的违法犯罪嫌疑人，有扭送政府、公安机关之责；但无审讯、关押、处理之权。

2. 对非现行的违法犯罪嫌疑人，有调查、监视、检举、报告之责；但无逮捕、扣押、搜查、取缔之权。

3. 对社会治安与管制工作，有教育群众维护社会秩序，监督被管制者，并向公安机关及时反映其表现情况之责；但无拘留、处罚、驱逐之权。

4. 对违法犯罪的场所，应协助公安人员维持秩序，保护现场，以便公安机关进行勘查，但不得变更与处理现场。

**特别提醒**

治保会组织形式有城镇街道治保会、农村治保会、单位内部治保会、行业治保会。

## 二、保安服务公司

**【资料2-4】**

2019年4月3日，马鞍山市公安局保安管理支队、市保安协会隆重召开全市保安服务业总结表彰大会。会议对受到表彰的先进集体和个人代表颁发了获奖证书和奖牌。保安管理支队副支队长顾广勇就进一步加强保安管理工作提出了具体要求：一是深入推进保安员亮证上岗工作。加强马鞍山保安员持证上岗的力度，2019年年底前全面完成市保安员持证上岗工作。二是开展保安服务市场整治。严厉查处不依法备案、无证上岗保安服务违法行为，净化保安服务市场，使保安员持证上岗成为常态。三是积极推进保安服务模式的创新。做大做强"联网报警公司"，推动保安服务业参与"智慧社区"建设，建成覆盖整个社会面的保安防控网。四是加大保安培训力度。加大对保安培训学校的支持，充分利用本市两所保安学校的教学资源，大力开展保安员职业技能培训、专项培训、保安师职业培训，全面提高本市广大保安员及保安管理人员的综合素质。五是推动保安服务业参与社会治安防控体系建设。在市局党委的坚强领导下，积极依靠地方党委、政府的支持，有序引导保安服务业参与社会治安防控体系建设，充分发挥保安服务业在构建社会治安防控体系中的重要作用。六是创新监管模式，使监管工作更适应市场的要求。紧盯保安服务业未来发展的方向，积极开展监管模式的创新，把保安管理的重心从事前审批转移到事中、事后的监管上来，在管理措施、手段上要有新突破，使监管工作更适应市场的要求。七是加强协会工作。进一步加强协会工作，以制定行业规范、提升服务功能为抓手，建设全国一流行业协会。[1]

**【问题思考】**

1. 保安服务业的性质是什么？

2. 保安服务业的业务范围有哪些？

3. 关于保安服务的从业人员有何规定？

保安服务，是指为满足公民、法人和其他组织及企业事业单位自身的安全需求，由依法设立的企业、组织提供的专业安全防范服务的行为。保安服务一般采取门卫、守护、巡逻、押运、随身护卫、人群控制、技术防范、安全咨询等形式，保护客户人身、财产等安全，维护客户合法权益。

根据《保安服务管理条例》《公安机关实施保安服务管理条例办法》的规定，保安服务包括：①保安服务公司根据保安服务合同，派出保安员为客户单位提供的门卫、巡逻、守护、押运、随身护卫、安全检查以及安全技术防范、安全风险评估等服务；②机关、团体、企业、事业单位招用人员从事的本单位门卫、巡逻、守护等安全防范工作；③物业服务企业招用人员在物业管理区域内开展的门卫、巡逻、秩序维护等

---

[1] 资料来源：搜狐网，2019年4月10日。

服务。

（一）保安服务公司设立的条件

根据《公司法》《保安服务管理条例》，保安服务公司应当具备下列条件：①有不低于人民币100万元的注册资本；②拟任的保安服务公司法定代表人和主要管理人员应当具备任职所需的专业知识和有关业务工作经验，无被刑事处罚、劳动教养、收容教育、强制隔离戒毒或者被开除公职、开除军籍等不良记录；③有与所提供的保安服务相适应的专业技术人员，其中法律、行政法规有资格要求的专业技术人员，应当取得相应的资格；④有住所和提供保安服务所需的设施、装备；⑤有健全的组织机构和保安服务管理制度、岗位责任制度、保安员管理制度。

《保安服务管理条例》第10条规定，从事武装守护押运服务的保安服务公司，应当符合国务院公安部门对武装守护押运服务的规划、布局要求，具备本条例第8条规定的条件之外，还应符合下列条件：①有不低于人民币1000万元的注册资本；②国有独资或者国有资本占注册资本总额的51%以上；③有符合《专职守护押运人员枪支使用管理条例》规定条件的守护押运人员；④有符合国家标准或者行业标准的专用运输车辆以及通信、报警设备。

（二）保安服务公司的设立、审批程序

申请设立保安服务公司，应当向所在地设区的市级人民政府公安机关提交申请书以及能够证明其符合《保安服务管理条例》第8条规定条件的材料。

受理的公安机关应当自收到申请材料之日起15日内进行审核，并将审核意见报所在地的省、自治区、直辖市人民政府公安机关。省、自治区、直辖市人民政府公安机关应当自收到审核意见之日起15日内作出决定，对符合条件的，核发保安服务许可证；对不符合条件的，书面通知申请人并说明理由。

取得保安服务许可证的申请人，凭保安服务许可证到工商行政管理机关办理工商登记。取得保安服务许可证后超过6个月未办理工商登记的，取得的保安服务许可证失效。

（三）保安服务公司的经营范围

保安服务公司的经营范围包括：个人人身、财产安全保护；机关、团体、学校、企业事业单位和社区安全守护；停车场安全管理；商业性展览、展销和文娱、体育等活动的安全保卫；货币、有价证券、金银珠宝、文物、艺术品等贵重物资和爆炸性、毒害性、放射性、腐蚀性等危险物品及其他物品的押运；消防服务；开锁服务；联网报警服务；承接各类安全技术防范与消防工程，并提供相应技术服务；安全防范咨询；安全调查服务；其他安全服务项目。

（四）保安服务公司从业人员的条件

《保安服务管理条例》第16条规定，保安员必须年满18周岁，身体健康，品行良

29

好，具有初中以上学历的中国公民可以申领保安员证，从事保安服务工作。保安员经设区的市级人民政府公安机关考试、审查合格并留存指纹等人体生物信息的，发给保安员证。

《保安服务管理条例》第17条规定，有下列情形之一的，不得担任保安员：①曾被收容教育、强制隔离戒毒、劳动教养或者3次以上行政拘留的；②曾因故意犯罪被刑事处罚的；③被吊销保安员证未满3年的；④曾两次被吊销保安员证的。

（五）保安人员的职权

在保安服务中，为履行保安服务职责，保安员可以采取下列措施：

1. 查验出入服务区域的人员的证件，登记出入的车辆和物品。

2. 在服务区域内进行巡逻、守护、安全检查、报警监控。

3. 在机场、车站、码头等公共场所对人员及其所携带的物品进行安全检查，维护公共秩序。

4. 执行武装守护押运任务，可以根据任务需要设立临时隔离区，但应当尽可能减少对公民正常活动的妨碍。

5. 保安员应当及时制止发生在服务区域内的违法犯罪行为，对制止无效的违法犯罪行为应当立即报警，同时采取措施保护现场。

6. 从事武装守护押运服务的保安员执行武装守护押运任务使用枪支，依照《专职守护押运人员枪支使用管理条例》的规定执行。

（六）保安员的行为限制

1. 限制他人人身自由、搜查他人身体或者侮辱、殴打他人。

2. 扣押、没收他人证件、财物。

3. 阻碍依法执行公务。

4. 参与追索债务、采用暴力或者以暴力相威胁的手段处置纠纷。

5. 删改或者扩散保安服务中形成的监控影像资料、报警记录。

6. 侵犯个人隐私或者泄露在保安服务中获知的国家秘密、商业秘密以及客户单位明确要求保密的信息。

7. 违反法律、行政法规的其他行为。

📝 **特别提醒**

国务院公安部门负责全国保安服务活动的监督管理工作。县级以上地方人民政府公安机关负责本行政区域内保安服务活动的监督管理工作。

公安机关应当指导保安从业单位建立健全保安服务管理制度、岗位责任制度、保安员管理制度和紧急情况应急预案，督促保安从业单位落实相关管理制度。保安从业单位、保安培训单位和保安员应当接受公安机关的监督检查。公安机关建立保安服务监督管理信息系统，记录保安从业单位、保安培训单位和保安员的相关信息。公安机关应当对提取、留存的保安员指纹等人体生物信息予以保密。

国家机关及其工作人员不得设立保安服务公司，不得参与或者变相参与保安服务公司的经营活动。保安员有权拒绝执行保安从业单位或者客户单位的违法指令。保安从业单位不得因保安员不执行违法指令而解除与保安员的劳动合同，降低其劳动报酬和其他待遇，或者停缴、少缴依法应当为其缴纳的社会保险费。保安押运公司专职守护、押运人员可依法配备枪支。严禁配备、使用手铐、匕首。

### 三、单位内部治安保卫组织

单位内部治安保卫组织，是机关、团体、企业、事业单位以自身编制人员组成的，在单位法定代表人领导下强化安全防范，维护单位内部正常秩序的职能部门，是治安管理组织中的一种职业化安全防范组织。根据 2004 年国务院通过的《企业事业单位内部治安保卫条例》，单位应当根据内部治安保卫工作的需要，设置治安保卫机构或者配备专职、兼职治安保卫人员。

（一）单位内部治安保卫工作的要求

1. 有适应单位具体情况的内部治安保卫制度、措施和必要的治安防范设施。

2. 单位范围内的治安保卫情况有人检查，重要部位得到重点保护，治安隐患及时得到排查。

3. 单位范围内的治安隐患和问题及时得到处理，治安案件、涉嫌刑事犯罪的案件及时得到处置。

（二）单位制定的内部治安保卫制度的内容

1. 门卫、值班、巡查制度。

2. 工作、生产、经营、教学、科研场所的安全管理制度。

3. 现金、票据、印鉴、有价证券等重要物品使用、保管、储存、运输的安全管理制度。

4. 单位内部的消防、交通安全管理制度。

5. 治安防范教育培训制度。

6. 单位内部发生治安案件、涉嫌刑事犯罪案件的报告制度。

7. 治安保卫工作检查、考核及奖惩制度。

8. 存放有爆炸性、易燃性、放射性、毒害性、传染性、腐蚀性等危险物品和传染性菌种、毒种以及武器弹药的单位，还应当有相应的安全管理制度。

9. 其他有关的治安保卫制度。

（三）单位内部治安保卫机构、治安保卫人员的职责

1. 开展治安防范宣传教育，并落实本单位的内部治安保卫制度和治安防范措施。

2. 根据需要，检查进入本单位人员的证件，登记出入的物品和车辆。

3. 在单位范围内进行治安防范巡逻和检查，建立巡逻、检查和治安隐患整改记录。

4. 维护单位内部的治安秩序，制止发生在本单位的违法行为，对难以制止的违法行为以及发生的治安案件、涉嫌刑事犯罪的案件应当立即报警，并采取措施保护现场，配合公安机关的侦查、处置工作。

5. 督促落实单位内部治安防范设施的建设和维护。

（四）公安机关对本行政区域内的单位内部治安保卫工作的职责

1. 指导单位制定、完善内部治安保卫制度，落实治安防范措施，指导治安保卫人员队伍建设和治安保卫重点单位的治安保卫机构建设。

2. 检查、指导单位的内部治安保卫工作，发现单位有违反《企业事业单位内部治安保卫条例》规定的行为或者治安隐患，及时下达整改通知书，责令限期整改。

3. 接到单位内部发生治安案件、涉嫌刑事犯罪案件的报警，及时出警，依法处置。

**特别提醒**

单位内部治安保卫工作贯彻预防为主、单位负责、突出重点、保障安全的方针。

**拓展阅读**

被网友亲切地称为"世界第五大王牌情报组织"的"朝阳群众"共有多少人，有多大能量？朝阳警方在一次新春慰问时透露：截至 2017 年底，实名在册的"朝阳群众"已达 14 万人，月均向朝阳警方提供线索近 2 万条。

2018 年 12 月 28 日，北京朝阳警方邀请 1300 余名朝阳群众代表齐聚一堂，对他们一年的贡献表示感谢。据悉，2017 年，朝阳区共有实名注册的"朝阳群众" 14 万余人。朝阳警方接报"朝阳群众"举报的有价值线索 8300 余条，根据这些线索，共破获案件 370 余起，拘留 250 余人，消除各类安全隐患 390 余起。

28 日下午，朝阳警方向为平安朝阳建设付出辛勤汗水的社区干部、流动人口管理员、实有人口管理员、治保积极分子、楼门长、志愿者以及各行各业的"朝阳群众"感恩致谢。

从下面的这个故事中，就可体会"朝阳群众"的"火眼金睛"。2017 年 5 月，王大妈在社区巡逻时，看见小区里一个老住户搬走了。有心的她开始留意新搬进来的租户。这是个年轻小伙子，每天也不上班，无论白天晚上，总能看见他出来进去的，在小区附近和其他男士警惕地聊着什么事儿，好像谈成了就一起回楼里继续谈，时间不长就又送走了，而且几乎天天都有不同的男士找他。最让王大妈感到"蹊跷"的是，这个租户每顿饭都订外卖，送餐员一次都送好多份。不是一个人住吗？怎么订这么多份快餐？经验丰富的王大妈说笑间就从送餐员那儿打听清楚了，这家租户每次订餐至少要七八份。感到形势不妙后，王大妈立即向社区民警报告了这个可疑情况。朝阳警方接到线索后，经过缜密侦查，发现出租房实为一个卖淫窝点，租房男子负责网络招嫖揽客，6名失足妇女每天并不出屋。最终，该窝点被朝阳警方一举捣毁，当场抓获嫌疑人15人，其中3人被刑事拘留，12人被行政拘留。王大妈协助公安机关破获了案件，也受到了表彰。

我国法律鼓励和提倡公民在法律范围的共同维护社会治安秩序，既可有效地节约警力，又可增强公众的安全感。

# 治安管理的手段

1. 了解治安管理手段的分类。

2. 理解治安管理手段的含义及特征。

3. 掌握主动性与被动性治安管理手段的种类与特点。

1. 能按照规定进行治安调查。

2. 能结合实际进行治安巡逻。

3. 能根据具体情况灵活运用不同治安管理手段开展治安管理工作。

治安管理的手段
- 治安管理手段概述
  - 治安管理手段的含义
  - 治安管理手段的特征
  - 治安管理手段的分类
- 被动性治安管理手段
  - 治安行政许可
  - 治安行政确认
- 主动性治安管理手段
  - 治安行政命令
  - 治安行政处罚
  - 治安行政监督
  - 治安行政教育
  - 治安行政强制
  - 治安管理的其他手段
- 技能训练

# 项目一 治安管理手段概述

## 一、治安管理手段的含义

治安管理手段，是指作为国家治安管理主体的公安机关，为了维护公共安全、社会治安秩序，履行治安管理部门的职责，实现治安管理目标，而采取的一系列方法和措施的总称。

**【案例 3-1】**

城市视频监控系统在维护社会治安中发挥着重要作用。2012 年 5 月 7 日，警方通过该系统仅用 15 分钟就将一盗贼人赃俱获。5 月 7 日下午，杨某将轿车停在溪落渡镇振兴大街，因粗心大意忘记锁车门，10 分钟后返回时发现放在副驾驶位上的价值 3.2 万元的佳能数码相机丢了。警方调阅视频监控发现，有一可疑男子接触过该车，遂对停车位置附近的几个视频监控点进行动态监控，结果在距停车处 200 米的新华街上发现一貌似该男子的可疑人，通过视频还能明显看到该男子衣内似藏有物品。15 分钟后，民警在视频监控的锁定下截住该男子，从其上衣内搜出被盗数码相机。

**【问题思考】**

1. 视频监控在犯罪预防中起着怎样的作用？
2. 视频监控属于犯罪预防中的技术预防，这样的预防会侵犯公众的隐私吗？

治安管理手段由国家法律规定，是公安机关治安管理部门履行治安管理的职责、维护社会治安秩序的重要保证。治安管理手段的表现形式分为公开的治安管理手段和秘密的治安管理手段。

## 二、治安管理手段的特征

**【案例 3-2】**

为遏制火灾事故的发生，创造良好的消防安全环境。2012 年 8 月 10 日，专职消防民警对某派出所辖区内的废旧收购行业开展消防安全隐患排查整治专项行动。在检查中发现 3 家废旧收购站点都存在工作人员住在同一生产、经营的场所内的情形，不及时整改可能严重威胁公共安全。该派出所专职消防民警当场对这 3 家废旧收购站点经营负责人下发责令改正通知书，责令当场改正。因其不能及时整改消除火灾隐患，已对这 3 家收购站点（局部）采取临时查封措施。

**【问题思考】**

专职消防民警对某派出所辖区内的废旧收购行业开展消防安全隐患排查整治专项行动，体现了治安管理手段的哪些特征？

（一）法律性

治安管理手段的内容、程序都由国家法律明确规定，是赋予国家的治安管理主体——公安机关及其人民警察的特殊权力。公安机关在使用相应手段维护公共安全、社会秩序时，同样也必须规范地执法。

（二）强制性

治安管理手段的强制性是由治安管理工作的性质和任务决定的。治安管理工作的根本任务在于解决社会治安问题、维护社会治安秩序，而社会治安问题是各种社会矛盾的综合反映。要解决这些矛盾，创造一个良好的社会环境，必然要求解决矛盾的手段具有一定的强制性。这种强制性源自国家强制力，是国家法律赋予的，只能由公安机关的人民警察依法行使。

（三）预防性

治安管理手段的社会功能，受治安管理任务的影响，主要是预防和制止违法犯罪，预防治安灾害事故和治安事件的发生。治安管理手段虽然也对轻微的违法犯罪行为和治安灾害事故进行查处，但其立足点和侧重点还是在于预防。侧重预防是治安管理手段区别于其他公安专业手段的主要标志和特征。

（四）互补性

无论哪一种治安管理手段都有其不足之处，都有它的局限性，有赖于其他手段加以完善和补充，这些手段具有互补性。只采用一种手段往往达不到预期的目的，需要多种手段的相互配合，才能收到较好的效果，才能达到预期的目的，才能维护好社会治安秩序。

（五）多样性

治安管理手段的多样性，是由治安管理客体及其活动的多样性决定的。社会治安问题的发生、发展和变化，受社会政治、经济、文化等多种因素的影响和制约。正是由于社会治安的复杂性、多样性，决定了治安管理手段具有多样性。治安管理手段虽然是治安管理部门实施管理的主体活动，但它是以管理客体的活动为转移的。管理客体本身要素的多样性和其活动的复杂多样性，也决定了治安管理手段的多样性。尽管治安管理手段所包括的内容广泛、门类繁多，但都具有内在的统一性，即目的的统一性。

📝 **特别提醒**

第一，注意应用手段的合法性。选择治安管理手段都要有法律依据，而且在手段的应用过程中也要符合法律规定，不能违法乱纪。

第二，注意应用手段的目的性。治安管理的根本目的是预防和控制违法犯罪行为和灾害事故的发生。各种治安管理手段的选择和应用应围绕这一目标，立足防范。

第三，注意应用手段的原则性和灵活性有机结合。

### 三、治安管理手段的分类

依据治安管理手段的性质和作用，可将其分为法律手段、行政管理手段、公安专业手段、教育改造手段、经济手段和技术手段；以治安管理主体能否主动实施为标准，可分为被动性治安管理手段、主动性治安管理手段和治安管理的其他手段；依据运用治安管理手段的主体不同，可分为县级以上公安机关使用的手段、基层公安使用的手段、治安民警个人使用的手段；依据专业门类的不同，可分为户政管理手段、危险物品管理手段、公共治安秩序管理手段、道路交通管理手段和消防管理手段。

# 项目二　被动性治安管理手段

### 一、治安行政许可

治安行政许可也称为治安行政审批，是指公安机关根据治安管理相对人的申请，通过颁发许可证或执照等形式，依法赋予特定的、符合法定条件的治安管理相对人从事法律一般禁止事项的权利和资格的治安管理措施。

治安行政许可是被动性治安管理手段，是指治安管理主体只有在治安管理相对人提出申请的条件下，才能依法对社会治安秩序进行控制管理。

【资料3-1】

常见的治安行政许可项目有：爆破器材运输许可；民爆物品购买许可；民爆物品运输许可；民爆物品储存许可；机构印章制作审批；刻字业特种行业许可；旅馆业特种行业许可；典当、拍卖业特种行业许可；集会游行示威许可；烟花爆竹运输许可；大型群众性文化体育活动等。

（一）治安行政许可的特征

1. 治安行政许可是依申请的治安管理手段。

2. 治安行政许可存在的前提是法律的一般禁止。

3. 治安行政许可是授益性的治安管理手段。

4. 治安行政许可是治安管理手段。

（二）治安行政许可的程序

1. 提出申请。行政相对人要获得治安行政许可，必须以书面形式就拟从事的法律一般禁止的事项向法定的治安行政许可机关提出申请。

2. 受理申请。法定的治安行政许可部门接受申请人的申请并进行初步审查。

3. 对申请的实质审查。实质性审查是对法律规定从事该项活动所必须具备的能力资质、场所设备、卫生环境等进行调查核实工作，主要考查其实际情况与书面文件所列情况是否相一致。

4. 作出决定。基于实质性审查的结果，对符合治安行政许可条件的，治安行政许可机关作出许可的决定，否则就作出不予许可的决定。

（三）治安行政许可的范围

1. 特种行业经营许可，包括经营旅馆业、典当业、印章业的许可。

2. 危险物品许可，包括营业性射击场设立许可，爆破作业单位许可，爆破作业人员资格许可，枪支（弹药）运输（携运）许可，弩的制造、销售、进口、运输、使用审批，大型焰火燃放活动许可等。

3. 集会、游行、示威许可，即对公民申请集会、游行、示威活动的许可。

4. 户政管理许可，包括户口迁移许可、户口变更许可、收养入户申办等。

5. 大型活动安全许可，即对申请举办群众性文化、体育活动的许可，包括体育比赛、文艺活动、民间传统活动的许可。

6. 出入境许可，即出入境通行证签发，包括外国人签证延期、变更、换发和补发；因私出国护照审批；因私往来香港、澳门、台湾地区通行证审批；外贸人在中国永久居留审核等。

7. 道路交通安全许可，包括机动车驾驶证核发、校车驾驶资格许可、剧毒化学品道路运输通行证核发等。

8. 保安业许可，包括保安服务公司设立许可、保安培训机构设立许可、保安资格证核发等。

📖 **特别提醒**

大型群众性活动安全许可承办者应当在活动举办日的 20 日前提出安全许可申请，提出申请时，应当同时提交下列材料：①承办者合法承办的证明以及安全责任人的身份证明；②大型群众性活动方案及其说明，2 个或者 2 个以上承办者共同承办大型群众性活动的，还应当提交联合承办的协议；③大型群众性活动安全工作方案；④活动场所管理者同意提供活动场所的证明。

依照法律、行政法规的规定，有关主管部门对大型群众性活动的承办者有资质、资格要求的，还应当提交有关资质、资格证明。

大型群众性活动安全许可，公安机关收到申请材料后，应当依法作出受理或者不予受理的决定。对受理的申请，应当自受理之日起 7 日内进行审查，对活动场所进行查验，对符合安全条件的，作出许可的决定；对不符合安全条件的，作出不予许可的决定，并书面说明理由。

**二、治安行政确认**

治安行政确认，指治安行政主体根据法律、法规的规定或授权，依职权或依当事人的申请，对一定的法律事实、法律关系、权利、资格或法律地位等进行确定、认可和证明的行政行为。

（一）治安行政确认的特征

1. 治安行政确认的主体是依法享有或行使行政确认权的治安行政机关。

2. 治安行政确认的目的在于对某种不明确的事实或状态予以明确。

3. 治安行政确认的内容是个人或组织的法律地位、身份状况、资格、权利义务关系等，它具有中立性。

4. 治安行政确认本身并不直接设定权利、义务，对于当事人来说，它既不授予权益也不使其负担义务，而只是依事实和法律、法规的规定对法律关系、客观事实等作出中肯、客观公正的评价或证明。

（二）治安行政确认的范围

1. 对与消防安全的确认，包括重点火灾隐患判定、消防安全重点单位界定、火灾高危单位的确认。

2. 对交通事故等级的确认，包括对道路交通事故的认定、对交通事故责任的认定等。

3. 船舶户口确认，包括船舶户牌申请、船舶申报登记等。

拓展阅读

为减少行政许可事项，我国《消防法》将大型群众性活动的消防安全纳入《大型群众性活动安全管理条例》（国务院令第 505 号）规定的治安行政许可审查内容，避免了多头审批，方便社会、方便群众，同时，明确了消防安全要求，规定举办大型群众性活动，承办人应当依法向公安机关申请安全许可，制定灭火和应急疏散预案并组织演练，明确消防安全责任分工，确定消防安全管理人员，保持消防设施和消防器材配置齐全、完好有效，保证疏散通道、安全出口、疏散指示标志、应急照明和消防车通道符合消防技术标准和管理规定。

# 项目三　主动性治安管理手段

主动性治安管理手段，是指治安管理主体依据其法定的治安管理权，无需治安管理相对人的申请即可依法作出的治安管理措施。主动性治安管理手段主要包括治安行政命令、治安行政处罚、治安行政监督、治安行政教育和治安行政强制五项措施。

## 一、治安行政命令

治安行政命令，是指在治安管理过程中，治安管理主体根据治安管理实际需要，依法以一定形式要求特定或不特定的治安管理相对人为或不为一定行为的意思表示。

【资料3-2】

《某市公安局关于该市城区禁止和限制燃放烟花爆竹的通告》：为了加强烟花爆竹安全管理，保障公共安全和人身、财产安全，维护和谐的社会生活工作环境，根据《治安管理处罚法》《烟花爆竹安全管理条例》《某某省燃放烟花爆竹若干规定》《某某市城区燃放烟花爆竹管理办法》和《某某市人民政府关于调整城区烟花爆竹燃放区域和时间的通告》等有关法律、法规和规章的规定，结合我市实际，作出《某市公安局关于该市城区禁止和限制燃放烟花爆竹的通告》。

（一）治安行政命令的特征

1. 以特定的行政命令的意思表示为基本成立要件，治安管理主体以一定的意思表示将特定的治安行政命令告知于治安管理相对人，使其知晓并执行。

2. 治安行政命令是一种设定义务的治安管理手段，要求治安相对人为或不为一定行为。如命令申报、注销户口、要求申领身份证、要求暂住人口进行登记申报等，是要求治安行政相对人应为一定行为；不准使用管理刀具、禁止非法入境等，是要求治安管理相对人不为一定行为。

3. 治安行政命令以治安行政处罚或治安行政强制执行等措施为保障。既然是设定义务性的治安管理手段，如治安管理相对人不履行义务，即以治安行政处罚或治安行政强制措施来保证义务的履行。

4. 治安行政命令是依职权的治安管理手段。治安行政命令的职权来自于两方面：一是有法律明文规定；二是基于法律赋予的职权，如《人民警察法》赋予人民警察的盘查权。

（二）治安行政命令的主要内容

1. 禁止。禁止就是通过发布治安行政命令，明确规定不能从事某种行为。如在一些城市市区禁止燃放烟花爆竹、禁止携带危险物品的旅客乘坐公共交通工具。

2. 取缔。取缔是对于法律限制或禁止的行为发生后，作出决定采取相应的措施予以制止或取消。如取缔娱乐场所的吸毒、色情活动，收缴违禁物品等。

3. 限制。限制就是通过发布治安行政命令，将某种行为限定在一定的人员或者时空范围内，使其合法有效而采取的手段。如准许在少数民族居住区域出售、佩带管制刀具、对道路交通的限制等。

**二、治安行政处罚**

治安行政处罚，是指法定的治安管理主体依照法定权限和程序对违反治安管理尚未构成犯罪的人予以治安行政制裁的措施。它是治安管理手段中最为严厉的一种。

**【案例 3-3】**

2018 年 11 月，长沙某区公安分局接到网民举报，一名长沙本地抖音主播"黎二狗"长期在抖音平台发布低俗视频。经查，涉案主播"黎二狗"的真实身份为黎某峰，系某区浏阳河社区居民。今年以来，黎某峰多次通过其抖音账号 ID161920×××发布个人录制的低俗视频，吸粉 1.1 万人次，被 437 人关注，获赞 1.7 万次以上。黎某峰还使用"黎二狗"的微信名，在一个 500 人的微信群中发布淫秽小视频。

2018 年 12 月 7 日，捞刀河派出所将涉嫌传播淫秽信息的行为人黎某峰传唤到派出所询问，黎某峰承认了自己的违法行为，愿意接受公安机关的处罚，并深刻认识到了自己的错误，也通过其抖音账号请求网友原谅并监督。根据《治安管理处罚法》第 68条的规定，开福警方对违法行为人黎某峰作出了行政拘留 5 日的处罚决定。[1]

**【问题思考】**

1. 黎某峰的行为是犯罪行为还是违法行为？

2. 治安行政处罚的种类有哪些？

**（一）治安行政处罚的特征**

1. 治安行政处罚的主体是法定的。在我国，法定的治安行政处罚主体只有公安机关，包括铁道、交通、民航、林业等专业公安机关。

2. 治安行政处罚的性质属于行政法律制裁。治安行政处罚是国家在管理社会治安时行使的行政处罚权的一部分，其在程度上、内容上与民事制裁和刑事制裁均有所不同。

3. 治安行政处罚的目的既是实施社会治安管理，维护社会秩序，又是对违反治安管理的行为人的教育。

4. 治安行政处罚的对象是违反治安管理尚未构成犯罪的行为人。

**（二）治安行政处罚的种类**

1. 人身自由罚。

**【案例 3-4】**

2012 年 8 月 26 日，旅客朱某乘坐南航 CZ6060 航班从柬埔寨飞往广州。其间，乘务员任某执行机内清点任务时，发现持普通经济舱机票的朱某坐在高端经济舱座位上，就劝请她按机票坐回自己的座位，引发朱某不满。在发放餐食的过程中，朱某再次大吵大闹，打翻餐食和饮料，机组人员予以劝阻，朱某情绪越发激动，开始辱骂乘务员，并动手打了乘务员任某一耳光。

经查证，旅客朱某动手殴打乘务员的情况属实，根据《治安管理处罚法》第 43 条的规定，白云机场公安局依法对朱某处以行政拘留 5 日的处罚。[2]

---

〔1〕 案例来源：澎湃新闻，2018 年 12 月 15 日。

〔2〕 案例来源：新华网，2012 年 8 月 29 日。

【问题思考】

1. 公安机关对旅客朱某的处罚是否恰当?

2. 公安机关对旅客朱某的处罚属于治安管理处罚中何种处罚?

人身自由罚是指公安机关实施的在短期内限制或剥夺公民人身自由的行政处罚。我国法律、法规规定的人身自由罚有两种形式:行政拘留和限期出境、驱逐出境。

(1)行政拘留。行政拘留是指公安机关依法对违反行政法律规范的人,在短期内限制其人身自由的一种行政处罚。

行政拘留是最严厉的一种行政处罚,通常适用于严重违反治安管理但不构成犯罪,而警告、罚款处罚不足以惩戒的情况。因此法律对它的设定及实施条件和程序均有严格的规定。

行政拘留裁决权属于县级以上公安机关,其期限分 5 日、10 日、15 日三个档次;行政拘留决定宣告后,在申请复议和行政诉讼期间内,被处罚的人及其亲属找到保证人或者按规定交纳保证金的,可向行政主体申请暂缓执行行政拘留。

行政拘留不同于刑事拘留和司法拘留。

(2)限期出境、驱逐出境。限期出境、驱逐出境是指公安机关依法对违反出入境管理法律、法规规定的外国人、无国籍人采用的一种处罚措施,其实质是取消违法人在中国境内居留资格的处罚。

2. 财产罚。

【案例 3-5】

赌钱输了做生意的本钱,为博取家人同情,他将自己撞伤再报假案,谎称被打伤并被抢劫 20 多万元。

2017 年 8 月 15 日晚 8 时许,"事主"许某飞报警称,自己在万达广场与朋友谢某(合伙做白银批发首饰生意的档口老板),经过逢源街兴光里 20 号时,被 3 名男子持木棍拦住打伤,并被抢走了包里的所有货款 18.1 万元、3000 美元,合人民币约 20 万元。

获悉案情后,警方立即指派了便衣大队、刑警大队和属地派出所展开侦查。然而,办案民警走访后一无所获。经过一个通宵的工作,办案民警发现事主反映的情况有悖常理,疑点甚多。8 月 16 日,许某飞承认自己报假警。8 月 17 日,警方在许某飞供称的万达广场一档口取回被"抢劫"的款项约 15 万元。

经查,许某飞(男,23 岁,电白县人)与朋友从亲戚处筹得 20 万元资金用于做生意,后许某飞打麻将输掉了 3 万多元,为博取亲戚的同情,并想借此赖账私吞该笔款项,于是想出了一个报假案的损招。8 月 15 日下午,许某飞将余下资金装进一个黑色环保袋内,寄存在其朋友于万达广场的档口内,然后跑到逢源街兴光里 20 号将手臂往墙上撞受伤。随后,他便向警方报了假警。并且唆使其姐姐和朋友谢某配合作伪证。

公安分局便衣大队依法对报假案和作伪证的许某飞、谢某等 3 名违法嫌疑人分别进行行政拘留和罚款。[1]

【问题思考】

1. 公安机关对许某飞罚款 200 元的法律依据是什么？

2. 罚款属于何种处罚种类？

财产罚是指特定的治安管理主体依法强迫违反治安管理相对人交纳一定数额的金钱或一定数量的物品，或者限制、剥夺其某种财产权的处罚，包括罚款和没收。

（1）罚款。罚款是指享有治安行政处罚权的治安管理主体，依法对违反治安管理的相对人作出的，要求其在一定期限内向国家交纳一定数额的金钱的处罚形式。它是通过对行为人经济上的制裁，迫使其受到财产的损失，从而达到教育的目的。

（2）没收。没收是指享有治安行政处罚权的治安管理主体，依法将违反治安管理法律法规的行为人的违法所得或非法财物收归国家所有的处罚形式。

没收的范围主要包括：①违反治安管理所得的财物（赃款或赃物）；②违反治安管理的行为人进行违法行为所用的本人所有的工具或财物；③违禁物品。

**特别提醒**

罚款与罚金不同。首先，法律性质不同；其次，决定机关与适用对象不同；最后，数额不同，罚款有明确的上、下限，而罚金则无。

3. 资格罚。

【案例 3-6】

某市警方通报，4 月 20 日~5 月 30 日，某市警方重拳扫黄，该市共查处存在安全管理制度不落实、涉黄等违法违规歌舞娱乐场所 48 家，并分别给予依法停业整顿处理。名亨、悠唐、中国城等 3 家知名高档场所存在组织介绍卖淫等违法犯罪行为，中裕、碧中海、潇湘、富贵人生等 4 家歌厅存在组织"脱跳"淫秽表演等问题。

【问题思考】

1. 公安机关为何要对娱乐场所进行检查？其基于公安机关的何种权限？

2. 公安机关对"涉黄"企业作出停业整顿处罚属于何种处罚种类？

资格罚是指限制或剥夺违反治安管理行为人的某种行为能力或资格的处罚措施，主要包括责令停产停业和暂扣、吊销许可证或执照。

（1）责令停产停业。责令停产停业是指治安管理主体依法要求违反治安管理法律法规从事违法生产经营活动的治安管理相对人停止生产、经营活动的处罚措施。

（2）暂扣、吊销许可证或执照。暂扣、吊销许可证或执照是指治安管理主体依法对违反治安管理法律法规的治安管理相对人暂时扣押或撤销其已获得的从事某种活动的权利或资格，从而限制或剥夺被处罚人从事某种特许活动的权利或资格的处罚措施。

《治安管理处罚法》第 54 条规定，有下列行为之一的，处 10 日以上 15 日以下拘

---

[1] 案例来源：信息时报，2012 年 8 月 22 日。

留，并处500元以上1000元以下罚款；情节较轻的，处5日以下拘留或者500元以下罚款：①违反国家规定，未经注册登记，以社会团体名义进行活动，被取缔后，仍进行活动的；②被依法撤销登记的社会团体，仍以社会团体名义进行活动的；③未经许可，擅自经营按照国家规定需要由公安机关许可的行业的。有上述第3项行为的，予以取缔。取得公安机关许可的经营者，违反国家有关管理规定，情节严重的，公安机关可以吊销许可证。

4. 声誉罚。

【案例3-7】

2011年8月，张小姐租住在张湾区大岭路某小区，自从她8月份租住在此后，邻居们的生活就发生了变化。张小姐养的是一条京巴狗，每天京巴狗肆意在邻居门前大小便，到了深夜就开始狂吠，一闹就是几个小时。刚开始，大家还能忍受一下，可时间长了，邻居们便开始提意见了。一天晚上，邻居们轮番到张小姐家敲门，但张小姐躲在家里不吱声，居民们忍无可忍只好报警。当晚，辖区派出所民警赶来后表示："你已经严重干扰了他人，必须把狗送走。"张小姐口头上答应了，但是并没有把狗送走。几天后的一天，派出所民警再次敲开了张小姐家的门。"根据《治安管理处罚法》，现在对你予以口头警告，你必须尽快将狗送走。否则，我们将依法对你予以罚款。"当日下午，张小姐将狗送走，并承诺再也不会把狗接回来。[1]

【问题思考】

1. 连夜狗叫，邻居无法睡觉，狗主人被警告，你觉得这是否侵犯了狗主人的权益？

2. 派出所民警对张小姐的口头警告，属不属于治安管理处罚？若属于，那么属于何种处罚？

声誉罚，是指治安管理主体对依法违反治安管理的相对人发出警诫，申明其有违法行为，并通过对其名誉、荣誉、信誉等施加影响，引起其精神上的警惕，其主要形式为警告。

警告，是指治安管理主体依法对违反治安管理相对人以书面形式作出谴责和告诫，指出其违法行为，教育行为人不得再犯的措施，是治安行政处罚中最轻的一种。

### 三、治安行政监督

治安行政监督是指治安管理主体为了实现管理目的，依法对治安管理相对人遵守治安管理法律法规、履行治安管理义务的情况进行检查而采取的措施。它是督促治安管理相对人执行治安管理法律法规、治安行政命令，实现治安管理的重要手段。

---

〔1〕 案例来源：百度文库，2011年4月20日。

（一）治安行政监督的特征

1. 享有治安行政监督权的主体是公安机关；

2. 治安行政监督的对象是治安管理相对人；

3. 治安行政监督的内容是特定的；

4. 治安行政监督的目的是通过监督，防止和纠正治安管理相对人违反治安管理的行为。

（二）治安行政监督的主要措施

**【案例3-8】**

为彻底净化辖区社会治安秩序，创造良好社会环境，某市公安局梅林派出所组织各社区开展旅业（含酒店公寓）、歌舞娱乐场所、按摩服务场所"清无"专项清理整治行动。

5月4日下午，梅林派出所社区民警联同消防民警对位于绅宝花园的"归宿青年旅舍"无牌无证经营情况进行上门核查，对其非法经营情况进行调查取证。

目前，某市梅林派出所已依据《治安管理处罚法》对该旅舍经营者曾某处以罚款500元，下一步梅林所将严格依照《娱乐场所管理条例》和《广东省旅馆业治安管理规定》及其他相关法律对该无证旅舍予以关停和取缔。

**【问题思考】**

1. 梅林派出所对这家"归宿青年旅舍"的治安清查属不属于治安管理的手段？

2. 梅林派出所旅业（含酒店公寓）、歌舞娱乐场所、按摩服务场所"清无"专项清理整治行动的意义是什么？

治安行政监督在时间上，可以分为定期检查和不定期检查；治安行政监督在范围上，可以分为普遍检查和重点抽查；治安行政监督在内容上，可以分为安全检查，消防产品检测，建筑设计防火审核，机动车检验、年审，驾驶员考核等。

1. 治安检查。治安检查是指治安管理主体为了掌握治安管理相对人遵守治安管理法律法规的情况，防范、发现违法犯罪嫌疑和安全隐患，依法对负有一定治安义务的场所、人员及其物品、证件等进行检查、核实所采取的措施。

根据法律规定，治安检查的范围十分广泛，主要包括：对公共场所的治安检查；对群众性文化体育活动现场的安全检查；对单位、居民住宅区安全防范情况的检查；对特种行业是否履行治安义务的检查；对危险物品的各个环节的检查；消防安全检查；交通安全检查等。

2. 治安调查。治安调查是指治安管理主体为了了解和掌握社会治安状况，获取治安信息，而依法进行的专门考察、了解所采取的措施。

治安调查的内容十分广泛，主要包括三个方面：一是社会治安状况的调查，如违法犯罪发案数量，人民群众的安全感状况，对违法犯罪打击处理的情况等；二是治管理的专业调查，如重点人口活动情况，人口流动情况，违法犯罪人员在特种行业、公共场所活动的特点，道路交通设施状况等；三是案件、事件、事故调查，如火灾、车祸情况的调查，非正常死亡原因的调查，治安案件的证据调查等。

治安调查的方式从不同的角度可有不同的分类。一是从调查的形式上看，治安调查的方式可以分为公开调查和秘密调查；二是从调查的角度上看，治安调查的方式可以分为正面调查和侧面调查；三是从调查的范围上看，治安调查的方式可以分为普遍调查和重点调查。

3. 治安清查。治安清查，是指公安机关根据某一阶段的工作需要，集中一定规模的警力，针对一定区域、场所、行业、物品、人员，依法进行彻底清理和检查的活动。治安清查具有时间短、效率高、针对性强等特点，通过治安清查，能够迅速改变某一区域、场所、行业的混乱状况，恢复正常的社会治安秩序。

### 四、治安行政教育

治安行政教育，是指治安管理主体根据治安管理需要，依法对治安管理相对人以说服、批评、责令等方式要求其遵守治安管理法律规范，服从管理，履行治安义务的手段。

（一）责令改正

责令改正是指治安管理主体在进行治安安全检查时，发现违反治安管理法律规范的行为或者存在安全隐患时，以口头或书面的形式，责令改正。

（二）责令停止违法行为

责令停止违法行为是指治安管理主体依法对正在进行的违反治安管理的行为，责令治安管理相对人立即停止违法行为。主要包括责令停止使用、责令停止举办、责令停止施工等形式。

（三）责令管教

责令管教是指治安管理主体对不满 14 周岁的违反治安管理的行为人，责令其家长或监护人严加管理教育而采取的形式。它是口头形式的治安行政教育措施，主要针对不满 14 周岁的未成年人的家长或监护人疏于管教而采取的一种惩戒措施。《治安管理处罚法》第 12 条规定，不满 14 周岁的人违反治安管理的，不予处罚，但是应当责令其监护人严加管教。

（四）责令看管与治疗

责令看管与治疗是指治安管理主体为了督促有违法行为的精神病人的监护人履行看管和治疗的义务，依法采取的批评、教育措施。《治安管理处罚法》第 13 条规定，精神病人在不能辨认或者不能控制自己行为的时候违反治安管理的，不予处罚，但是应当责令其监护人严加看管和治疗。

（五）责令具结悔过

责令具结悔过是治安管理主体依法责令违反治安管理行为人以书面形式承认错误，表示悔改，并保证不再违法的措施。《集会游行示威法实施条例》第 28 条规定，对依照《集会游行示威法》第 27 条的规定被强行带离现场或者立即予以拘留的，公安机关应当在 24 小时以内进行讯问。不需要追究法律责任的，可以令其具结悔过后释放。

（六）劝阻、制止

劝阻、制止是指治安管理主体依法对正在或预备实施违反治安管理的行为或者犯罪行为的人，以下达命令或作出手势的方式加以规劝和干预，使其停止违法犯罪行为、恢复治安秩序所采取的措施。《集会游行示威法实施条例》第 23 条规定，对非法举行集会、游行、示威或者在集会、游行、示威进行中出现危害公共安全或者严重破坏社会秩序情况的，人民警察有权立即予以制止。对不听制止，需要命令解散的，应当通过广播、喊话等方式明确告知在场人员在限定时间内按照指定通道离开现场。

（七）训诫

训诫是治安管理主体对实施了违反治安管理的人，依法予以谴责、告诫，令其不得再犯的措施。适用训诫时，为表明训诫的严肃性，其地点最好在公安机关。

**五、治安行政强制**

治安行政强制是指治安管理主体为了实现治安管理目的，依法对治安管理相对人的人身或财物予以强制而采取的措施，包括治安行政强制执行和即时强制。

（一）治安行政强制执行

1. 治安行政强制执行的特征。

（1）治安行政强制执行的前提是公民、法人或者其他组织不履行治安管理义务；

（2）治安行政强制执行的目的是强迫义务人履行治安管理义务；

（3）治安行政强制执行是单方面的行政行为，治安管理主体无需征求义务人的同意；

（4）治安行政强制执行具有特殊的强制性。

2. 治安行政强制执行的种类。

（1）间接强制执行。间接强制执行是通过间接办法强制法定义务人履行义务，包括代执行和执行罚。代执行就是指行政强制执行机关或第三人代替义务人履行法定义务，并向义务人征收必要费用的强制执行措施。代执行必须具备一定的条件。执行罚是法定义务人拒不履行义务，而该义务又不能由他人代替履行，治安管理主体对不履行义务的人科以金钱给付义务，以促使其履行义务的强制执行措施。

（2）直接强制执行。直接强制执行指法定义务人逾期拒不履行其法定治安管理义务，治安管理主体依法对其人身或财产直接强制执行，以达到义务人履行义务相同状态的治安行政强制措施。

依行政强制执行的方法可分为：①强制传唤。如《治安管理处罚法》第82条第2款规定："公安机关应当将传唤的原因和依据告知被传唤人。对无正当理由不接受传唤或者逃避传唤的人，可以强制传唤。"②强制拘留。如《治安管理处罚法》第103条规定："对被决定给予行政拘留处罚的人，由作出决定的公安机关送达拘留所执行。"③遣送出境。如《出境入境管理法》第62条规定："外国人有下列情形之一的，可以遣送出境……"④强制遣回原地。《集会游行示威法》第33条规定："公民在本人居住地以外的城市发动、组织当地公民的集会、游行、示威的，公安机关有权予以拘留或者强行遣回原地。"⑤强制隔离治疗。《传染病防治法》第39条第2款规定："拒绝隔离治疗或者隔离期未满擅自脱离隔离治疗的，可以由公安机关协助医疗机构采取强制隔离治疗措施。"

（二）即时强制

即时强制是指治安管理主体在遇到重大自然灾害、事故，或者其他严重影响社会治安秩序、公共安全等紧急情况时，依照法定职权直接立即采取的治安行政强制执行措施。

1. 对人身的即时强制。包括强制带离现场、继续盘问、传唤、检查和留置、约束、强制驱散、强制医疗、强制隔离戒毒等。

2. 对财物的即时强制。包括收缴、追缴、扣押、铲除、强制拆除、紧急征用等。例如，对毗邻火场周围建筑物的拆除、对带上运输工具的易燃易爆物品的没收、对非法枪支刀具的扣留。

3. 对行为的即时强制。对行为的即时强制指强制人们立即为或不为某种行为。例如，取缔治安管理相对人从事某种活动或行为的权利；责令改正是强迫治安管理相对人必须主动为一定行为以消除治安隐患的强制；交通管制、现场管制、禁止观看同类比赛等是限制治安管理相对人从事某项活动或行为的强制。

**六、治安管理的其他手段**

（一）治安管理的科技手段

**【资料3-3】**

## 广州公安：打造智慧新警务[1]

2018年5月22日，广州市民李先生在杨箕公交车站乘坐B15路公交车时发现手机

---

[1] 资料来源：人民日报，2018年8月15日。

被盗。广州公交警方接报后，迅速通过"智慧新侦查"平台，以视频研判、人像判别、数据分析为支撑，锁定2名嫌疑人。6月7日，民警在天河区车陂路口抓获盗窃嫌疑人黄某，缴获赃物手机1部，并由此破盗窃系列案5宗。

针对公交扒窃小案多、职业犯罪为主、破案率较低等问题，广州警方充分发挥"智慧新警务"优势，对人民群众反响强烈的公共交通工具"侵财类小案"持续保持严打高压态势。今年以来，广州公交警方警情大幅下降至日均15.5宗，同比下降39.5%，共刑事拘留各类嫌疑人62名，破案168宗，同比上升24.4%。

据统计，2018年上半年，广州市接报案件类警情同比下降18.7%；刑事立案同比下降12.6%，实际破案20 082宗，同比上升6个百分点；"两抢"案件同比下降59.4%。同时，各类严重暴力犯罪得到有效遏制，全市命案破案率达到100%，与去年同期相比，发案数下降32.5%，破案率上升2.5%，平均每宗命案破案用时7.6小时，实现了"命案侦破不过天"的目标。

广州警方应用大数据、云计算、移动警务、人工智能等新技术，健全视频"接入、采集、解析、管理、服务"五大标准规范，建立一个以视频图像为主、多种资源关联叠加的视频资源智能化服务体系，打造公安机关视频应用实战的"神兵利器"，全面提升警务智能化水平。

广州公安大数据平台按照智慧新警务要求，建立健全基础数据实时采集、动态更新、高度共享、深度研判的工作机制，汇集了来源于公安、政务、社会的数据资源，并面向公安机关及政府部门提供统一的支撑，实现数据资源的交换、集成和服务。目前，广州公安大数据中心已汇集结构化数据1200多类，数据总量1700多亿条。

近年来，广州公安先后研发出智能视频警务云平台、刑事情报研判系统等智能应用工具，建立了广州市反诈中心，通过上述系统和中心，实现了电子数据调取的集成化、扁平化，侦查研判的智能化、可视化。今年上半年，反诈中心成功劝阻潜在事主57 614名，共为73 450名群众挽回了2.45亿元损失。

为实现"热情服务"向"延伸服务"转变，广州公安还自主研发了交警、出入境、户政等15种自助办证设备，建成一张覆盖全市的自助办证服务网络，全面拓展网上服务平台功能，完善审批项目网上受理、网上预约、网上办理功能，进一步方便市民办证办事。目前广州公安196项行政审批服务事项中，38项办理"零跑动"，106项"只跑一次"，"最多跑一次"占73.5%。

1. 治安管理科技手段的含义。治安管理科技手段是指把现代科学技术应用于治安管理的一种手段，它是提高治安管理综合效益的重要手段。在治安管理中应用现代科学技术，既是社会管理发展的需要，也是提高治安管理综合效益、实现治安管理现代化的需要。

2. 治安管理科技手段的种类。目前在治安管理中应用的科学技术主要有以下几种：

（1）信息通信技术，如对讲机、治安通信网络、警用宝典、卫星通信车等。

（2）安全防范技术，如视频监控技术、防盗、防火报警技术等。

（3）安全检测技术，如金属武器探测器、毒品探测仪、爆炸物品探测设备、车辆测速仪、安全检查车等。

（4）电子计算机技术，即利用电子计算机技术开发的用于治安管理的各个系统，如人口管理系统、车辆和驾驶员管理系统、道路交通智能管理系统、旅馆业管理系统、计算机网络监查等。

此外还有交通控制技术、消防技术、防暴技术等。随着社会的进步和现代科学技术的发展，各种现代化的科技手段将会广泛地应用于治安管理，实现治安管理的现代化和科学化。

（二）治安管理的经济手段

【资料3-4】

### 勇救落水两少年 好群众池庚兰受见义勇为褒奖

广州市公安局新闻办公室（2017年8月25日）通报：广州市见义勇为评定委员会办公室（设在广州市公安局治安管理支队）在花都区狮岭镇政府为见义勇为人员池庚兰颁发见义勇为慰问金10万元人民币，表彰他不顾个人安危，下水救援两名溺水小学生的见义勇为行为。被救的两名小学生家长也来到现场，向池庚兰赠送锦旗，表示由衷的感激之情。

池庚兰面对小学生溺水这一危急情形，不顾个人安危、挺身而出实施救人的行为符合《广州市见义勇为人员奖励和保障实施办法》第3条的规定，是一种见义勇为行为。广州市见义勇为评定委员会经研究决定，鉴于池庚兰见义勇为事迹突出，按照该实施办法第13条第4项的规定，决定为池庚兰颁发见义勇为慰问金10万元人民币。

1. 治安管理经济手段的含义。治安管理的经济手段是指根据经济利益原则，即借助奖金收入等经济杠杆作用组织实施治安管理的措施。它是借助经济杠杆的作用来强化治安管理，由于安全与个人的经济利益直接挂钩，有利于调动维护社会治安秩序的积极性和主动性。

2. 治安管理经济手段的种类。

（1）保安公司有偿服务。保安服务公司有偿服务是在公安机关领导和管理下，为社会提供专业化、有偿的安全服务，主要是为客户承担保安服务和提供安全防范咨询业务，经济上独立核算、自负盈亏，业务活动由公安机关指导和监督。保安服务公司有偿服务是适应新形势下社会安全防范工作的需要而产生的，在维护社会治安秩序、防范和打击违法犯罪等方面起到了积极作用，同时也较好地解决了公安机关警力不足的困难。

（2）见义勇为奖励基金。1993年6月29日，中华见义勇为基金会成立。此后，全国许多省、市也相继成立了见义勇为基金会。见义勇为奖励基金的来源，主要是接受政府财政拨款，接受机关、团体、企事业单位和社会各界人士的个人捐赠。设立见义勇为奖励基金，是市场经济条件下举办公益事业的有效方式，其目的就是通过向社会募集资金，用来表彰奖励在维护社会治安、抢险救灾中作出重大贡献的人员，为在斗争中牺牲和伤残的人员提供抚恤和康复治疗，以激励社会发扬见义勇为的精神，弘扬正气，促进社会治安好转。

（三）治安管理的文化手段

【资料3-5】

## 平安苏州你我携手[1]

2018年12月1日，"平安苏州 你我携手"警营开放日在金鸡湖畔举行，市民感受到不一样的警察魅力。上午，在东方之门广场上，机声轰鸣，一辆辆警用摩托车在骑警熟练的操控下，加速变换队形，各种高难度绕桩让市民看得十分过瘾。警营开放日活动有近万平方米的展区，来自全市公安机关的300多名民警通过11个主题展区，以警民联欢表演、现场互动活动以及图文展板、影像资料、装备展示等方式，集中展示近年来苏州警队在智慧警务、动态巡防、打击犯罪、便民服务等方面的工作举措。展区设置了"机械战警"表演、"小小刑事勘查员"现场体验、"禁毒先锋"CS大赛、醉酒VR体验等30多项互动项目，让不同年龄层次的市民都能亲身参与、现场体验。此次活动目的是全面展示苏州公安改革创新的成果和警队的良好形象，跟群众"面对面"地深入交流，让市民充分了解、理解公安工作，进而支持苏州警队，警民携手共建平安苏州。

1. 治安管理文化手段的含义。治安管理文化手段是指用报刊、影视、文学、艺术等形式，宣传正确的文化思想观念，陶冶人们的情操，在全社会形成良好的文化氛围，从而引导人们自觉遵纪守法，与各种违法犯罪现象作斗争，积极参与维护治安秩序的各种方法和措施。它具有广泛性、生动性、非强制性、自律性等特点。

2. 治安管理文化手段的种类。

（1）新闻舆论引导。今天报刊、广播、电视、互联网已经成为城乡人民文化生活的重要组成部分。新闻舆论引导就是指借助电台、电视台、报刊、互联网等新闻媒体，宣传治安管理的政策和法规，表彰先进，鞭挞丑恶，引导人们积极参与维护社会治安秩序的活动。治安管理部门要充分利用现代新闻传媒，加强治安新闻舆论宣传，重点以正面宣传为主，注重社会效果，遵守宣传纪律，做到内外有别。

（2）文学艺术感染。文学艺术感染就是指通过小说、报告文学、戏剧、影视、音乐、美术、摄影等文学艺术手段，塑造典型形象，伸张正义，感染观众和听众，鼓舞

---

〔1〕 资料来源：扬子晚报，2018年12月2日。

他们参与维护社会治安秩序的活动。特别是在新的历史条件下，治安管理部门要适应社会形势的发展变化，从维护社会稳定的大局出发，充分运用文学艺术手段，通过创作各类文学艺术作品，反映治安民警的工作、生活，揭露违法犯罪分子的罪恶，宣扬同违法犯罪分子作斗争的英雄模范人物和先进事迹，提高广大人民群众的法制观念，鼓舞广大治安民警的工作热情。

（3）直观形象宣传。直观形象宣传就是指通过举办陈列、展览和其他各种直观形式的活动，向群众进行安全方面的宣传工作，使人们自觉形成遵纪守法的意识和良好的安全习惯，减少安全隐患，维护社会治安秩序。

近几年，我国各级公安机关积极开展"警察开放日"活动。"警察开放日"就是让市民走近警察，走进警营，让市民亲身体验警察的日常工作。通过这个渠道，拉近市民与警察的距离，消除了彼此的距离感，让市民对警察工作多了份理解、少了份责备，促进警察与公众的相互了解。

运用直观形象的宣传形式，面向全社会特别是青少年进行遵纪守法和安全防范方面的宣传教育，使之在维护社会治安秩序方面发挥重要作用。

📖 **特别提醒**

治安管理的文化手段对人们的影响不是靠直接的限制和惩罚，也不是借助利益驱动，而是通过文化思想熏陶感染，引导人们自觉地维护治安管理秩序。

# 项目四　技能训练

## 治安管理手段之治安调查训练

### 一、训练内容

治安调查的内容有以下两方面：

1. 社会治安状况的调查。如违法犯罪发案数量，人民群众的安全感状况，对违法犯罪打击处理的情况等。

2. 治安管理的专业调查。如重点人口活动情况，人口流动情况，违法犯罪人员在特种行业、公共场所活动的特点，道路交通设施状况等。

### 二、训练目的

通过问卷，使学生掌握如何运用治安调查手段，了解掌握治安信息，并能通过对数据的分析，得出相应的结论。主要考查学生的口头表达能力、分析判断能力和解决问题的能力。

1. 训练的时间为半天。

2. 参加训练的学生，以班级为单位，可进行必要分工。

3. 对调查的数据进行汇总分析，得出调查报告。

### 三、训练前的准备

1. 根据所调查的内容，设计一份治安调查表。

2. 以每人调查 20 人为标准，提前印制好调查表。

3. 根据调查内容，确定调查区域，并适当对调查区域进行划分，以保证调查结果的准确度。

#### ××地区公众安全感调查表

调查的问题：你认为你所在区域的治安状况如何

| 性　　别 | ●男 | | ●女 | |
|---|---|---|---|---|
| 身　　份 | ●工人　●农民　●职员　●教师　●公务员　●个体工商<br>●在校学生　●无业人员　●其他 | | | |
| 哪几类问题最影响你的安全感 | 吸毒贩毒 | 电信诈骗 | 入室盗窃 | 打架斗殴 |
| | 偷自行车 | 传销 | 犬类管理 | 强买强卖，欺行霸市 |
| | 抢劫抢夺 | 砸撬机动车 | 火灾 | 酒后驾车 |
| | 散发小广告 | 乱停车 | 制假贩假 | 城市流浪、乞讨 |
| | 扒窃 | 流氓、黑恶势力违法犯罪 | 赌博 | 卖淫嫖娼 |
| 您认为哪些场所治安秩序较差 | 公交车站、地铁站 | 繁华街区 | 地下通道 | 娱乐场所 |
| | 过街天桥 | 学校、幼儿园周边 | 建筑工地 | 网吧 |
| | 商市场 | 农贸市场 | 停车场 | 餐饮 |
| | 其他 | | | |
| 您对××地区公安工作有什么需求和建议 | | | | |

### 四、训练方法与步骤

1. 学生分组分工。学生以 20 人为一组，根据分组准备好要调查的内容并制成问卷调查表。以对公众安全感调查为例，地点是学院周围的区域。每人至少调查 10 人。

2. 训练的时间、地点的选择。尽量选择人员流动较大的时间和区域。

3. 在治安调查训练前可先进行模拟实验，做好面对不同的群体的心理准备。

4. 问卷调查完成后进行数据汇总。

5. 对数据进行分析、讨论，并制成调查报告。

### 五、考核方式及标准

（一）考核方式

1. 在训练过程中，教师观察学生能否独立完成问卷调查工作，对不合作的调查对象能否正确对待。

2. 对调查报告进行讨论，各组之间互相交流学习。

3. 教师针对训练作出总结。

（二）考核标准

四级评分制：

优秀：全组学生熟练掌握治安调查的要领，独立完成治安调查报告，能全面准确调查问题，并提出指导性意见。

良好：全组学生熟练掌握治安调查的要领，独立完成治安调查报告，对所调查问题进行一定的分析，并提出自己的见解。

及格：全组学生基本掌握治安调查的要领，完成治安调查报告，对所调查问题不够全面正确，基本完成调查报告。

不及格：全组学生不能掌握治安调查的要领，没有独立完成治安调查工作、报告。

单 元 四

# 治安勤务

治安勤务
- 巡逻
  - 巡逻的概念和种类
  - 巡逻的意义和作用
  - 巡逻勤务的职责与权限
  - 巡逻勤务的实施
- 盘查
  - 盘查的概念与性质
  - 盘查的实施
- 堵截
  - 堵截的概念和种类
  - 堵截的实施
- 备勤
  - 备勤的概念和法律依据
  - 备勤的作用
  - 派出所备勤人员的具体任务及要求
- 技能训练

# 项目一　巡　逻

## 一、巡逻的概念和种类

### （一）巡逻的含义

**【案例4-1】**

近日，在深圳市光明区新湖街道的大街小巷里陆续出现了类似警用装备的名牌自行车的踪影，统一的警察蓝配色载上警用装备箱和警灯，成为社区防控中一道新的风景线。

城中村具有建筑密集、道路狭窄、人员多且复杂等特点，而自行车不怕道路狭小、堵塞，灵活方便，能够穿梭于城中村的小巷道中。警用自行车勇挑结构复杂的城中村管控重担，克服恭窄人多、机动车难入的难题，成为巡逻防控体系中的优美风景线。它帮助民警穿街入巷、贴近群众、对结构复杂的城中村形成更好的管控和治理。

新湖所组建的一支自行车骑巡队伍，专门用于城中村巡逻勤务，以加大村道巷道的巡逻防控力度，进一步形成震慑力，提高城中村治理和管控水平，提升群众安全感，为建设平安社区提供新的实践经验。[1]

巡逻是指公安机关治安管理部门为了维护社会治安秩序，组织民警和治安积极分子，有计划、有目的地在一定区域内巡回观察和警戒，发现、处置违法犯罪活动，为人民群众排忧解难，维护社会治安秩序的勤务活动。

### （二）巡逻的种类

1. 按照使用的交通工具，可分为徒步巡逻、骑自行车巡逻、骑马巡逻、驾驶摩托车或汽车巡逻，以及乘坐船艇或者直升机巡逻等。

派出所民警巡逻以徒步巡逻和自行车巡逻为主，以驾驶摩托车、汽车巡逻为辅，符合我国城镇的基本情况和派出所治安巡逻覆盖面较小的特点。

2. 根据巡逻的路线，分为直线巡逻、环线巡逻、直线环线交错巡逻。

3. 根据巡逻的参加人员，分为巡警巡逻、派出所民警巡逻、交通民警巡逻。

4. 根据巡逻人员是否着装，分为着装巡逻和便装巡逻。

✍ **拓展阅读**

近日，一架无人机在番禺交警工作人员的操控下，缓缓地飞到了祥和陵园南门对面路段的上空，吸引了许多市民的眼球。

据了解，这台无人机是番禺用于辅助执法的无人机，被称为"空中交警"。清明节

---

〔1〕　案例来源：特种装备网，2018年11月17日。

期间，番禺交警用该无人机在祥和陵园周边巡逻执法，重点抓拍违法停车、加塞爬头、占用应急车道等违法行为，打造地面有铁骑、空中有无人机的全方位勤务网，严厉打击各类交通违法行为。番禺交警黄警官称，无人机相当于一个可随时移动的电子眼，一旦发现有交通违法行为，便可直接抓拍照片，然后将车牌等相关信息迅速传递给番禺交警大队指挥中心，指挥中心便可快速通知附近的执勤铁骑过去，如果违法情况属实，将录入执法系统，并通知车主处理。此外，无人机还能协助交警监控车流量，通知轻微事故车辆及时撤离。

## 二、巡逻的意义和作用

**【案例4-2】**

某日上午10时许，四川自贡自流井区新街派出所教导员罗庆锋在巡逻时，发现一栋居民楼起火。他立即报警，并狂奔进楼内灭火。当他冲到六楼时，身材瘦小、神情憔悴的居民杨大姐正愣在门口，不知所措。罗庆锋多次试图背杨大姐冲下楼，可楼道里浓烟滚滚，根本无法下去。后来，第一批消防员赶到，现场却只有一个呼吸面罩，罗庆锋坚持把生的希望让给别人，让杨大姐戴上面罩先走。第二批消防员赶到后，罗庆峰终于被救出火场并送往医院接受救治。

**【问题思考】**

警察巡逻对社会治安有什么作用呢？

巡逻勤务能适应城市治安管理工作的需要，具有良好的机动性和灵敏的反应能力，能在较大的空间范围内积极、主动地预防和快速处置各种治安问题，有效地控制社会面的治安秩序，是治安管理的重要的专业手段和措施。同时，巡逻勤务把警力放到街面上，有利于密切警民关系，接受人民群众的监督，使群众对公安机关的执法活动产生信任感和亲切感，树立人民警察的良好形象。

（一）巡逻的意义

警察执行巡逻勤务，加强对社会面的控制，提高见警率，使群众增强安全感，有利于警民沟通与联系，并快捷处置各类治安问题。警察巡逻对维护社会稳定，保持良好社会秩序有着重要意义：

1. 有利于市场经济的发展、适应动态的社会环境。

2. 有利于打击现行犯罪、控制社会面、增强安全感。

3. 有利于密切警民关系、树立警察形象。

4. 有利于警察队伍的建设。

（二）巡逻的作用

巡逻是警察对社会治安的管理与控制的职能活动，能够打击违法犯罪，解决治安问题，及时解决群众求助困难，从而有效发挥治安管理的社会作用。

1. 预防制止违法犯罪，维护社会治安秩序。这是巡逻的基本职责和主要功能。治安工作的重点在于预防违法犯罪，消除其于无形。各类故意违法犯罪行为都是违法犯罪动机与违法犯罪行为发生的基本途径和方法。治安巡逻通过流动的工作方式，可以在动态中对社会面治安进行全方位、全时空的控制，可以有效地发现和制止各种违法犯罪行为，及时发现和处置各类治安事件和治安灾害事故，从而减少和消除违法犯罪行为的发生，维护社会治安秩序。

2. 强化社会面控制，增强公众安全感。大量研究表明，公众社会治安安全感与社会面见警率是呈正比例关系的。巡逻通过流动形式开展警务活动，提高了公共场所的见警率，客观上造成了治安力量无所不在的情景，给违法犯罪分子一种"法网恢恢，疏而不漏"的感觉。同时，也使广大人民群众产生了警察无所不在的印象，使他们感到警方在致力于制止违法犯罪，并可在紧急情况下为他们提供援助，从而增强和提高公众的安全感以及对社会治安的满意度。

3. 为公众提供综合性服务，密切警民关系。打击违法犯罪是警察的首要职责，为社会提供多种综合服务也是警察的重要职责。巡逻人员置身于社会面、置身于公众之中，并且处于动态的工作状态，他们能随时接触群众，为群众排忧解难，提供服务。巡逻勤务的"办公室"就在街面上，他们有更多的机会与奔走、困乏于街头并想要寻求帮助的人相遇，其服务群众的作用较之其他勤务方式发挥得更为充分。例如，救助那些生命处于危险境地的人；解决各种冲突、纠纷；护送儿童横穿马路；方便公民报案等。事实上警察巡逻的日常工作中大部分时间是在从事各种服务事项。如果执行治安巡逻勤务的民警以严谨的警容风纪、严肃的工作作风、雷厉风行的工作方式、良好的工作态度为民排忧解难，就可以获得社会对警察的正面评价，密切警民关系，提高公安工作效能。另外，巡逻勤务较之"办公室中的勤务"监督面宽、透明度高，其一言一行都要受到公众监督，这就更能促进警察队伍的职业道德建设。

4. 协助其他行政执法，强化综合管理职能。治安巡逻人员除完成本职工作外，常常由于其标志明显，而被市民看作政府的"巡回大使"。他们有更多的机会听取市民申诉，接听电话呼叫，接受各种控告与举报。政府也往往令巡逻人员，尤其是巡警，承担本职以外的职责，这在我国被称为巡警综合执法，以协助、配合其他非警务部门（工商、税务、市政、市容等部门）开展行政事务。这一作用是当前各国治安巡逻勤务的又一发展趋势。

### 三、巡逻勤务的职责与权限

#### （一）巡逻勤务的职责

1. 巡逻勤务的基本职责。人民警察执行巡逻勤务时，"维护治安，服务社会"是其应履行的基本职责。"维护治安"是指通过巡逻，及时地发现、打击违法犯罪行为，加强动态环境下对社会治安的控制，同时震慑违法犯罪，维护社会治安秩序；"服务社会"是指在巡逻过程中，及时地为群众排忧解难，践行全心全意为人民服务的宗旨。

2. 巡逻勤务的具体职责。在我国，巡逻勤务主要由巡警和派出所民警分别承担，其具体职责适用不同的规定。

（1）巡警的职责。根据《城市人民警察巡逻规定》第4条的规定，在执行巡逻勤务的过程中，巡警应当履行以下具体职责：维护警区内的治安秩序；预防和制止违反治安管理的行为；预防和制止犯罪行为；警戒突发性治安事件现场，疏导群众，维持秩序；参加处理非法集会、游行、示威活动；参加处置灾害事故，维持秩序，抢救人员和财物；维护交通秩序；制止妨碍国家工作人员依法执行职务的行为；接受公民报警；劝解、制止在公共场所发生的民间纠纷；制止精神病人、醉酒人的肇事行为；为行人指路，救助突然受伤、患病、遇险等处于无援状态的人，帮助遇到困难的残疾人、老人和儿童；受理拾遗物品，设法送还失主或送交拾物招领部门；巡察警区安全防范情况，提示沿街有关单位、居民消除隐患；纠察人民警察警容风纪；执行法律、法规规定由人民警察执行的其他任务。

（2）派出所民警的职责。根据《公安派出所执法执勤工作规范》第63条，派出所民警的巡逻工作主要包括：维护公共秩序，特别是党政机关、重点要害部位、大型公共场所、校园周边等重点地区的治安秩序；对可疑人员依法进行盘问和检查，对可疑物品依法进行检查；抓捕违法犯罪嫌疑人员；救助走失儿童、老人、伤病人员及其他急难者；排解纠纷；接受群众询问及口头报案、举报、控告。

（二）巡逻勤务的权限

人民警察在巡逻执勤中依法行使以下权力：

1. 盘查有违法犯罪嫌疑的人员，检查涉嫌车辆、物品。

2. 查验居民身份证。

3. 对现行犯罪人员、重大犯罪嫌疑人员或者在逃的案犯，可以依法先行拘留或者采取其他强制措施。

4. 纠正违反道路交通管理的行为。

5. 对违反治安管理的人，可以依照《治安管理处罚法》的规定，执行处罚。

6. 在追捕、救护、抢险等紧急情况下，经出示证件，可以优先使用机关、团体和企业、事业单位以及公民个人的交通、通信工具。用后应当及时归还，并支付适当费用，造成损坏的应当赔偿。

7. 行使法律、法规规定的其他职权。

### 四、巡逻勤务的实施

**【案例4-3】**

10月1日国庆节这天，举国欢庆，当大家都沉浸在节日假期的欢乐中时，茶山派出所的民警却如常在岗位上完成每天的工作。凌晨2：40，派出所民警在巡逻过程中，发现一名男子睡在河堤草地上。经询问，该男子自称9月份被朋友从云南带出来打工，后被朋友抛弃，一直流浪至今。了解情况后，民警将该男子带回派出所，为其准备食物和水，暂时将其安置到调解室休息，并于10月4日上午将其送到东莞市救助站。8：45，按照巡逻工作部署，民警在准备上路巡逻前，认真检查车辆状况，确保行车安全。10：15，屯警街面，最大限度把警力压到路面，无论是在景区，还是商业街，随处可见民警执勤的身影，全面提高路面见警率和管事率。14：00，群众因在银行存钱发生问题而报警求助，巡逻民警接警后迅速赶到现场进行调解，成功帮群众解决问题。17：00，一男子骑着摩托车在路上不慎压到一个篮球后摔倒受伤，其要求正在打篮球的小男孩赔钱。接报后，民警迅速赶到现场，联系了小男孩的家长，通过调解，双方达成赔偿协议。随后，民警将该受伤男子送到茶山医院做进一步治疗。

短短的一天，并不能全面概括、展现民警工作、生活的方方面面，但正是有了他们日复一日的艰辛和坚守，一次又一次尽心尽责的出警，一次又一次耐心的调解，一次又一次严谨的巡逻，才有了辖区的安宁，有了百姓的安居乐业，有了这个城市的平安和谐。

**【问题思考】**

1. 派出所如何准确安排巡逻勤务？

2. 民警在执行巡逻过程中应如何有效处理各类情况？

（一）根据巡逻区域特点，合理安排人员及线路，确保重点部位安全

把重点单位、要害部位、治安混乱地区等作为巡逻重点，确定设立岗卡的部位和巡逻密度、快速反应所需的时间，形成巡逻路线。

派出所民警巡逻，应当根据辖区面积和地域特征、居民情况、治安状况等划分成若干巡逻小区，固定巡逻小组，分别负责巡逻。巡逻小区应当按照一定的顺序，将附近的重点单位、要害部位、治安混乱、案件多发地区等合理配置其中，作为每个小组巡逻的重点地区，并根据治安形势的变化适时进行调整。

（二）发现可疑情况，及时依法进行盘查

巡逻中发现可疑人员时，应当出示工作证件，表明身份，并在告知法律依据后，依法对其进行盘问、检查。

盘问和检查可以同时进行，通过检查可疑人员携带的物品，验证可疑人员陈述的情况是否真实；通过盘问还可以发现和查寻违法、违禁物品，或者违法犯罪使用的工

具与凶器等，互相验证。

（三）便衣巡逻、蹲守

便衣巡逻，即民警着便装进行的秘密巡逻，主要是发现和抓获现行犯罪活动，或者控制犯罪嫌疑人员，在观察群体性治安事件的酝酿、发展趋势以及攻击目标等活动中使用。

蹲守，即民警控制、抓捕罪犯或者重要犯罪嫌疑人时，使用的一种警察勤务手段，是"蹲坑"与"守候"两种警察行为的统称。前者主要是民警在固定的地点对特定人员实施秘密的控制和观察活动，了解其动向、活动情况，搜集和验证犯罪证据，防止逃跑、转移、脱钩；后者则主要是民警对某种违法犯罪活动频繁、多发的地段进行秘密守候，等候犯罪活动出现以后，一举抓获罪犯。便衣巡逻、蹲守的民警应当做到：报经公安派出所所长批准并备案；随身携带工作证件；携带警械、武器或者其他装备时，进行隐蔽或者伪装。

### 特别提醒

公安派出所民警在巡逻时，应当做到：按照指定路线巡逻，不得无故超出巡逻区域，或者减少巡逻时间和巡逻密度；到达巡逻重点地区时，应当停留，作小区域巡查；对有违法犯罪嫌疑的人员、可疑物品依法进行盘问、检查；遇有突发事件或者事故，先期处置，及时报告；接受处理案（事）件任务时，将任务执行情况及时向下达指令的部门报告。

车巡组停留进行小区域巡查时，除遵守上述规定以外，还应当遵守下列规定：停放车辆不得妨碍交通；必须下车徒步实施，不得仅在车内观望；下车巡查时，车上或者车侧应当留一人，保护车辆安全及负责通讯联络和必要时请求支援等。

# 项目二 盘 查

## 一、盘查的概念与性质

【案例 4-4】

2018 年 11 月 23 日 12：30 左右，历城巡警大队业务科便衣民警在二环东路花园路路口巡逻时，发现一个骑电动车的男子形迹十分可疑，他车前竖着一个大大的编织袋，还东张西望，民警便上前对其进行盘查。男子突然扔下电动车撒腿向北逃窜。民警见状立即追赶，追到附近的洪苑小区内将其抓获，并查获被盗电动车电瓶 4 组，共 16 块。经初步审查，男子高某（30 岁，临沂市人，有盗窃前科）对其在南全福大街某小区停车处连续盗窃他人4辆电动车电瓶的事实供认不讳。[1]

**【问题思考】**

1. 什么是盘查?

2. 为什么警察要进行盘查?

（一）盘查的概念

盘查,即盘问和检查,是指人民警察在执勤过程中对发现的可疑人员,要求其出示有效身份证件或说明自己的身份,盘问和审查其行为的真实目的及合法性。

《人民警察法》第9条第1款规定,"为维护社会治安秩序,公安机关的人民警察对有违法犯罪嫌疑的人员,经出示相应证件,可以当场盘问、检查"。盘查包括盘问和检查两个方面,其中盘问针对的主要是人,检查针对的主要是物。对人身进行检查实际上针对的也是物,是为了发现隐藏在嫌疑人身上的凶器、赃款赃物、违禁物品等。车辆也是盘查的一种特殊的"物",对可疑车辆的盘查也是盘查中重要的一种。

1. 实施盘查的主体是公安机关的人民警察。

（1）只能是公安机关的人民警察实施盘查。

（2）行使这项职权仅限于公安民警在履行职责的活动中,是一种警察现场处置的职务行为。

（3）非公安民警的治安保卫人员,如治安联防、保安人员等无盘查权;辅警可以协助实施盘查。

2. 盘查的对象是形迹可疑、有违法犯罪嫌疑的人。

（1）形迹可疑、有违法犯罪嫌疑,是公安民警实施盘查的正当理由和根据。

（2）形迹可疑、有违法犯罪嫌疑,表明没有这种情况的人被当然地排除。

（3）可疑和嫌疑,决定了公安民警盘查权的受制约性,也决定了警察盘查时的行为方式。

（4）所谓的"违法犯罪",是指违反我国《治安管理处罚法》及其他治安管理法规,以及触犯刑事法律。

3. 实施盘查要有一定的程序。在盘查前,必须出示表明人民警察身份的工作证件,并应当告知公民盘查是法律赋予人民警察的权力,公民应予配合,否则要承担法律责任。未经出示相关证件,公民有权拒绝接受盘查。

4. 盘查必须当场进行。盘查权属于警察当场处置权的范畴。

（二）盘查的性质

盘查权,是警察权的一种体现,具有明显的强制性。由于公安机关的人民警察具有武装性质,盘查权的强制性就以人民警察自身的实力为后盾;又由于我国的公安机

---

〔1〕 案例来源:潍坊大众网,2018年11月25日。

关是国家的治安行政机关，同时行使部分司法权，这就决定了公安机关人民警察的盘查行为是一种行政强制措施，在某些情况下又与行政处罚或与刑事诉讼相联系。

**二、盘查的实施**

**【案例4-5】**

某日下午3点左右，民警巡逻至客车站地下人行通道时，发现有五个少年正在向一手机回收商兜售一款红色女性手机。见有民警过来，他们急忙收起手机往通道旁边躲。民警随即上前盘查，并当场从其中两人身上各搜出了一把管制刀具。对于手机的来源，五个人一口咬定是他们自己的。当民警让他们输入密码将手机打开时，五个人轮流拿过手机，都未能输入正确的密码。民警于是将他们带往头桥派出所。

**【问题思考】**

1. 盘查中如何发现可疑的人员？

2. 实施盘查时，警察需要履行哪些程序？

（一）盘查时机的选择

1. 当违法犯罪活动已经充分暴露或已经确认是逃犯、通缉犯时，应当及时实施盘查。

2. 当违法犯罪行为人正在实施不法行为时，人民警察应当当场盘查、及时制止。

3. 在没有获得违法犯罪证据时，可以根据违法犯罪动向、现场环境，巧妙运用欲擒故纵的技巧，等候其露出马脚，再实施盘查。

（二）盘查地点的选择

1. 选择视野开阔，地貌简单之处。视野开阔，有利于观察周围情况和变化；地貌简单，道路宽敞、平直、周围无复杂的转弯或出入口、无丛林或高秆作物等环境，有利于控制盘查对象，使其不易脱逃。

2. 选择光线明亮之处。光线明亮，有利于观察和检查，也便于看清盘查对象的体貌特征、面部表情变化、携带的物品等，以便掌握情况的变化。

3. 选择环境安静、人流较少之处。盘查应尽量避免人群围观、起哄，防止发生意外，并保证盘查时听得清、问得明，所以盘查应当避开人群，选择人流较少的地方。

4. 选择易获得支援之处。盘查应尽可能在附近有行人、车辆来往的地点进行盘查，以防处于孤立无援之地。

（三）盘查对象的选择

1. 身份可疑。例如，身份证件与本人不符的；不讲真实姓名、住址，身份不明的；持假身份证或几个身份证、几个工作证件的；言谈举止与穿着不符的；装束不合时令、神色慌张的等。

2. 体貌可疑。例如，体貌特征与已知犯罪嫌疑人或通缉、通报对象相似或年龄相仿、口音相符、衣着和随身所携带的物品相似的；有意遮掩面部或进行化装改变本来面目的；面带疲劳困倦或惊恐之状的等。

3. 行为可疑。指有违法犯罪行为的嫌疑、举止有违常理的。例如，有异常表情或行为在人群中穿梭的；无所事事，在银行、居民区、商场、候车区等区域窥视的；用冷水给小孩冲牛奶的；见到警察躲躲闪闪、表情慌张、快步离开或突然逃跑的等。

4. 携带可疑物品。例如，携带看似作案工具的；携带大量不明现金的；携带可能是毒品、枪支等违禁物品的；在夜间携带数量较多、体积较大、包装无规则的包裹、物品且遮遮掩掩、神情慌张的等。

5. 痕迹可疑。例如，身负可疑外伤或身染可疑血迹、污痕的；衣服被撕扯或破损严重的；推着自行车、摩托车走或车锁有明显撬痕的；驾驶的汽车挡风玻璃被砸破，车锁有明显撬痕的等。

6. 有其他可疑之处。例如，关系可疑，表情异常的；无法说清同伴姓名、住址的；衣着打扮不伦不类的；带着孩子搭车却不照顾的；在公共厕所里长时间不出来的等。

（四）盘查的具体实施过程

1. 盘问可疑人员。应与被盘问人保持 1 米以上的距离，尽量让其背对开阔街面；对有一定危险性的违法犯罪嫌疑人，先将其控制并进行检查，确认无危险后方可实施盘问；盘问时由一人主问，另一人负责警戒，防止被盘问人或者同伙的突然袭击；对符合继续盘问条件的，将其带至公安派出所继续盘问。若数个警察盘问，站位可以是包围或半包围，主盘问人要侧身，不要正面对着被盘查人进行盘问，另两名警察站在两侧实施警戒。要选择受敌面小、控制面大的位置站立。若是一个民警进行盘查，其站位应能封住出路或可能逃跑的方向，距离约 1.5 米，侧身对着被盘查人，随时准备，进可攻，退可守。盘查时，警察的眼睛要盯着对方的眼、肩和手。

2. 对可疑人员进行人身检查。应有效控制被检查的嫌疑对象，防止自身受到攻击和伤害；对携带或者可能携带凶器、武器的违法犯罪嫌疑人检查时，应当先检查其有无凶器和武器，然后依法扣押，再检查。责令被检查人伸开双臂高举过头面向墙、车等，扶墙或者车等站立，双脚分开尽量后移，民警站其身后并将一只脚置于其双脚中间，迅速从被检查人的双手开始向下对其衣领及身体各部位进行检查，特别注意腋下、腰部、裆部、脚踝及双腿内侧。

3. 对可疑物品进行检查。应责令被检查人将物品放在适当位置，不得让其自行翻拿；由一名民警负责检查物品，另一人负责监控被检查人；开启箱包时应当先仔细观察，防止有爆炸、放射性等危险物品；自上而下按顺序拿取物品，不得掏底取物或者将物品直接倒出；对有声、有味的物品，应当谨慎拿取，避免损坏或者遗失。

4. 对可疑车辆进行检查。检查前，应责令驾驶员将车辆熄火，拉紧手制动后下车，必要时应当暂时收存车钥匙；如车上有其他人员，应当责令其下车等候；对人员进行检查并予以控制；查验车辆行驶证件和牌照；观察车辆外观和锁具；检查车载货物和车内物品。

对车辆实施盘查时要注意，若车内只有一人驾驶，应站在驾驶座的后方，即前门的后侧，防止对方开门撞击，并使对方在心理上处于不利的地位，使其必须反转头答话或注视警察，警察也可以仔细看清他的一举一动；如前座后座均有人，应站在前后车门中间，同时监视前后座人员。

# 项目三　堵　截

## 一、堵截的概念和种类

### 【案例 4-6】

12 月 2 日中午，一辆蓝色的小轿车在福州闽侯青口镇莲峰村的村道上飞速驰骋，撞伤 3 名过路行人。途中，司机还下车用石头朝 3 名 70 岁以上的过路老人砸。

为防止事态进一步扩大，闽侯青口派出所立即组织全所警力 30 多人，进行全城堵截。当日下午 5 时许，犯罪嫌疑人谢某被警方控制。经检测，犯罪嫌疑人谢某尿检结果呈阳性。

原来青口镇 35 岁男子谢某，在 11 月 29 日晚吸食完冰毒后，情绪极度亢奋，在不眠不休的异常状态下，开车接连撞伤打伤 6 名路人，还到其小学同学李某店内敲诈钱财。后谢某被送至福州市强制戒毒所强制隔离戒毒，警方对其毒驾和敲诈行为做进一步调查。[1]

### 【问题思考】

1. 什么是堵截？

2. 警察实施堵截要注意哪些问题？

### （一）堵截的含义

堵截是指公安机关为了加强社会治安控制、维护社会治安秩序、打击各种违法犯罪活动，在交通要道口、重要界区、治安复杂地区和违法犯罪分子逃窜方向、路线上和重点区域内设置固定或临时性的检查站、卡，昼夜派员值勤，盘查可疑车辆、人员和物品，发现和查获违禁物品、赃物和违法犯罪分子的一种以静制动的治安管理手段。

它是公安机关加强点、线、面全面控制的重要一环，能充分发挥检查站、卡的以快制快、阵地控制的作用，一旦发生情况，能快速形成区域控制网，缉获现行犯、流窜犯、逃犯和赃物。

---

〔1〕　案例来源：东方网，2013 年 12 月 6 日。

（二）堵截的种类

根据堵截时采取方法的不同，可以分为：

1. 设卡堵截。在城市周边的主要交通道口、重要界区之间或根据犯罪嫌疑人逃跑的方向和路线，布置前方警力设置检查站或关卡进行封堵和截获。

2. 巡查堵截。在违法犯罪活动容易发生的区域和场所，或犯罪嫌疑人可能出没、藏匿的地方，布置警力，寻找、发现、查获违法犯罪嫌疑人。

3. 定点堵截。在犯罪嫌疑人可疑落脚的地点，布置警力，进行守候堵截。

4. 伏击堵截。在违法犯罪活动频繁或连续发生同类案件的地区，选择隐蔽地点，埋伏警力，发现、堵截违法犯罪嫌疑人。

5. 围捕堵截。在追缉违法犯罪嫌疑人的过程中，发现其已逃至某个建筑物或某个路段时，将该区域进行包围，并进行搜查和抓捕行动。

**二、堵截的实施**

（一）合理设置站卡，形成严密网络

在堵截活动中，无论是经常性的治安检查站的堵截，还是为追缉特定犯罪分子的临时性的堵截，科学、合理地设置站、卡是确保堵截取得效果的关键和基础。作为固定的治安检查站，应在城市中心区与边缘区的交界处、主要进出口要道或者市、县交界的交通道口设置，这既便于进行区域控制，也便于一旦发生紧急案情，能快速进行区域封锁和堵截犯罪分子。作为临时布建的堵截站点，一定要根据具体案情和犯罪分子可能逃窜的方向、路线、区域布设站卡，且这些站卡必须能与固定站卡相互配合，与巡逻追击警力相互协调，能形成严密的控制网络。在勤务实施方面，要将各堵截网点结合成一体，形成点、线、面的最佳组合。同时，要使警力部署的密度、警力的调动与现场势态科学统一。

（二）迅速接警，明确任务

迅速接警是指民警在接到上级指令、群众报警、报案，必须迅速响应，及时布警。迅速接警是快速反应的基础，接警时，必须要快速、准确地了解案情，了解堵截对象的基本情况、主要特征、防卫手段、携带物品和武器等基本情况。接警时还应明确了解指挥员的作战意图，行动方案，行动地点，主要工作方式和联络信号、方式，与上级和友邻警力之间的协同程序、方式等内容。只有了解案情和犯罪分子以及上级指挥员的整体部署，才能有效地发挥堵截功能。

（三）坚守岗位，高度警惕

堵截是一种以静制动的勤务活动，堵截站卡的勤务优势就在于能全天候地进行观察、检查，如果某一时段或者某一站点不能发挥作用，可能导致整个堵截行动失败。

因此，各堵截卡点上的民警要密切注意警情和通缉、通报的内容，始终保持高度的一致性，并做好应付各种紧急情况的准备，始终保持临战状态，遇有情况能立即行动、有效处置。

**（四）快速反应，积极设防**

一旦发生紧急情况，参与堵截勤务的人员要立即作出反应。固定卡要充分利用路障、掩蔽物等设备，实施对过往车辆、行人的检查。临时堵截卡要根据具体情况设置临时路障等，有条件时可设立观察位、堵截卡位和防逃卡位，分别担任识别、抓捕和堵截任务。

**（五）公秘结合，战术灵活**

实施堵截时，要公秘结合，特别是缉捕违法犯罪分子的堵截，既要设置公开的治安检查站卡，又要布建秘密的观察、控制站卡，只有公秘结合，才能及时发现和有效截获违法犯罪分子及其涉案物品和资金。在堵截卡位设置上，既要有着装警察实施堵截的公开卡位，也要适当布置以修路工人、过路行人等身份掩护的秘密卡位，发现和抓捕犯罪嫌疑人。当发现缉捕对象时，应视情况采取不同战术，在不便抓捕的环境下，可采取尾随跟踪，寻找战机，将其抓获。

**特别提醒**

执行堵截勤务时，应注意制定预案，采取有力的保障措施；根据具体案情，合理规划设置堵截站卡，形成区域性的时空控制网；统一指挥，密切协调；公密结合，把住关口；依靠群众，全面控制；多方设法，近敌制敌。

# 项目四　备　勤

## 一、备勤的概念和法律依据

**【案例 4-7】**

柳州市公安局领导高度重视节日期间各项安保维稳工作，严格执行值班领导在岗带班制度。在常态化做好全市重点部位、敏感场所的网格化巡逻防范的基础上，按照等级勤务响应要求，加强实施屯警街面、动中备勤。加强"一分钟反应圈"武装巡逻勤务，每日安排 1600 余名备勤警力做好应急处突准备，全面提升应急处突备勤工作水平。实行公安武警联勤武装巡逻防护，节日期间我市共出动民警 129 人次、武警 168 人次，在市区重点场所区域开展武警部队公安机关联合城市武装巡逻。[1]

---

〔1〕　案例来源：柳州新闻网，2018 年 10 月 7 日。

（一）备勤的概念

备勤是公安机关的一项重要制度，也是警察勤务的一种方式。它是指备勤人员在公安机关内部整装待命，以备发生突发性事件时机动使用或者执行临时派遣任务。

（二）备勤的法律依据

《公安机关人民警察内务条令》第33、34、38条分别对公安机关各部门的备勤制度作出了规定。具体要求有公安机关应当实行24小时值班备勤制度，由领导干部带班，安排适当警力备勤，配备相应器材和交通工具，保障随时执行各种紧急任务；县级以上公安机关及刑警、巡警、交警部门和看守所、拘留所、派出所应当设置值班室，建立值班备勤制度；值班备勤人员在值班备勤之前和期间不得饮酒，值班备勤期间不得进行妨碍值班备勤秩序的娱乐活动。

另外，《公安派出所执法执勤工作规范》第4条规定，公安派出所执法执勤工作范围包括：①责任区工作；②户籍室工作；③值班、备勤；④案（事）件处理；⑤巡逻；⑥治安检查；⑦特定勤务。第5条规定，责任区工作、户籍室工作分别由责任区民警、内勤民警专职担任。值班、备勤、案（事）件处理、巡逻、治安检查及特定勤务，必须由两名以上公安派出所民警执行。

### 二、备勤的作用

（一）有效应对突发事件

公安机关所面临的任务具有不可预测性，经常会发生各种突发性事件或临时性任务。配备适当的备勤警力，能够及时补充临时警情所需增加的警力，有效处置突发事件。

（二）补充缺勤警力

当值班、巡逻等岗位警察由于突发情况而无法正常出勤时，备勤民警可以及时到岗，应对补充缺岗民警的日常工作所需。

（三）有利于加强警备管理

备勤制度可以有效调动各级公安机关始终处于常备不懈的戒备状态，保证上情下达、下情上报，使各级领导和机关能够及时掌握情况、指导工作，保持公安工作的连续性、有序性，维护良好的社会治安秩序。

### 三、派出所备勤人员的具体任务及要求

公安派出所民警备勤时，没有临时任务的，根据需要，在公安派出所所内整理文书簿册、处理有关工作事宜及保养装备。执行临时派遣任务时，应当记录执行任务的时间、地点和工作情况。完成临时派遣任务后，立即返回公安派出所所内待命，继续

备勤。

公安派出所备勤民警被临时派遣看管被留置人员时，应当做到：①将被留置人员置于室内。②提高警惕，严加看管，防止发生自残、自杀、袭警、伤人、脱逃等行为。③保护被留置人员的合法权益。

公安派出所备勤民警被临时派遣解送犯罪嫌疑人时，应当做到：①提高警惕，注意观察，防止被解送人员自残、自杀、袭警、伤人、脱逃等行为。②对被解送人员依法使用戒具。③始终将被解送人员置于有效的控制状态下。

# 项目五　技能训练

## 一、训练内容

1. 盘查站位、语言、次序的训练。
2. 搜身步骤、手法、口令的训练。

## 二、训练目的

通过训练使参训学生在盘查时机、盘查地点的选择、盘查语气的使用、问话的技巧以及站位、语言、次序等方面符合威严、安全、效率、主动的要求；掌握搜身的步骤、手法、口令及接近被搜身者的方法和站位；熟悉站立式搜身的基本方法。

## 三、相关法律规定

《人民警察法》第9条规定，为维护社会治安秩序，公安机关的人民警察对有违法犯罪嫌疑的人员，经出示相应证件，可以当场盘问、检查；经盘问、检查，有下列情形之一的，可以将其带至公安机关，经该公安机关批准，对其继续盘问：①被指控有犯罪行为的；②有现场作案嫌疑的；③有作案嫌疑身份不明的；④携带的物品有可能是赃物的。被盘问人的留置时间自带至公安机关之时起不超过24小时，在特殊情况下，经县级以上公安机关批准，可以延长至48小时，并应当留有盘问记录。对于批准继续盘问的，应当立即通知其家属或者其所在单位。对于不批准继续盘问的，应当立即释放被盘问人。经继续盘问，公安机关认为对被盘问人需要依法采取拘留或者其他强制措施的，应当在上述规定的期间作出决定；在上述规定的期间不能作出上述决定的，应当立即释放被盘问人。

## 四、训练前的准备

包裹（内装日用物品、凶器等）；普通服装（由训练中的被盘查和搜身者穿用）；手枪、匕首（由被搜身者藏在身上）、手铐等。

### 五、训练方法与步骤

**（一）盘查站位、语言、次序的训练**

一名学生装扮成被盘查者，另两名被训练的学生上前盘查，行至距被盘查者 1.5～2 米，成半包围形，其中一名被训练的学生公布身份："我们是警察，请跟我们来一下。"将被盘查者带至适宜盘查的地方进行盘查，带离途中两名被训练者要一前一后，将被盘查者控制在中间，以距被盘查者 1～2 米为宜。

盘查开始时，要求参训学生向被盘查者熟练说出以下常用问话：

"请出示身份证件！"

"你到这干什么？"

"你从什么地方来，到什么地方去？"

"你的包（或衣袋）里装的是什么东西？"

"请你把包（或衣袋）里的东西拿出来！"

同时，扮成被盘查者的学生可相应作答，并将事先准备训练用的包裹让盘查者检查。对解除嫌疑的被盘查对象，应对其说："抱歉，耽误你的时间了，请走吧！"对未能排除嫌疑的被盘查者，应对其说："请拿你的东西跟我们来一下。"

**（二）搜身步骤、手法、口令的训练**

由一名学生扮成被搜身者，身带匕首或枪支，两名被训练的学生先发出口令："转身、后退！"使被搜查者背对两名搜身者，搜身者要盯住被搜查对象，双手持枪随时准备击发并慢慢向搜查对象接近，在距搜身对象 2～3 米远的时候，被训练的学生将枪收回持在腰侧，防止被搜身者突然抢枪，之后令被搜查者做出被搜身的姿势（站立、跪式或卧式）。一名搜身者持枪胁迫住被搜查对象，发出口令："不要乱动，否则开枪！"另一名搜身者收回枪，拿出手铐迅速将被搜身者扣上，之后先上后下依次搜索检查，手法是摸、翻、挤、捏，将被搜身者身上带的凶器等物品迅速搜出来。

### 六、注意事项

1. 盘查者应与被盘问人保持 1 米以上的距离，尽量让其背对开阔街面；对有一定危险性的违法犯罪嫌疑人，先将其控制并进行检查，确认无危险后方可实施盘问；盘问时由一人主问，另一人负责警戒，防止被盘问人或者同伙的袭击；对符合继续盘问条件的，将其带至公安派出所继续盘问。

2. 若是一名警察盘查一名嫌疑对象，应封住出路，侧身对着盘查对象，随时准备攻守；若同时盘查两名以上嫌疑对象，一定要分别盘问。

3. 由于实践中的情况比较复杂，盘查的语言也要随机而变，该训练的用语只是最常用的发问语言。盘查人员应针对不同的盘查对象，精心设计出盘查问话，要能够及时抓住对方的弱点，问话切中要害，对嫌疑人产生一定的震慑力。

4. 盘查一般应按先盘问、后检查物品的顺序进行，否则盘查者可能由于检查不出可疑物品而被动，对通过盘问嫌疑已排除的，一般就不必再检查其携带物品了。

5. 应有效控制被检查的嫌疑对象，防止自身受到攻击和伤害；对携带或者可能携带凶器、武器的违法犯罪嫌疑人进行检查时，应当先检查其有无凶器和武器，然后依法扣押。搜身必须在嫌疑人已失去抵抗能力的情况下才能进行，同时必须保持高度警惕，若发出口令后嫌疑人拒不执行，应采取果断行动，将其制服后再搜身；必要时，可以先依法使用戒具。若搜身的警察没有带手铐，可令对象跪下，两小腿交叉，双手十指交叉置于脑后，搜查者一手抓住搜查对象的手指，一手搜查。

6. 进行检查时，责令被检查人伸开双臂高举过头面向墙、车等，扶墙或者车等站立，双脚分开尽量后移，民警站于其身后并将一只脚置于其双脚中间，迅速从被检查人的双手开始向下对其衣领及身体各部位进行检查，特别注意腋下、腰部、裆部及双腿内侧。

### 七、考核方式及标准

（一）考核方式

1. 教师审查学生的操作过程。
2. 学生之间互相审查操作过程，作出评议，最后由教师总结。

（二）考核标准

四级评分制：

优秀：学生能够准确判断、及时发现可疑人员、可疑物品，准确熟练运用盘查的语言并进行正确盘查，能够熟练物品检查的操作技能。

良好：学生能够发现可疑情况，基本能够按照要求盘问可疑人员、检查可疑物品。

及格：学生经反复判断能够发现可疑情况，能够认真地盘问、检查可疑人员但偶有违反法律、法规规定之处。

不及格：不能及时发现可疑情况；盘问、检查可疑人员时多处没有按照法律、法规的规定来操作。

### 八、思考题

1. 如何发现可疑人员？
2. 遇到可疑人员如何对他们进行盘问？应当遵守哪些盘问规范？
3. 盘问中发现被盘问人神色慌张、表现异常时，需要检查其随身携带的物品，该怎样检查？需要注意哪些问题？

## 九、示范案例

**【示范案例】**

某日凌晨 1 时许，公安东丽分局巡警二大队民警巡逻到某工地时，发现围墙外暗处停放着一辆面包车。车内一名男子不时放下车窗左顾右盼。民警对该车进行盘查，该男子一会儿说是等朋友，一会儿又说开车累了在此歇息。民警注意到副驾驶座位上放着一把断线钳，便询问其来历。这时，车内一部对讲机中突然传出另一个男子低沉的声音："小东，我们已经偷完了，你等着我们！"该男子听到后想逃跑，被民警当场制服。证据确凿，男子不得不交代自己和两名同伙用手持对讲机联系，盗窃工地内电缆的犯罪事实。

**【训练要求】**

1. 由警察对所发现的可疑人员按照规定的程序、要领进行盘问。

2. 在盘问后认为有必要对可疑人员所携带的物品检查时，按规范要求进行。

**【训练提示】**

（一）截停

民警用规范的动作截停可疑男子，以规范的语言令其放下所携物品，背朝街面。两位民警进行分工，甲民警负责主盘问，乙民警负责进行警戒。

（二）检查

民警对车辆进行检查，发现副驾驶座位上放着一把断线钳，便询问："这把钳是用来干什么的？"回答："我刚去五金店买的。"民警继续询问："买来干什么的？"回答："我也不知道，是帮朋友买的。"民警通过检查，又发现了对讲机，问："对讲机是跟谁联络用的？"回答："车里的，我也不知道。"民警问："那车是谁的？"回答："我朋友的。"民警："那你把车停在这里干什么？你朋友呢？"回答："……"此时对讲机传来对话，民警一举制服可疑人员，并将其同伙一同抓获。

## 十、训练案例

**【训练案例】**

太康县公安局巡特警大队的巡警们巡逻至县前街与交通路交叉路口时，发现一名男子骑着共享单车向南行走，这辆黄色的共享单车在大街上十分显眼。"太康还没有共享单车呀？"巡警们感觉可疑，立即上前对该男子进行盘查，经再三盘问，该男子承认了他所骑共享单车是今年 1 月 9 日在郑州市东四环转盘路口盗窃所得。得手后，他骑着这辆单车从郑州出发准备回老家，没想到刚走到太康县城就被抓获了。

**【训练要求】**

盘查训练：截停可疑人员，并按规范对可疑人员进行盘查。

# 人口管理

1. 了解人口管理的内容与方法。

2. 理解户口管理的基本概念。

3. 了解常住人口管理的基本内容与主要方法。

4. 掌握重点人口和流动人口管理的基本制度与方法。

1. 能够办理常住户口登记和身份证的相关业务。

2. 能够对流动人口进行登记管理。

3. 能够对重点人口进行登记管理。

人口管理
- 常住人口管理
  - 户口管理概述
  - 我国户口管理的主要业务
  - 常住人口登记
  - 户口档案管理
- 居民身份证管理
  - 居民身份证概述
  - 居民身份证的有效期、式样与登记项目
  - 居民身份证的申领和发放
  - 居民身份证的使用与查验
  - 违反居民身份证管理的法律责任
  - 临时身份证
  - 电子身份证
- 流动人口管理
  - 流动人口及其社会效应
  - 流动人口的管理
- 重点人口管理
  - 重点人口及其列管范围
  - 重点人口管理制度
  - 重点人口管理方法
- 技能训练

# 项目一　常住人口管理

## 一、户口管理概述

【案例 5-1】

1985 年，邹某军出生在青山区厂前街。父母没什么文化，甚至没有办结婚证，自然，他出生后也上不了户口。7 岁时，同龄孩子都上学了，邹某军因为没有户口，也就没有上学的资格。随着年龄的增长，他想找个工作，可令他没想到的是，因为没有身份证，他在求职路上四处碰壁；交往了女友，因为没有户口，无法进行结婚登记。20 年的黑户生涯，使他无法过正常人的生活，最终，邹某军和父母一起来到武汉市公安局武昌分局，一位负责人告诉他，他的户口资料已移交市公安局有关部门，现在办理户口的资料，已经在他母亲的户口所在地东湖风景区公安分局了，"一个月之内，就可办理完毕"。

听到这个消息，邹某军激动不已，他说自己"看到了希望"。

【问题思考】

1. 什么是户口？

2. 户口的作用是什么？

3. 公安机关应如何加强户口管理工作？

（一）户政管理的概念

1. 户的含义。现代户政管理中，户是指由若干因婚姻、血缘或工作、学习关系共住一处的人组成的社会群体。户的规模可大可小，可以是一人，也可以是几十人，甚至更多。

2. 口的含义。口即人口，其本意是指单个人。我国现代户政管理中，口意指人口，指生活在一定地区，由一定社会管理联系起来、具有一定数量和质量的人所组成的社会群体。

3. 户口的含义。现代户政管理认为，户口是指经国家行政依法确认并实际管辖的住户、居民及其基本的社会人口信息的统称。

4. 户籍。户籍，是指在户口登记中形成的，记载住户、居民、人口基本信息的簿册。根据我国法律规定，只有在户口登记机关记载的相关人口信息才具有法律效力。

5. 户政管理的概念。户政管理是户口行政管理的简称，是指户口行政管理机关依照有关法律规定，收集、确认和提供公民身份、亲属关系、法定住址等人口基本信息的国家行政管理。我国现行的户政管理工作主要由公安机关负责，它是公安机关业务工作的一个重要组成部分。

户政管理是整个公安工作的基础，例如刑侦部门需要查询犯罪嫌疑人的信息、交警部门需要查询驾驶员的个人信息、治安管理部门需要查询流动人口信息等，大量的公安工作需依托户政管理收集的人口基本信息来完成。

**特别提醒**

户籍是指"登记居民住户的册籍"，户籍是法定名称。户籍是居民户口的法律凭证，没有履行户口登记的，就不能认定为有户口。

户口和户籍既有区别又有联系：户口指住户和人口，户籍指按户逐人记载居民有关身份、住址和亲属关系等事项的簿册。户口是户籍登记的对象，户籍是居民户口的法律凭证。

（二）户政管理的任务

1. 证明公民身份，为公民提供法律保护。户政管理机关通过依法登记公民身份，如公民的姓名、性别、出生日期、亲属关系、文化程度、职业、服务处所等内容，从而在法律上确认、证明公民身份的合法有效性，确立公民民事权利和行为能力，为公民在政治、经济、文化和社会生活等领域正确合法行使各项权利和履行义务提供便利和相应的法律保护，保障公民的合法权利和利益。

2. 服务社会经济建设，为党和政府决策提供可行性数据和资料。户政管理机关通过对人口基本信息的详细记载，并经过汇总、统计、分析，形成真实、客观的人口原始资料，为党和政府制定国民经济建设和社会发展规划、劳动力合理配置等提供基础数据和准确的人口信息资料。通过户政管理机关提供的相关人口信息，有关部门才能更好地掌握人口的数量、密度、分布、流动、就业、教育等情况，从而为国家制定计划生育政策、控制人口增长、调整城乡规划布局、合理引导人口流动、提高人口素质以及社会经济建设发展等提供科学依据。

3. 维护社会秩序，保障社会和谐稳定。户政管理是国家行政管理的重要组成部分和重要基础性工作，是治安管理的基础和重点。通过对人口基本信息的记录，了解常住人口、暂住人口的基本情况，掌握重点人口和流动人口的基本动态，积极协助、配合治安、刑侦等业务部门加强治安防范宣传教育，预防和打击各种违法犯罪活动，查处治安灾害事故，维护社会治安稳定。同时，通过对居民身份证的统一制作、统一发放，确认公民的身份，明确居民身份证的作用，规范公民的社会活动行为，加强居民身份证的管理，有效维护社会稳定，促进社会和谐发展。

**二、我国户口管理的主要业务**

1. 人口登记与管理。主要包括：常住人口登记与管理（包含出生、死亡、迁出、迁入、变更、更正等 6 项登记）。

2. 居民身份证管理。主要包括：居民身份证的制作、登记项目、申领、换领、补领、发放、收缴、使用、查验等以及对违反居民身份证管理行为的查处。

3. 住户人口调查与统计。主要包括：对本辖区人口基本情况的调查、统计、汇总、分析等。

4. 户口档案管理。主要包括：常住人口档案、暂住人口档案、重点人口档案、居民身份证档案等材料的制作、查阅及管理。

5. 划分管辖区域，编定住户门牌。

6. 流动人口登记与管理。主要包括流动人口居住证申领、登记，流动人口暂住管理。

7. 重点人口管理。重点人口管理是公安机关内部一项专门的基础性工作。重点人口指有危害国家安全、危害社会治安嫌疑的，还未查证核实或者排除的，需由公安机关实施重点管理的人口。

8. 户口迁移审批、调控。主要包括：根据国家相关人口迁移调控政策、措施，对跨市、县常住户口申报迁出、迁入落户的审批，特别是对特大和超大城市人口迁入的调控与审批。

9. 人口信息管理。主要包括：常住人口信息、暂住人口信息、工作对象信息等材料的收集、分析、处理，以及现代人口信息管理系统的应用管理。

### 三、常住人口登记

（一）常住人口登记的含义

常住人口登记，是指户口登记机关依法对具有常住户口的公民用统一的常住人口登记表和居民户口簿填写每个公民的身份、居住地和亲属等关系及其变动情况的业务活动。

我国现行的常住人口登记簿册，是按照户政管理的要求和任务设置的，主要有《户口登记簿》《居民户口簿》《四项变动登记簿》（包括迁入登记、迁出登记、出生登记、死亡登记等表格）等。《户口登记簿》是户口登记机关登记户口用的簿册，以人为单位，每人填写一份《常住人口登记表》，以户为单位排列，以单元楼或街道门牌号码顺序合订一本，它是户口登记机关签发户口证明、查对户口和统计人口的依据。《户口登记簿》由公安派出所内勤民警负责保管，无关人员不得随意翻阅。《居民户口簿》是国家制定的证明本户居民身份的一种证件，主要记载住户成员的姓名、性别、民族、出生日期、出生地、籍贯、住址、文化程度、职业和服务处所等内容。《居民户口簿》以户为单位颁发，由居民妥善保管。

👆 **特别提醒**

在我国，一个公民可以有一处甚至几处居所，这些居所可能分布在不同的户口管辖区，但公民必须而且只能在一个经常居住的地方登记常住人口。这样规定，不仅保证了每个公民应当享受的权利和承担的义务，也便于户政管理部门准确地进行人口统计。

**（二）户口登记原则和立户标准**

1. 户口登记的原则。我国户口登记坚持以下原则：一是以户为单位进行登记的原则；二是一个公民只能在一个地方登记为常住人口的原则；三是方便群众、为民服务的原则。

2. 户口登记的立户标准。户口登记是以户为单位进行的，分为家庭户和集体户。家庭户一般是一个家庭立为一户，立户者之间一般有亲属关系、同居一处、共同生活等三个条件；集体户一般同一单位共居一处的立为一户，分居几处的分别立户，分散居住在外部几个集体宿舍的原则上就地就近立户，人员调动频繁的单位，可酌情集中立户；居住在单位内部集体宿舍带有家属的职工，以及人数较少的单位，一般按家庭户立户。

**（三）常住人口登记机关和范围**

1. 常住人口登记机关是公安派出所，户口登记工作由各级公安机关主管。

2. 常住人口登记的范围是居住在中华人民共和国境内的中国公民。外国驻我国的外交人员，按照国际惯例不进行登记。居留在我国的外国侨民和无国籍人员，按照外侨管理的有关规定履行户口登记。现役军人（包括武警）的户口，由军事（武警）机关按照管理现役军人的有关规定进行登记，地方户口登记机关对他们不作登记；但是，对散居的现役军人应该凭军事机关的有关证明，登记为暂住人口；在军事机关的非现役军人，如雇佣人员、军人家属等，由地方户口登记机关进行户口登记。居住在国外的中国公民，由我国驻外使领馆履行户口登记。居住在香港、澳门地区的中国公民，按港、澳特别行政区的有关规定履行户口登记手续。

**（四）常住人口登记的基本要求**

公民在申报登记常住人口时，户口登记机关应当为其建立《常住人口登记表》。对新生婴儿，在申报出生登记时，要建立《常住人口登记表》；城乡居民户口分为家庭户和集体户，以户为单位进行管理。凡以家庭关系为主的公民，户口登记机关应该以家庭户为单位发给《居民户口簿》。居住在机关、团体、企业、事业、寺庙等单位的集体宿舍，相互之间不存在家庭关系的公民，户口登记机关按集体户口进行登记管理，可以共立一户或者几户，由所属单位确定专人负责管理。

常住人口登记的基本要求是：

1. 登记项目准确，即要按照户口登记簿规定的项目，逐户、逐人、逐项目进行填写登记，防止重、漏、差、错，登记内容要真实反映被登记公民的实际情况。

2. 登记内容规范，即项目登记内容要标准化，要严格按照公安部规定的填写要求填写，做到字迹端正、清晰。

3. 变动及时登记，即要健全出生、死亡、迁出、迁入四项变动和户口项目变更更正登记，做到一有变动，及时登记，切实掌握人口增减变动情况。

4. 户口底数清楚，即要将辖区常住人口的户数、人口数登记得一清二楚。该增加的及时登记，该减少的及时注销，切实做到户口簿上的人口与实际人口相符，保证户口登记资料的完整、准确。

### ☞ 特别提醒

《常住人口登记表》为一人一表，共设置34个登记项目，包括：户别、户主姓名、与户主关系、姓名、曾用名、性别、民族、出生日期、宗教信仰、住址、本市（县）其他住址、出生地、籍贯、文化程度、婚姻状况、兵役状况、身高、血型、服务处所、职业、监护人、监护关系、公民出生证签发日期、公民身份证件编号、居民身份证签发日期、何时何因由何地迁来本市（县）、何时何因由何地迁来本址、何时何因迁往何地、何时何因注销户口、申报人签章、承办人签章、登记日期、登记事项变更和更正记载、记事。

《常住人口登记表》应使用国务院公布的汉字简化字填写，民族自治地区可使用本民族的文字或选用一种当地通用的民族文字填写。《常住人口登记表》可用计算机填写，也可手工填写。凡手工填写的，应使用黑色或蓝黑色墨水钢笔书写，字迹要清楚、工整，不得涂改；填写内容相同的，要将内容都写上，不得以"同上"或其他符号代替；表5-1为《常住人口登记表》式样。

### 表5-1 《常住人口登记表》式样

| 户 别 | 常 住 人 口 登 记 表 | | 户主姓名 | 与户主关系 |
|---|---|---|---|---|
| | | | | |
| 姓 名 | | | 性 别 | |
| 曾 用 名 | | | 民 族 | |
| 出生年月 | 年 月 日 时 分 | | | |
| 监 护 人 | | 出 生 地 | | |
| 监 护 关 系 | | 公民出生证签发日期 | | |
| 住 址 | | | | |

续表

| | | | |
|---|---|---|---|
| 本 市（县）<br>其 他 住 址 | | | |
| 籍　　贯 | | 宗 教 信 仰 | |
| 公 民 身 份<br>证 件 编 号 | | 居 民 份 证<br>签 发 日 期 | |
| 文 化 程 度 | | 婚 姻 状 况 | 兵 役 状 况 | |
| 身　　高 | | 血　型 | 职　　业 | |
| 服 务 处 所 | | | |
| 何时何因由何<br>地迁来本市（县） | | | |
| 何时何因由<br>何地迁来本址 | | | |
| 何 时 何 因<br>迁 往 何 地 | | | |
| 何 时 何 因<br>注 销 户 口 | | | |

申报人签章：　　　　　　　　　　　　　　　加盖户口登记机关
　　　　　　　　　　　　　　　　　　　　　　户口专用章

承办人签章：　　　　　　　　　　登记日期：　　年　　月　　日

（五）常住人口变动登记

常住人口变动登记包括出生登记、死亡登记、迁入登记、迁出登记和变更、更正登记。

1. 出生登记。出生登记，是指户口登记机关根据公民申报，为新生婴儿登记户口的活动。

特别提醒

婴儿出生后 1 个月内，由婴儿的父母或者其他监护人或者邻居凭《出生医学证明》

或者居（村）民委员会证明，向婴儿父母常住户口所在地户口登记机关申报出生登记。

非婚生婴儿的出生登记，可根据有关规定由其监护人或者收养人凭《出生医学证明》和父母一方的居民户口簿、结婚证或者非婚生育说明，按照随父随母落户自愿的政策，申请办理常住户口登记。申请随父落户的非婚生育无户口人员，需一并提供具有资质的鉴定机构出具的亲子鉴定证明。非婚生婴儿，同样受到国家法律的保护，户口登记机关可根据其申报人的申报办理登记。

被遗弃婴儿的出生登记，应依照有关规定，由收养人或者育婴机关向当地户口登记机关申请办理出生登记手续。弃婴的姓名、民族及出生日期，依照具体情况而定，以收养人或者育婴机关所在地为弃婴的出生地。

对不按计划生育的婴儿，户口登记机关也应该及时给予办理出生登记。

2. 死亡登记。死亡登记，是指户口登记机关根据公民的申报，为死者办理注销户口的活动。

**特别提醒**

公民死亡后，城镇在葬前，农村在 1 个月内，由其亲属、扶养人、邻居或者死者所在单位向死亡公民常住户口所在地户口登记机关申报死亡登记。申报死亡登记，应当持医疗部门或者有关单位出具的死亡证明。

公民在异地死亡的，暂住地户口登记机关应该根据死亡公民所在暂住地的有关单位和人员的申报，注销暂住登记。已申领《居住证》或相关证件的，收回证件，并及时通知死者常住地户口登记机关。死者常住地户口登记机关根据此通知和死者家属的申报，给予办理死亡登记。

公民在迁移途中死亡的，如属单身迁移，由死者所在地户口登记机关在其迁移证上注明途中死亡情况，将其迁移证寄给迁入地户口登记机关，由迁入地户口登记机关办理迁入和死亡两项登记。全户迁移的，在迁移证上注明死者的死亡日期和原因，加盖户口专用章，由迁入地户口登记机关办理迁入和死亡两项登记。

公民被宣告死亡的，由利害关系人持人民法院宣告死亡判决书，向被宣告死亡公民常住地户口所在地户口登记机关申报死亡，户口登记机关据此办理死亡登记。如果被宣告死亡的公民重新出现或确认其没有死亡，应由本人或者利害关系人持人民法院撤销宣告死亡判决书，向被宣告死亡公民的常住地户口登记机关申报恢复户口，户口登记机关据此恢复其常住户口。公民被宣告死亡或者撤销死亡宣告，都应当在人民法院判决后 30 天内向户口登记机关申报。

婴儿出生后立即死亡的（包括申报出生前死亡），户口登记机关应督促其家属申报，办理出生、死亡两项登记，但不在户口簿上记载，也不必填写《常住人口登记表》，只在四项变动登记簿的出生和死亡登记表上进行登记。如果生下来是死婴（即死产），则不进行出生、死亡登记。

被杀、自杀、意外事故死亡或死因不明的，户口登记机关应根据户主或者被发现人的申报和有关证明，经核实，出具死亡证明，注销户口。如情节可疑，又无死因证明的，必须及时与有关部门联系处理。对于因急性病、传染病死亡的，户口登记机关应及时通知卫生部门以便进行防疫工作。

3. 迁入登记。迁入登记，是指户口登记机关根据公民申报，凭合法有效的迁移证或其他入户证件，为其办理户口登记的活动。迁入登记包括所内迁移（在同一派出所内移动户口地址）、市内迁移（在同一城市内变更户口登记的县区和详细地址）和市外迁入（户口从其他城市迁入本市）。

公民迁入，应在《户口迁移证》或者其他入户证件的有效期内迁入，由本人或户主向户口登记机关申报迁入登记。户口登记机关应给予登记户口，填写户口登记簿。

4. 迁出登记。迁出登记，是指户口登记机关根据公民申请，在其由现户口管辖区迁往另一个户口管辖区前，为其办理户口迁出手续的活动。

（1）市内迁移，同一城市内户口迁移无需迁出手续。

（2）迁往外市，必须要有准迁手续和迁出手续。

5. 变更、更正登记。变更、更正登记，是指公民因户口登记项目的内容需要变更或者更正时，向户口登记机关申请办理变更或者更正事宜的一项登记制度。

（1）变更、更正主要项目，如姓名、性别、出生年月日、身份证号码、民族这类重要身份信息，需要层级审批授权。

（2）变更、更正一般项目，如籍贯、职业、文化程度、出生地、住所、婚姻关系、户主关系，由本人提出申请并提供证明材料，可随时更改。

### 四、户口档案管理

**（一）户口档案的含义**

户口档案是户政管理部门在实施户政管理过程中形成的，反映户政管理实践活动情况，按照一定规律保存以备考查，具有保存价值的文字、图表、视听资料等材料。

**（二）户口档案的分类**

对户口档案进行科学分类，能揭示出它们之间的逻辑关系，条理性地反映出户政管理各项工作在各个时期的真实历史面貌和工作状况，有利于加强户口档案的管理，更好地发挥户口档案的作用。户口档案一般是按照档案的来源、时间、内容和形式的不同进行分类的。依据《公安派出所档案管理办法》的规定和户口管理的现实状况，可将户口档案分为以下几类：

1. 重点人口档案。主要是指在重点人口管理工作中形成的有关材料。

2. 常住户口档案。主要是指公安派出所在对常住户口管理中形成的有关材料，如迁移证，户口审批材料，换发下来的旧的《常住人口登记表》等。

3. 暂住户口档案。主要是指公安派出所在对辖区内外来经商、务工、从事第三产业等人员和来本辖区的境外人员的管理工作中形成的材料。

4. 船民档案。主要是指公安派出所在对船民、渔民的管理工作中形成的材料。

5. 居民身份证档案。主要是指公安派出所在对居民身份证管理过程中形成的材料。

📖 **拓展阅读**

《国务院关于进一步推进户籍制度改革的意见》提出要建立城乡统一的户口登记制度。取消农业户口与非农业户口性质区分和由此衍生的蓝印户口等户口类型，统一登记为居民户口，体现户籍制度的人口登记管理功能。建立与统一城乡户口登记制度相适应的教育、卫生计生、就业、社保、住房、土地及人口统计制度。

《广州市人民政府关于进一步推进户籍制度改革的实施意见》提出，为创新人口管理模式，由广州市公安局牵头，各区公安分局配合，实现城乡户籍"一元化"登记。在全市范围内取消农业、非农业以及其他户口性质划分，统一登记为广州市居民户口，实现户籍"一元化"登记管理，真实反映户籍制度的人口登记管理功能。

# 项目二  居民身份证管理

## 一、居民身份证概述

【案例 5-2】

2010 年 7 月经朋友介绍，代某来到位于某市边家村十字的太谷歌城做清洁工，刚来时，她的身份证被歌城一经理留下了。半个月后，她认为自己不能适应这里的工作，提出辞职，经理付给她半个月的薪水 650 元，在她要自己身份证时，与经理发生争执，最终没能拿到自己的身份证。

【问题思考】

1. 居民身份证的作用是什么？

2. 太谷歌城扣押代某身份证的行为合法吗？

居民身份证，是指由中国政府依法对居住在中国境内的中国公民发放的，证明拥有中国身份的凭证、证件。居民身份证是公安机关根据《居民身份证法》等国家法律，对本国居民统一颁发的具有证明公民身份效力的法定证件。

居民身份证登记的项目包括：姓名、性别、民族、出生日期、常住户口所在地住址、公民身份号码、本人相片、指纹信息、证件的有效期和签发机关。公民申请领取、换领、补领居民身份证，应当登记指纹信息。

公民身份号码是每个公民唯一的、终身不变的身份代码，由公安机关按照公民身份号码国家标准编制。

居民身份证的作用有：

1. 证明公民身份，保护公民合法权益。居民身份证是公安机关按照国家法律规定的统一样式，依法颁发给个人的身份证件，具有高度的法定权威性，能够有效地证明公民身份。城乡居民在广泛的社会交往中，在办理涉及公民权益事宜需要证明身份时，只要出示居民身份证即可有效地证明自己的身份，并在全国通用。这样既方便了广大人民群众，又有效地保护了公民的合法权益。

2. 严密治安管理，有利于维护社会秩序。居民身份证，除了有规定的登记项目、持证人照片外，还有个人身份证号码，有法定的查验制度，依照规定持有证件的人都必须随身携带，它既有全国通用性，又不易伪造。因此，查验居民身份证，在保障公民合法权益的同时，对于限制不法分子，发现、控制和打击各种违法犯罪，具有重要作用。特别是对那些不讲真实身份，有流窜作案嫌疑，拒不出示居民身份证的，就可对其进行审查，从中抓获各种犯罪分子。此外，当发生各类突发事件和灾害事故时，可以通过查验居民身份证，迅速查明有关情况，及时妥善进行处置，维护社会秩序。

3. 堵塞户口管理的漏洞，加强完善和改革户口管理。实行居民身份证制度，不仅申领、登记和颁发证件都有严格的手续，而且证件具有防伪技术强，不易涂改和伪造的特点，加之居民身份证和《常住人口登记表》上有持证人的照片，不易被冒名顶替，特别有利于民警熟悉和了解辖区人口的基本情况，堵塞原户口管理工作的漏洞。实行居民身份证制度，还是对我国户口管理制度的重大改革，即把以户为单位的管理体制，转变为以公民个人为主、同时与户相结合的管理体制，由静态管理转变为动态与静态相结合，以动态管理为主，实现人口管理证件化的重大改革。

4. 严密社会其他管理，为人口管理现代化奠定了基础。由于居民身份证具有证明公民身份的法律效力，在社会其他管理方面也有着广泛的作用。在办理涉及公民权益的事务时，通过核查居民身份证，证明公民的身份，既能有效地保护公民合法权益，又能加强社会有关方面的管理。

我国实行居民身份证制度以后，开始应用计算机技术管理居民身份信息，并把户口档案资料、人口统计资料等全部人口信息储存在计算机中，以此为基础逐步形成了人口基本信息计算机管理网络，有利于准确、及时、全面地向社会各方面提供人口信息，直接服务于社会主义现代化建设，为迅速实现我国人口管理现代化奠定了重要基础。

**二、居民身份证的有效期、式样与登记项目**

（一）居民身份证的有效期

居民身份证的有效期限分为 5 年、10 年、20 年、长期四种：16 周岁以下的自愿领取身份证的，有效期为 5 年；16~25 周岁的人，发给有效期为 10 年的居民身份证；26~45 周岁的人发给有效期为 20 年的居民身份证；46 周岁以上的人，发给长期有效的居民身份证。

（二）居民身份证的式样

《居民身份证法》规定，居民身份证式样由国务院公安部门制定。居民身份证由公安机关统一制作、发放。

第一代居民身份证是在 20 世纪 80 年代中期研发的，现在已经停止办理，2013 年 1 月 1 日停止使用。目前制发的居民身份证，为第二代居民身份证，式样为单页卡式，长度 85.6mm、宽度 54mm、厚度 1mm。证件正面印有国徽、证件名称、长城图案、证件的签发机关和有效期及彩色花纹。证件背面印有持证人照片、登记项目（姓名、性别、民族、出生、住址、公民身份号码）、彩色花纹。

居民身份证具备视读与机读两种功能。

（三）居民身份证的登记项目

《居民身份证法》第 3 条第 1 款规定，居民身份证登记的项目包括：姓名、性别、民族、出生日期、常住户口所在地住址、公民身份号码、本人相片、指纹信息、证件的有效期和签发机关。

公民身份号码是每个公民唯一的、终身不变的身份代码，由公安机关按照公民身份号码国家标准编制，由 18 位码组成，目前又被采纳为公民社会保障号。

**三、居民身份证的申领和发放**

1. 申领。根据《居民身份证法》的规定，公民应当自年满 16 周岁之日起 3 个月内，向常住户口所在地的公安机关申请领取居民身份证。未满 16 周岁的公民，由监护人代为申请领取居民身份证。香港同胞、澳门同胞、台湾同胞迁入内地定居的，华侨回国定居的，以及外国人、无国籍人在中华人民共和国境内定居并被批准加入或者恢复中华人民共和国国籍的，在办理常住户口登记时，应当依法申请领取居民身份证。申请领取居民身份证，应当填写《居民身份证申领登记表》，交验居民户口簿。

2. 换领。国家决定换发新一代居民身份证、居民身份证有效期满、公民姓名变更或者证件严重损坏不能辨认的，公民换领新证；居民身份证登记项目出现错误的，公安机关及时更正后，换发新证；领取新证时，必须交回原证。

3. 补领。居民身份证丢失的，申请补领。

4. 发还。公安机关把依法扣押的居民身份证发还原持证人。

公民在申请领取、换领、补领居民身份证期间，急需使用居民身份证的，可以申请领取临时居民身份证，公安机关应当按照规定及时予以办理。

居民身份证的签发机关是居民常住户口所在地的县级人民政府公安机关。

特别提醒

《居民身份证法》第 12 条第 1 款规定："公民申请领取、换领、补领居民身份证，公安机关应当按照规定及时予以办理。公安机关应当自公民提交《居民身份证申领登记表》之日起 60 日内发放居民身份证；交通不便的地区，办理时间可以适当延长，但延长的时间不得超过 30 日。"

公民办理常住户口迁移手续时，公安机关应当在居民身份证的机读项目中记载公民常住户口所在地住址变动的情况，并告知本人。

### 四、居民身份证的使用与查验

（一）居民身份证的使用

根据《居民身份证法》第 13、14 条的规定，公民从事有关活动，需要证明身份的，有权使用居民身份证证明身份，有关单位及其工作人员不得拒绝。同时还规定有关单位及其工作人员对履行职责或者提供服务过程中获得的居民身份证记载的公民个人信息，应当予以保密。

遇有下列情形，公民应当出示居民身份证证明身份：①常住户口登记项目变更；②兵役登记；③婚姻登记、收养登记；④申请办理出境手续；⑤法律、行政法规规定需要用居民身份证证明身份的其他情形。若依照《居民身份证法》规定未取得居民身份证的公民，从事上述规定的有关活动，可以使用符合国家规定的其他证明方式证明身份。

（二）居民身份证的查验

所谓"查验"，是指公安机关依法命令或强制公民出示其本人居民身份证，并对该证是否真实有效进行核实的行为。

根据《居民身份证法》第 15 条第 1、2 款，人民警察依法执行职务，遇有下列情形之一的，经出示执法证件，可以查验居民身份证：①对有违法犯罪嫌疑的人员，需要查明身份的；②依法实施现场管制时，需要查明有关人员身份的；③发生严重危害社会治安突发事件时，需要查明现场有关人员身份的；④在火车站、长途汽车站、港口、码头、机场或者在重大活动期间设区的市级人民政府规定的场所，需要查明有关人员身份的；⑤法律规定需要查明身份的其他情形。有以上情形之一，拒绝人民警察查验居民身份证的，依照有关法律规定，分别不同情形，采取措施予以处理。

特别提醒

人民警察查验有关公民的居民身份证之前，应当出示执法证件。

合法持有居民身份证是公民的权利，任何组织或者个人均不得扣押。但是对于正在被羁押的犯罪嫌疑人、被告人及罪犯等，为了公共利益的需要，由有关机关扣押居民身份证。除此之外，《居民身份证法》还规定公安机关可以依照《刑事诉讼法》的规定，对执行监视居住强制措施的犯罪嫌疑人扣押居民身份证。

### 五、违反居民身份证管理的法律责任

**【案例 5-3】**

陶某，1982 年出生，河南人。年前从外地打工坐车回家，到站时发现钱包被偷，里面的身份证、银行卡等全部丢失。因办年货急等钱用，挂失银行卡需要身份证件，正规办理身份证时间又太长了，陶某想起了在街上看见的制作各种假证件的小广告。他便拨通了小广告上的联系电话，在与假证制作人员一番讨价还价后，交了 100 元钱和一张照片。两天后，陶某有了一张新的"身份证"。拿到这张身份证，陶某去银行顺利办理了银行卡挂失业务。从银行出来，陶某以为连银行都分辨不出来假证，何必再去办理真证件，既费时又费钱，有了这张假证一样可以蒙混过关。年初，陶某来到芜湖机械工业园某企业打工，根据规定，在本地居住 1 个月以上的外来人口必须办理暂住证，陶某便拿着这张假身份证来办理，没承想，刚进派出所就被户籍民警识破了。

**【问题思考】**

陶某违反了《居民身份证法》的哪些规定？应受到什么样的处罚？

（一）一般违法行为的法律责任

《居民身份证法》第 16 条规定，有下列行为之一的，由公安机关给予警告，并处 200 元以下罚款，有违法所得的，没收违法所得：①使用虚假证明材料骗领居民身份证的；②出租、出借、转让居民身份证的；③非法扣押他人居民身份证的。

（二）严重违法行为的法律责任

《居民身份证法》第 17 条规定，有下列行为之一的，由公安机关处 200 元以上1000 元以下罚款，或者处 10 日以下拘留，有违法所得的，没收违法所得：①冒用他人居民身份证或者使用骗领的居民身份证的；②购买、出售、使用伪造、变造的居民身份证的。伪造、变造的居民身份证和骗领的居民身份证，由公安机关予以收缴。《居民身份证法》第 19 条规定，国家机关或者金融、电信、交通、教育、医疗等单位的工作人员泄露在履行职责或者提供服务过程中获得的居民身份证记载的公民个人信息，尚不构成犯罪的，由公安机关处 10 日以上 15 日以下拘留，并处 5000 元罚款，有违法所得的，没收违法所得。单位有上述行为，尚不构成犯罪的，由公安机关对其直接负责的主管人员和其他直接责任人员，处 10 日以上 15 日以下拘留，并处 10 万元以上 50 万元以下罚款，有违法所得的，没收违法所得。

（三）犯罪行为的法律责任

《居民身份证法》第 18 条第 1 款规定："伪造、变造居民身份证的，依法追究刑事责任。"我国《刑法》第 280 条规定，伪造、变造、买卖或者盗窃、抢夺、毁灭国家机

关的公文、证件、印章的，处 3 年以下有期徒刑、拘役、管制或者剥夺政治权利；情节严重的，处 3 年以上 10 年以下有期徒刑，并处罚金。根据《居民身份证法》第 18 条第 2 款的规定，有本法第 16 条、第 17 条所列行为之一，从事犯罪活动的，也应依法追究刑事责任。《居民身份证法》第 19 条规定，国家机关或者金融、电信、交通、教育、医疗等单位的工作人员泄露在履行职责或者提供服务过程中获得的居民身份证记载的公民个人信息，构成犯罪的，依法追究刑事责任；单位有上述行为，构成犯罪的，依法追究刑事责任。有上述行为，对他人造成损害的，依法承担民事责任。

### 六、临时身份证

根据我国《临时居民身份证管理办法》的规定，居住在中华人民共和国境内的中国公民，在申请领取、换领、补领居民身份证期间，急需使用居民身份证的，可以申请领取临时居民身份证。

临时居民身份证具有证明公民身份的法律效力。

临时居民身份证式样为聚酯薄膜密封的单页卡式，证件采用国际通用标准尺寸，彩虹印刷，正面印有证件名称和长城图案，背面登载公民本人黑白照片和身份项目。

临时居民身份证登记的项目包括：姓名、性别、民族、出生日期、常住户口所在地住址、公民身份号码、本人相片、证件的有效期和签发机关。

临时身份证的有效期为 3 个月。

公民申领临时居民身份证的具体程序是：①向常住户口所在地的公安派出所办理申请手续，交验居民户口簿、本人近期一寸免冠黑白相片（相片尺寸标准同居民身份证），交纳证件工本费人民币 10 元。未满 16 周岁的公民，由监护人代为申领。②公安派出所将公民个人信息核准后报送县（市）公安局或设区的公安分局审核签发，并负责制作证件。③公安机关在收到申请后的 3 日内将证件发给申领人。近年来，各地有条件的公安机关在办理临时居民身份证实施"立等可取"，即申请办理临时居民身份证后可当场领取证件，实现"一次性办理"。

**特别提醒**

临时身份证制度是对居民身份证制度的补充和完善，更有利于解决群众用证亟需，方便群众生活和办理各种权益事务。《临时居民身份证管理办法》（2005 年 10 月 1 日起施行）为临时身份证的发放提供了法律依据。领取了临时居民身份证的公民在领取居民身份证时，应交回临时居民身份证。对公民交回和收缴的临时居民身份证，公安机关应当登记后销毁。

### 七、电子身份证

电子身份证，是指将公民个人身份，通过人脸识别的生物技术进行比对后，在手机上生成的电子证件，效力等同于实体证件，用于用户身份识别，常用的是带有时间戳的二维码或者条形码。

2018 年 4 月 17 日，由公安部第一研究所可信身份认证平台（CTID）认证的"居民身份证网上功能凭证"首次亮相支付宝。用户通过实人认证后，在微警 APP、微信公众号等服务平台将提供电子身份证应用，可在公安管理范围内，办理线下、线上业务、享受公安服务、接受公安检查，效力等同于实体证件。

2018 年 11 月 5 日起，持有广东省公安机关签发的居民身份证的广东省内户籍居民，在本省的三星级以上宾馆酒店可使用居民身份电子凭证办理住宿登记。2019 年 5 月 22 日持在"湖南公安服务平台"申领的电子证照即日起可在长沙黄花国际机场办理登机。

# 项目三　流动人口管理

## 一、流动人口及其社会效应

国家卫生健康委员会发布的《中国流动人口发展报告》显示，2018 年，我国流动人口规模为 2.41 亿人！这也意味着，大约每 6 个人中就有 1 人在异乡漂泊。

（一）流动人口的含义

流动人口是社会上普遍使用的概念，但是由于研究角度、使用领域的差异，关于流动人口概念的界定并不统一。从公安人口管理工作角度出发，流动人口是指未依法改变法定住址而在常住地以外的地方滞留一昼夜以上的移动人口。

为更好地理解这一界定，应该把握以下四点：①移动，是流动人口的本质特征。②流动人口离开常住户口所在地，跨越了一定区域范围，这个范围是市、县或乡、镇。③流动人口没有在户口登记机关依法办理迁移手续，不是法律认可的户口迁移。④流动人口在常住地以外的地方滞留过夜，不同于即日往返人口。

**特别提醒**

公安工作中经常使用的与流动人口密切相关的一个概念是暂住人口。暂住人口是一个法律概念，它是根据《户口登记条例》等法律、法规界定的，指离开常住户口所在地，到其他城市、乡镇暂住 3 日以上的人口。暂住人口属于流动人口，但流动人口不等于都是暂住人口。具体来说，暂住人口是流动人口中已办理了暂住登记或申领了居住证的那部分人口。

（二）流动人口的社会效应

市场经济是一个开放的充满竞争的经济体制。人口作为最活跃的生产要素进入市场，参与市场竞争，这本身就是一种社会进步。现今，流动人口与市场经济运行紧密结合，充当着十分重要的社会角色，在加速与国内外各种生产要素聚集、组合和转化的过程中，发挥着越来越大的作用。但同时，流动人口对社会经济发展和社会治安的影响也具有双重性，既有积极的正面作用也有消极的负面影响。

1. 流动人口对社会经济发展和社会治安的积极作用。

（1）人口流动促进了人口红利的实现。大量农村剩余劳动力涌入城市，缓解了经济快速发展过程中城市劳动力资源的不足，特别是大量流动人口从事苦、脏、累、险等行业和工种。一些流动人口从事交通运输、服装加工、家具制作、餐饮服务和修鞋修锁等工作，多方面弥补了城市原有产业结构的不足，大力促进了第三产业发展，推动了经济结构调整。同时，流动人口在各种经济活动中，向城市缴纳了巨额利税，也极大地支持了城市经济。他们吃、穿、住、行等各方面的需要，刺激了城市商业活动的发展，加速了城市各方面建设。

（2）大量农村剩余劳动力从农村流出，减轻了农村就业压力，为农业规模经营的开展和农业技术水平的提高创造了条件。剩余劳动力向城镇转移，缓解了农村人多地少的矛盾。农村剩余劳动力进入城镇从事第二、三产业，直接使大量社会资金通过劳动工资的方式流向农村，为农业经济发展积累了资金，促进了当地脱贫致富。同时，人口流动也促进了城乡思想文化交流，促使农村法制、教育、婚育等观念变革，提高了农民的素质，增强了农民的法律意识，促进了农村科学、文化、教育等各方面社会生活的进步。

（3）人口流动打破了城乡隔绝的局面，有力地促进了户籍制度的改革。大量、频繁、持续的人口流动，直接强化了城乡之间的各种交流，使我国农村和农业从与现代化的城市生活、工商业发展隔离封闭的困境中解脱出来，长期困扰我国社会和经济的"二元经济"格局逐渐被打破，城乡一体化建设进程进一步加速。

2. 流动人口的消极影响。

（1）流动人口的快速增长，加大了城市服务和管理的难度。一是流动人口的急剧增加，加大了城市人口的密度，严重冲击了流入地城市的公用事业和市政建设，给城市的供电供水、物资供应、交通运输、医疗保健、住房安置、环境保护等，带来了一系列社会问题，加剧了"城市病"的形成和发展。二是严重冲击了城市各方面的社会管理。流动人口分布面广，涉及社会的治安、户籍、民政、就业以及市容环卫管理、工商税务管理等诸多方面，加大了社会管理难度。

（2）大量农村人口外流，使部分农村和整个农业受到严重冲击。一是农村流出人口绝大多数是青壮年男性劳动力，剩下妇女、儿童和老年人留守，使劳动力结构严重失衡，导致一些地方出现了土地抛荒现象。二是相当一部分农村基层干部外出务工、经商，对农村社会组织结构和基层政权建设产生不利影响，部分农村的社会管理出现软弱涣散状态。三是农村人才流失，使本就缺乏人才的农村更"雪上加霜"，对农村目前的建设和今后的发展都十分不利。

（3）人口的盲目无序流动，带来严重的社会治安问题。一方面，流动人口违法犯罪问题日益严重。因为流动人口构成本身就是一个复杂的社会群体，家庭、学校和单位对流动人口的约束也相对减弱，处于特殊的社会环境中，很容易诱发各种违法犯罪。另一方面，流动人口自身也常常遭到不法侵害，特别是盲目流入城市的流动人口，往往成为不法分子侵害的目标。

## 二、流动人口的管理

**【案例5-4】**

7月28日，商河县公安局开发区派出所在对辖区企业、店铺进行日常检查时发现，位于农场街46号的康健足疗店内多名外省市服务员未申报居住登记，民警依法告知该足疗店经营者万某春组织店内流动人口到公安机关申报居住登记，8月7日民警再次进行日常检查时发现该店内的服务员仍未申报居住登记。

根据《山东省流动人口服务管理暂行办法》第37条之规定，依法给予该店直接责任人万某春罚款5000元的行政处罚。

**【问题思考】**

1. 什么是居住登记？

2. 居住登记是办理居住证的必要程序吗？

3. 居住证在法律效力上与身份证有什么区别？

（一）居住登记制度

流动人口的居住登记也称为暂住登记，是相对常住户口登记而言的。公安派出所负责本辖区流动人口居住登记申报的日常工作。受公安机关委托，出租屋管理机构（社区网格管理机构）、街道办事处应当以社区为单位设置流动人口居住登记受理点，负责辖区内流动人口居住登记的受理等具体工作。流动人口到居住登记受理点申报居住登记的，应当填写申报表格，经签名确认后，由受理点出具受理回执。第一次申报时，应当按规定出示下列材料：①申报义务人为个人的，应当出示本人身份证明及拟申报房屋相关材料；②申报义务人为单位的，承办人员应当出示单位及拟申报房屋相关材料、单位的授权委托书和承办人员的身份证明材料。

公安机关户政部门对申请人提供证明材料进行审核，符合条件的予以当场办理，已办理旅馆业住宿登记的，可以不再办理居住登记。

（二）居住证制度

2015年10月21日国务院通过的《居住证暂行条例》自2016年1月1日起施行，标志着实施了20多年的暂住证制度结束，居住证制度正式上线。公安机关负责居住证的申领受理、制作、发放、签注等证件管理工作。公安派出所可根据本辖区具体情况设置居民委员会、村民委员会为居住证受理点，负责居住证申请受理、审核、签注以及发放等相关工作，并对辖区各居住证受理点进行业务指导与督促检查。居民委员会、村民委员会、用人单位、就读学校以及房屋出租人应协助做好居住证的申领受理、发放等工作。

1. 居住证的法律效力、申领条件、登载的内容。居住证是持证人在居住地居住、作为常住人口享受基本公共服务和便利、申请登记常住户口的证明。

居住证的申领条件是公民离开常住户口所在地，到其他城市居住半年以上，符合有合法稳定就业、合法稳定住所、连续就读条件之一的，可以依法申领居住证。

居住证登载的内容包括：姓名、性别、民族、出生日期、公民身份号码、本人相片、常住户口所在地住址、居住地住址、证件的签发机关和签发日期。

2. 居住证的申领程序。

（1）提交申领申请。申领居住证，应当向居住地公安派出所或者受公安机关委托的社区服务机构提交居住证申领表。

（2）提交证明材料。向居住地公安派出所或者受公安机关委托的社区服务机构提交本人居民身份证、本人相片以及居住地住址、就业、就读等证明材料。

居住地住址证明包括房屋租赁合同、房屋产权证明文件、购房合同或者房屋出租人、用人单位、就读学校出具的住宿证明等；就业证明包括工商营业执照、劳动合同、用人单位出具的劳动关系证明或者其他能够证明有合法稳定就业的材料等；就读证明包括学生证、就读学校出具的其他能够证明连续就读的材料等。

未满16周岁的未成年人和行动不便的老年人、残疾人等，可以由其监护人、近亲属代为申领居住证。监护人、近亲属代为办理的，应当提供委托人、代办人的合法有效身份证件。申请人及相关证明材料出具人应当对本条规定的证明材料的真实性、合法性负责。

3. 居住证的发放。对符合居住证办理条件的，公安机关应当自受理之日起15日内制作发放居住证；在偏远地区、交通不便的地区或者因特殊情况，不能按期制作发放居住证的，设区的市级以上地方人民政府在实施办法中可以对制作发放时限作出延长规定，但延长后最长不得超过30日。

4. 居住证的有效期。居住证由县级人民政府公安机关签发，每年签注1次。居住证持有人在居住地连续居住的，应当在居住每满1年之日前1个月内，到居住地公安派出所或者受公安机关委托的社区服务机构办理签注手续。

（三）流动人口管理的主要措施

1. 加强管理组织体系建设，完善管理网络。公安机关作为流动人口治安管理的主体机关，公安派出所更是维护社会治安的基层组织，流动人口管理的责任单位。派出所社区民警是直接责任人，对本社区内的流动人口管理工作负全责。加强流动人口管理，必须发动各种力量的广泛参与，以街道（乡镇）基层政府为支柱，公安派出所为龙头，居（村）委会、用人单位、房东等社会力量共同参与，形成职责明确、管理到位的流动人口管理网络，确保流动人口各项治安管理措施落到实处。

2. 健全日常查验制度，努力提高流动人口的登记率和发证率。健全日常查验制度，督促流动人口履行居住登记义务，提高流动人口的居住证发证率。对流动人口开展查验工作，既是法律赋予公安机关及人民警察的职权，又是公安机关履行治安管理职责和维护社会治安稳定的有效手段。基层组织可从优化服务、增强治安防范和消防安全等角度出发，适时、有针对性地开展必要的清查行动，确保流动人口登记、居住证发放和管理工作的落实。重点是抓好出租房屋、用工单位的管理工作，建立健全房屋出租人、承租人登记信息，并及时报送公安机关备案。进而抓好流动人口的登记、发证工作，努力提高流动人口的登记率和发证率。

3. 实行分层次管理，落实重点管控措施。全面推进流动人口分层次管理，加强对流动高危人群的管控。根据本地流动人口和社会面治安的总体状况，结合流动人口自身的年龄、性别、户籍地、有无合法身份证明、前科劣迹、落脚点、就业、出入场所等相关条件，排摸、界定出流动人口中的高危人员，直接纳入社区民警重点管理的范畴。通过社区民警的进门走访，居（村）干部、治安积极分子、社区保安、用人单位、房屋出租人等社会力量的侧面了解，收集各类包括其体貌特征、指纹、社交情况、现实表现、活动规律等情报信息，对流动人口实行分层次管理，对高危人口实施重点管理措施。

4. 依靠智慧新警务，提高管理技术水平。在现有人口信息管理系统建设的基础上，加强公安机关内部信息共享建设。将现有的流动人口信息、常住人口信息、旅馆住宿人员信息、看守所或拘留所等监管人员信息、机动车驾驶员信息、车辆过户信息、出入境人员信息等各类公安内部信息通过一定的保密程序处理后实现实时交流，使各警种、各地区、各部门的公安民警共享，让基层民警能在最短的时间内，通过网上比对，掌握本辖区内流动人员的现实表现，以便及时梳理出高危人员。积极运用移动终端、互联网等现代信息技术及其他便捷的手段，及时告知流动人口公共服务和签注时限等信息，利用公共资源数据库有效信息替代流动人口提供有关证明材料，为流动人口办理居住登记、居住变更登记和居住证以及查询相关办理信息提供便利。

5. 加强异地警务合作，建立健全通报协查制度。为确保流动人口管理工作落实到位，还应不断加强异地警务合作，加强信息沟通，实行双向管理。特别是对人户分离的重点人口，探索建立流动人口流出地和流入地"两头抓、双向管"的工作机制，流入地公安机关在暂住人口登记、管理的基础上，注意做好重点人口的发现、列管工作，对有可疑迹象的暂住人口，应及时向流出地公安机关发函调查，流出地公安机关必须及时认真核查和回函答复。

6. 抓好管理责任落实，实现流动人口社会化管理。在公安工作中，落实房屋出租人和用人单位的流动人口管理责任，"以居管人"，落实"谁出租、谁负责，谁用工、谁负责"的综合治理原则，是实现流动人口社会化管理的关键，也是公安机关自身减负的主要途径。

第一，以签订《租赁房屋治安责任保证书》为切入点，真正落实出租人的治安责任。出租房屋一直是流动人口的主要落脚点，对租住出租屋的流动人口实现动态管理，要求房屋出租人履行管理义务是最便捷、最可靠的工作方法。

第二，以贯彻《企业事业单位内部治安保卫条例》为依托，落实用人单位的流动人口管理责任。企事业单位、建筑工地、集贸市场、娱乐场所是流动人口除出租屋以外的主要落脚点，必须明确单位法人或主要负责人在单位内部治安管理工作方面的责任主体地位。

7. 加强流动人口管理，提升人性化服务。随着交通、科技、经济的发展，人口的跨区域流动呈现多元化和复杂化的趋势，公安机关要加强流动人口管理，提升人性化服务，形成管理互通、管理互动、服务互补的工作格局，提高公安机关服务经济发展的能力。

拓展阅读

## "门禁+视频"实现流动人口高效管理

对于群众来说，安定和谐的生活环境无疑是最大的要求。为对房屋服务加强管理，创建"干净整洁平安有序"的房屋环境，广东省从1995年探索平安小区建设，再到2005年推广"门禁+视频"，到现在广州、深圳、佛山等城市的小区建设了智慧新城或智能感知小区，广东公安实现了对流动人口的高效管理。

"门禁+视频"，最早是为了实现对流动人口的高效管理而提出的管理概念。它的功能包括门禁管理、人员信息管理、视频联动、报警及联动、事件关联功能、电子地图、授权转移、批量管理、相关人员分析功能等。2010年以来，省公安厅组织全省公安机关开展以住宿登记为主的管理措施，通过推广居住证"门禁+视频"系统、自助申报平台，极大地方便住宿人员、出租屋屋主申报住宿登记信息。目前，全省已有225.8万间（套）房屋安装了"门禁+视频"系统。同时，各地公安机关组建出租屋管理专业队伍，与业主签订《出租屋管理责任书》，覆盖798万间（套），对不按规定登记住宿信息的业主实行顶格处罚。

"门禁+视频"系统以身份证、居住证等证件或者手机取代传统的门卡，并在小区内的大屏幕显示出入出租屋的相关信息，不仅方便住客进出、业主登记申报信息，而且有效推进了小区居民的共管共治。

深圳进一步创新，将"门禁+视频"建设引入无法围合或围合难度大的开放式小区，建立小区"科技围合"管理模式，破解传统城中村小区存在物理围合难度大、物业管理难到位等问题。2013年底，深圳市在龙岗区布吉街道桔子坑社区探索建立"社区科技围合防护系统"（下称"科技围合"），即通过综合运用身份验证、门禁视频等多种科技系统，对该片区实行科技围合管理。通过"科技围合"实现采集登记人口信息 1.5 万余条，抓获在逃人员 2 名，查获吸毒人员 14 名。目前，深圳已全面推广城中村"科技围合"，"科技围合"小区已达 200 余个，以科技手段提升出租屋治安防范水平的管理模式正在发挥积极作用。

# 项目四　重点人口管理

## 一、重点人口及其列管范围

（一）重点人口的定义

重点人口是指有危害国家安全或社会治安嫌疑，由公安机关重点管理的人员。"重点人口"为公安机关的内部用语，严禁对外使用。

重点人口的特征有：

1. 重点人口必须是有危害国家安全或社会治安嫌疑的人员，具有危害嫌疑是重点人口的本质特征。

2. 所谓有危害活动嫌疑，是指有危害活动迹象或可能性。与《刑事诉讼法》中规定的"犯罪嫌疑人"含义不同。

3. 重点人口是由公安机关重点管理的人员。

（二）重点人口的范围

根据公安部 1998 年 5 月 22 日下发的《重点人口管理工作规定》和 1999 年 8 月 6 日下发的《关于将吸毒人员列为重点人口管理的通知》，公安机关应予列管的重点人口的类型和对象有以下 5 类 20 种：

1. 第一类，有危害国家安全活动嫌疑的：

（1）有从事颠覆国家政权、分裂国家、投敌叛变、叛逃等活动嫌疑的。

（2）有参与动乱、骚乱、暴乱或者其他破坏活动，危害国家安全和社会稳定嫌疑的。

（3）有组织、参加敌对组织嫌疑，或者有组织、参加其他危害国家安全和稳定的组织活动嫌疑，或者与这些组织有联系嫌疑的。

（4）有参加邪教、会道门活动或者利用宗教进行非法活动嫌疑的。

（5）有故意破坏民族团结、抗拒国家法律实施等宣传煽动活动嫌疑的。

（6）有从事间谍或者窃取、刺探、收买、非法提供国家秘密或者情报嫌疑的。

（7）有其他危害国家安全活动嫌疑的。

2. 第二类，有严重刑事犯罪活动嫌疑的：

（1）有杀人、强奸、伤害、拐卖妇女儿童等侵犯公民人身权利嫌疑的。

（2）有抢劫、盗窃、诈骗等侵犯公私财物嫌疑的。

（3）有放火、爆炸、投毒、非法制造、买卖、运输、储存或者盗窃、抢夺枪支、弹药、爆炸物品等危害公共安全活动嫌疑的。

（4）有走私、贩卖、运输、制造毒品嫌疑的。

（5）有参与境外黑社会组织的渗透活动或者参加境内黑社会性质的组织及犯罪团伙嫌疑的。

（6）有伪造、变造货币、国库券及有价证券或者出售、购买、伪造、变造的货币等破坏金融管理秩序活动嫌疑的。

（7）有使用诈骗方法非法集资、贷款或者进行金融票据、信用证、信用卡、保险诈骗等金融诈骗活动嫌疑的。

（8）有经常聚众赌博或者聚赌抽头嫌疑的。

（9）有组织、强迫、引诱、容留、介绍卖淫活动嫌疑的。

（10）有其他严重刑事犯罪活动嫌疑的。

3. 第三类，因矛盾纠纷激化，有闹事行凶报复苗头、可能铤而走险的。

4. 第四类，因故意违法犯罪被刑满释放不满 5 年的。

5. 第五类，吸食毒品人员。

> **特别提醒**
>
> 在确定重点人口的过程中，正确掌握重点人口的条件是防止漏列和扩大列管面的关键。在确定重点人口时，要认真负责，严肃谨慎，不能毫无根据地定指标，更不能不负责任地追求指标。对列管对象的材料，一定要做到实事求是。

## 二、重点人口管理制度

### （一）列管、撤管审批制度

重点人口的列管与撤管，由公安派出所责任区民警逐人整理列管（撤管）材料；填写《列管（撤管）重点人口呈报表》或者《派出所工作对象信息登记表》，经公安派出所领导集体审核后报县（市）公安局或者城市公安分局审批。对有危害国家安全活动嫌疑的重点人口的列管与撤管，经公安派出所领导集体审核后，由县（市）公安局或者城市公安分局核报地市公安处、局审批。

### （二）分工协作制度

公安派出所负责重点人口日常管理工作，户政（治安）部门负责业务指导工作，有关业务部门应当协助做好重点人口管理工作。重点人口管理以现住地公安派出所管理为主。企业事业单位内部重点人口由现住地公安派出所管理。

（三）通报协查制度

现住地公安派出所在暂住人口管理中发现有列管的重点人口，应当向其户口所在地公安派出所通报，了解掌握重点人口的基本情况；对人户分离或者暂住的重点人口，户口所在地公安派出所应当了解掌握其去向，及时将列管依据等主要情况书面通报给现住地公安派出所。

（四）材料转递制度

政保、经保、治安、刑侦、边防、出入境管理、缉毒等业务部门以及公安派出所在查处各类案件时，应当将可能涉及重点人口的信息材料及时转递到涉案人员的现住地或者户口所在地公安派出所。

（五）清理考察制度

对重点人口情况应当定期（每3个月）进行一次全面考察，准确掌握动态变化情况；对需要变更类别、撤管的人员，应当及时办理审批手续。

（六）档案管理制度

对列管的重点人口应当逐人建立档案，列管依据、审批材料、考察材料以及照片、指纹、笔迹等材料应当齐全。户口迁移的，应当将档案转递到迁入地公安机关管理；撤销管理和已经死亡的重点人口的档案，应当长期保管。重点人口档案只供公安机关内部参考使用，不得对外提供。重点人口档案的管理，应该逐步统一、规范。同时要把相关内容输入工作对象信息系统。

（七）考核评比制度

对重点人口管理工作要进行考核评比，并作为考核公安派出所及责任区民警工作的重点指标之一。派出所的考核由县（市）公安局、城市公安分局进行，责任区民警的考核由派出所进行。考核的标准主要有：列管率、控制率、改好率、熟悉率、档案建设和材料转递等。

## 三、重点人口管理方法

重点人口管理实行专门工作与群众路线相结合的方针。要紧密依靠群众，严格掌握政策，深入调查研究，根据不同对象，采取相应的工作方法。

（一）调查了解

公安派出所社区民警应当深入辖区开展调查，查清重点人口底数，熟悉每个重点人口的身份情况、别名、绰号和体貌特征等主要问题，还有经济状况、交往人员、活动场所等基本情况，掌握重点人口的现实表现，及时发现新的列管对象。

（二）查证核实

对重点人口的现行违法犯罪活动嫌疑和传递的各类信息，及时调查核实。对需要侦查的重要线索应当按有关规定通报侦查部门；对不够打击处理的应当做好材料积累工作；经查证核实嫌疑被排除的，所列人员情况发生变化或者经考察确已悔改的，应当及时撤管。

（三）重点控制

对有重大现实危害的嫌疑人员，公安派出所社区民警应当采取公开和秘密相结合的方法，落实管控措施，及时掌握动态。

（四）积极疏导

对因矛盾纠纷激化可能铤而走险的，公安派出所应当通过基层治保、调解组织协同其亲属共同进行教育疏导，及时化解矛盾。

（五）帮助教育

对25周岁以下有轻微违法犯罪行为的青少年和刑满释放、解除劳动教养不满5年的人员，要贯彻"教育、感化、挽救"的方针，依靠社会各方面力量，建立帮教工作小组，采取多种形式进行法制教育，促使他们向好的方面转化，减少重新违法犯罪。

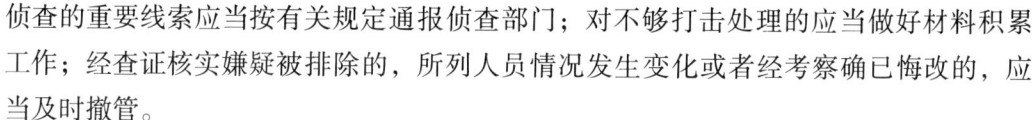 **特别提醒**

公安机关除了要对重点人口这一特殊群体加强管理之外，对取保候审、监视居住人员有监管的义务，对社区矫正人员要配合司法行政机关监督考察并依法履行有关法律程序和职责。

对取保候审、监视居住人员的监管工作由所在地派出所和案件侦查部门具体负责，接到侦查部门的监管决定后，所在地派出所要按时接管，落实监管责任，依法督促被取保候审、监视居住人员与保证人履行法定义务，掌控监管对象的活动情况，依法按时结束监管。发现取保候审、监视居住人员在被监管期间违反监管规定的，及时向侦查部门报告。

县级司法行政机关社区矫正机构对社区矫正人员进行监督管理和教育帮助。司法所承担社区矫正日常工作。公安机关基层派出所配合司法所，定期对社区服刑人员进行走访排查，掌握每个社区服刑人员的工作、生活、思想情况；建立信息共享、协作管理的工作机制，及时发现"问题"，妥善处理有"问题"的矫正人员，对违反治安管理规定和重新犯罪的社区矫正人员及时依法处理。

# 项目五  技能训练

## 训练一  常住人口登记及常住人口登记表的填写

### 一、训练内容

1.《常住人口登记表》的手工填写练习。

2.《常住人口登记表》上机填写练习。

### 二、训练目的

通过训练，使参训学生亲身体验常住人口登记的主要方法，加深对常住人口信息登记的一般知识及相关法律法规的理解，掌握常住人口登记与填表的基本技能，具备户政与人口管理工作最基本的能力。要求参训学生能够牢记常住人口登记表填写的基本要求。

### 三、训练前的准备

模拟派出所实验室、计算机、打印机、派出所人口信息管理系统、空白《常住人口登记表》、训练案例。

### 四、训练方法与步骤

（一）对学生进行分组、分工

将参训学生按照实验室规模和本次训练目的分组，以每班 50 人计算，10 人为一组训练效果最佳。

（二）教师讲授

教师详细讲授《常住人口登记表》的填写方法。

**特别提醒**

《常住人口登记表》各项目的填写方法

1. 户别：户分"家庭户"和"集体户"。

2. 户主姓名：填写户口登记立户的户主姓名。户主应由具有完全民事行为能力的人担任。

3. 与户主关系：本人是户主的，填写"户主"。户内其他人员按本人与户主的血亲或姻亲关系等写明具体称谓。具体排列顺序为：户主，户主的配偶，户主的子女，户主的孙子女，户主的父母、祖父母、外祖父母，户主的旁系亲属（同胞中的兄弟姐妹，同一祖父母中叔伯一支的堂兄弟姐妹，姑母一支的表兄弟姐妹，同一外祖父母中姨舅一支的表兄弟姐妹等）和非亲属（一般指保姆、同乡、同学、同事等）。

4. 姓名：姓名是一个人的称号，是人格独立的象征。填写本人的正式姓名，并要填写全称。

少数民族和被批准入籍的公民，可依照本民族或原籍国家的习惯取名，但应在本栏中填写用汉字译写的姓名。如本人要求填写民族文字或外文姓名的，可同时在本栏中填写。

弃婴，可由收养人或收养机构按上述原则为其取名。

5. 曾用名：填写公民过去在户口登记机关申报登记并正式使用过的姓名。没有曾用名的，此栏不填，不可填写"无"。

6. 性别：填写"男"或"女"。

7. 民族：按照国家认定的民族的名称填写全称。本人是什么民族就填写什么民族。我国各民族名称表上没有列入的民族，按当地本民族的名称填写。新生婴儿填写父母的民族，如父母不是同一民族的，其民族成分由父母商定，选填其中一方的民族。弃婴，民族成分不能确认的，应按照收养人的民族成分填写或由收养机构确定一个民族。外国人加入中华人民共和国国籍的，如本人的民族成分与我国某一民族相同，就填写某一民族，如"朝鲜族"；没有相同民族的，本人是什么民族就填写什么民族，但应在民族名称后加注"入籍"二字，如"乌克兰（入籍）"。

8. 出生日期：按照公历，用阿拉伯数字填写本人出生的具体时间，如"1992 年 6 月 27 日"。如公民按旧历申报，则须换算成公历填写。如果出生日期不详，应由本人或其亲属确定一个日期。弃婴，如果出生日期不详，可由收养人或收养机构确定一个出生日期。

9. 监护人：新生婴儿申报出生登记以及 16 周岁以下的公民补办常住人口登记表时，户口登记机关应为其填写或补填父亲、母亲等监护人的姓名。弃婴，应填写收养人姓名或收养机构名称。

10. 监护关系：按监护人与新生婴儿以及 16 周岁以下公民的血亲关系或收养关系写明具体称谓，如"父亲""母亲"等。社会福利机构收养的弃婴，此栏不填。

11. 出生地：填写本人出生的实际地点。城市填至区或不设区的市，农村填至乡、镇，但须冠以省、自治区、直辖市的名称或通用简称。如"山东省烟台市牟山区""辽宁省黑山县黑山镇"。弃婴，如果出生地不详，应以发现地或收养人、收养机构所在地作为其出生地。

12. 公民出生证签发日期：用阿拉伯数字填写公安机关签发公民出生证的具体日期（从颁发公民出生证之日起填写）。

13. 住址：填写本户常住户口所在地住所的详细地址。住址前须冠以省、自治区、直辖市的名称或通用简称。如"北京市朝阳区劲松二区 206 楼 2 单元 308 号"。集体户口须填住所的详细地址名称，不能写单位名称。如北京汽车制造厂某职工住该单位集体宿舍，其住址应为"北京市朝阳区延静西里7号楼2门301号"。对省会市或自治区首府所辖范围的住址登记，可不在住址前冠以省、自治区的名称或通用简称。

14. 本市（县）其他住址：填写本人常住户口所在地住址以外的本市、县其他住所的详细地址。

15. 籍贯：填写本人祖父的居住地。城市填至区或不设区的市，农村填至县，但须冠以省、自治区、直辖市的名称或通用简称。弃婴，如果籍贯不详，应将收养人籍贯或收养机构所在地作为其籍贯。外国人经批准加入中华人民共和国国籍的，填写其入籍前所在国家的名称。

16. 宗教信仰：信仰什么宗教就填写什么宗教的名称。如佛教、道教、天主教等，不信仰宗教的不填。对18周岁以下的公民，不作"宗教信仰"登记。

17. 公民身份证编号：填写户口登记机关为公民编定的个人身份证件编号。

18. 居民身份证签发日期：填写公安机关签发居民身份证的具体日期，如"1990. 11.05"。

19. 文化程度：依据国家正式承认的学历等级，按本人现有学历根据学历证书填写。如"研究生""大学本科""大学专科""中专（中技）""高中""初中""小学"毕业（肄业），等等。正在学校读书的学生填"上大学""上小学"等。

12周岁或12周岁以上未受过学校教育但能认字的，其中认识500字以下的填"不识字"，农村认识500~1500字、城市认识500~2000字的填"识字很少"。已达到脱盲水平，或读完六年制四年级、五年制三年级的，应根据县级教育部门颁发的脱盲证填写"小学"。

对有学位的人的文化程度，应按其获得学位前的文化程度填写，如在大学毕业后获得学士学位的，其文化程度应填"大学"。

20. 婚姻状况：户口登记机关进行婚姻状况登记时，必须以上述婚姻登记的合法手续为依据。已结婚的填"有配偶"，结婚后离婚的填"离婚"，结婚后配偶死亡未再结婚的填"丧偶"，再结婚的填"有配偶"。未结婚的不填。

21. 兵役状况：按本人的情况填写。系退出现役的，填"退出现役"；服预备役的，据情填写"士兵预备役"或"军官预备役"；未服兵役的此栏不填。

22. 身高：16周岁以上公民按国家法定计量单位填写本人登记时的身体高度，如"170厘米"。

23. 血型：根据本人的血液类型，分别填写O、A、B、AB或卫生部门规定的其他血液类型。

24. 职业：填写本人从事的具体工作。

各类专业、技术人员，应填写具体职务名称，如"中医师""记者"等。

国家机关、党群组织、企事业单位的工作人员，如果是负责人，应注明具体职务名称，如"局长""处长""科长"；如果是一般工作人员，可填"科员""办事员"等。商业、服务人员，可填"售货员""厨师"等。农林牧副渔劳动者，可填"粮农""棉农""菜农""渔民""牧民"等。生产工人、运输工人，可填"钳工""汽车司机"等。个体劳动者，在所登记的职业前须冠以"个体"二字，如"个体修理皮鞋""个体卖菜"等。没有固定职业做临时工作的，在所登记的职业前须冠以"临时"二字，如"临时瓦工"。

无业的人员，填写"无业"。

25. 服务处所：填写本人所在的机关、团体、企事业等单位的具体名称，应写全称，不能填写简称或习惯名称。经工商管理部门批准营业的个体劳动者，填写"个体户"。

26. 何时何因由何地迁来本市（县）：对由本市（县）以外迁入的公民，填写其迁入落户的时间、原因和迁出地的详细地址。世居本市（县）的，填写"久居"。

27. 何时何因由何地迁来本址：填写本人迁来本市（县）户口管辖区之前在本市（县）的常住户口所在地详细地址及迁入落户的时间、原因。世居本址的，填写"久居"。

28. 何时何因迁往何地：填写本人迁出户口管辖区的时间、原因和迁入地的详细地址。

29. 何时何因注销户口：据情填写注销户口的时间、原因，如"出国定居""应征入伍""因病死亡"等。

30. 申报人签章：申报人对《常住人口登记表》的登记项目确认无误后，应在本栏中签字或盖章。

31. 承办人签章：户口登记机关具体承办人应在本栏中签字或盖章。

32. 登记日期：填写户口登记机关建立《常住人口登记表》时的具体日期。

33. 登记事项变更和更正记载：除姓名的变更、更正，需重新建立《常住人口登记表》外（原《常住人口登记表》应附在新建的《常住人口登记表》之后），其余登记项目内容发生变更、更正，应在本栏填写变更、更正后的项目内容、时间，并由申报人和承办人签字或盖章。

本栏填满后，应在原《常住人口登记表》后附一张空白《常住人口登记表》继续填写。

34. 记事：填写登记项目中需要说明的事项。

《常住人口登记表》由承办人按规定填写完毕后，应加盖户口登记机关的户口专用章。

（三）学生手工填写训练

要求学生做《常住人口登记表》的手工填写练习，根据本人个人信息，手工填写自己出生时申报的《常住人口登记表》，熟悉《常住人口登记表》各项内容的填写。

（四）上机训练

在熟悉《常住人口登记表》填写方法的基础上，自编案例，到模拟派出所，在模拟派出所人口信息管理系统中进行模拟操作训练，打印输出《常住人口登记表》。

### 五、注意事项

1. 按教师的要求和步骤进行操作。
2. 注意严格按照有关的《常住人口登记表》的填写方法来操作。
3. 注意最后要加盖户口登记机关户口专用章。

### 六、思考题

《常住人口登记表》填写的要求是什么？

## 训练二　人口信息管理系统的应用

### 一、训练内容

人口管理信息系统信息的录入、查询、对比等。

### 二、训练目的

使学生加深对公安人口信息化建设知识和理论的理解，掌握人口管理信息平台应用的基本技能，具备一定的网上录入、网上查询、网上对比等实际工作能力。要求学生掌握警务平台人口信息系统使用的基本要求。

### 三、训练前的准备

计算机房、人口信息平台软件。

### 四、训练方法与步骤

1. 教师讲解有关人口管理信息平台的操作规程及要求。
2. 学生分组进入机房、独立上机进行操作。
（1）按教师规定的步骤和要求，先进入人口信息管理系统，点击录入，根据教师提供的案例，进行人口信息采集录入的训练，教师针对学生的操作进行必要的指导。
（2）查询人口信息的训练。主要进行常用的姓名检索和身份证号码查询的训练。
3. 教师进行点评和总结。

## 五、注意事项

1. 按教师要求进行训练和操作。
2. 姓名检索中有重名的，要注意比对信息。

## 六、思考题

1. 如何做好人口信息采集录入工作？
2. 查询人口信息时应注意什么问题？

# 单 元 六

# 公共治安秩序管理

## 知识目标

1. 了解公共治安秩序的含义与特点。

2. 掌握公共场所治安秩序管理的范围。

3. 掌握对大型活动和集会、游行、示威活动的治安管理方法。

## 能力目标

1. 能依法对公共场所的治安进行有效管理。

2. 能对大型活动的治安管理提供安全保卫预案。

3. 能针对集会、游行、示威活动制定治安管理预案。

4. 能依法对涉黄、涉赌、涉毒行为进行查处。

## 知识结构图

$$
公共治安秩序管理
\begin{cases}
公共场所治安管理
\begin{cases}
公共场所治安管理概述 \\
公共娱乐场所治安管理 \\
服务场所治安管理 \\
交通中转场所治安管理 \\
游览场所治安管理 \\
商品交易市场治安管理
\end{cases} \\
重点地区治安管理
\begin{cases}
城市边缘地区治安管理 \\
大中型企业及周边地区治安管理 \\
校园及周边地区治安管理 \\
水上治安管理
\end{cases}
\end{cases}
$$

```
                    ┌─ 大型活动概述
        大型活动治安管理 ┤ 公安机关在大型活动中的治安管理
                    │ 大型活动的审批
                    └─ 大型活动的安全保卫

                        ┌─ 集会、游行、示威的概念
        集会、游行、示威治安管理 ┤ 集会、游行、示威的审批程序
                        └─ 集会、游行、示威的治安管理

        几种妨害公共治安    ┌─ 贩卖、传播淫秽物品行为的查禁
                        │ 卖淫、嫖娼行为的查禁
        秩序行为的查禁     ┤ 赌博行为的查禁
                        └─ 吸食、贩卖毒品行为的查禁

        技能训练
```

# 项目一　公共场所治安管理

## 【案例 6-1】

12 月 9 日 7 时 30 分至 13 时 45 分，历时 6 小时的 2018 广州马拉松赛圆满结束。为确保此次马拉松赛事安全和社会平稳有序，在市局的靠前指挥和统一部署下，区公安分局高度重视，提前谋划，制定了详尽的安保方案和应急预案，共设置 1 个前线总指挥部和 4 个现场指挥分部，出动安保力量 3227 人（其中民警 872 人，辅助力量 1855 人，特警支队，黄埔、花都分局支援力量共 500 人）开展安保工作。各参战安保力量尽职尽责，文明执勤，保障各赛事沿线治安、交通秩序良好有序。赛事安保期间，共发现并驱离"黑飞"无人机 13 架次，没有接报重大刑事治安警情，确保了现场及周边社会面治安秩序平安、有序。[1]

## 【问题思考】

1. 哪些场所属于公共场所？

2. 公共场所存在哪些安全问题？

3. 公共场所的安全管理由谁负责？

### 一、公共场所治安管理概述

#### （一）公共场所的含义与分类

公共场所，是指向社会开放的，供社会成员自由往来、停留或聚集，进行各种活

---

〔1〕　案例来源：广州天河网，2018 年 12 月 11 日。

动的场所。公安机关把那些人员特别集中、流动频繁、情况复杂，容易发生违法犯罪活动和治安灾害事故，可能影响治安秩序和社会的公共场所，称为公共复杂场所。按照场所具有的社会功能，公安机关将公共场所分为公共娱乐场所、服务场所、交通中转场所、游览场所和商品交易市场五种主要类型。

（二）公共场所的特点

公共场所分布面广，人员集中、构成复杂、流动频繁，人、财、物聚集，信息交流量大、速度快，容易发生各类违法犯罪活动和治安灾害事故，是公安机关重点管理的场所。

公共场所具有如下特点：

1. 公共场所中的活动内容多样，涉及社会生活的各个领域。公共场所中的活动内容极为广泛，社会功能强大，不仅是人们出行的必经之地，也是人们生活、娱乐、商品交易的主要场所。

2. 公共场所人员密集、构成复杂。车站、码头、影剧院、商品交易市场等公共场所，都是人员高度密集的地方，且人员的构成极为复杂，既有社会各阶层的人员，也可能有不法人员混迹其中，伺机作案，危害社会治安秩序。同时，人们在场所中参与活动具有临时性，彼此之间没有特定关系，缺乏集体的、家庭的约束，易作出过激行为或受过激行为的"感染"，继而引发或参与到群体性事件中去，给治安秩序带来负面影响。

3. 公共场所不断发生变化，尤其是娱乐服务场所的种类及数量不断增加。公共场所为满足人们不同的社会生活需要创造了条件，其中，娱乐、服务场所的变化较为突出，种类日新月异，场所遍布城乡。

4. 公共场所中各类信息丰富。公共场所由于人群聚集，信息交流量也随之增加，传递速度快。对于公安机关来说，充分利用公共场所收集信息，积极掌握社会动态，对侦查破案、预防治安事件和采取有效措施进行治安管理，都是很重要的。

5. 公共场所易于发生各种治安问题。公共场所的人员密集、快速变化以及信息丰富，带来了另外的情况，就是人与人之间也容易发生各种矛盾、冲突和纠纷，且影响面大，易引起连锁反应，发生治安事件。公共场所容易隐藏、容纳违法犯罪分子，也容易滋生违法犯罪苗头。而治安灾害的隐患也相对集中，易发生重大伤亡或财物损毁事故。

（三）公共场所治安管理

1. 公共场所治安管理的含义。公共场所治安管理，是指公安机关依照治安管理法律法规，对公共场所进行治安行政管理的活动。它是治安管理的重要组成部分，是公安机关维护社会治安秩序、保障公共安全的一项经常性工作。

2. 公共场所治安管理的基本方法。

（1）对经营性公共场所备案、登记。公共场所开业后应向公安机关备案。备案时，应详细记录场所名称、法人代表、经营地点、经营内容、从业人员情况等，建立和完善场所治安管理信息系统，实行规范化、科学化管理。

（2）强化安全防范措施，督促经营、管理人员履行治安义务。治安管理部门通过对公共场所常规化的治安监督和检查，发现治安隐患，促使其及时整改。加强人防、物防与技防，形成全方位安全防范措施。

（3）治安巡逻。公安机关通过治安巡逻，加强对公共场所的控制能力，并提高信息沟通的速度，优化对公共场所的治安管理。

（4）整治突出治安问题。针对公共场所发生的突出问题，及时整治，必要时，可采取行政强制措施，以有效控制公共场所治安秩序。

### 二、公共娱乐场所治安管理

**【案例6-2】**

2008年9月20日23时许，深圳市龙岗区龙岗街道龙东社区舞王俱乐部发生一起特大火灾，事故共造成43人死亡，88人受伤，其中51人需住院治疗。事发时，俱乐部内有数百人正在喝酒看歌舞表演，火灾是由于23时许舞台上燃放烟火造成的，起火点位于舞王俱乐部3楼，现场有一条大约10米长的狭窄过道。当时灯光已经全灭，现场人员逃出时，过道中十分拥挤，很多跑出的人互相践踏，酿成惨剧。

**【问题思考】**

1. 公共娱乐场所有哪些治安隐患？

2. 对公共娱乐场所的治安管理有哪些方法？

（一）公共娱乐场所的含义

公共娱乐场所是指以营利为目的，向公众开放，为消费者提供歌舞、游艺等的场所。歌舞娱乐场所是指提供伴奏音乐、歌曲点播服务或者提供舞蹈音乐、跳舞场地服务的经营场所；游艺娱乐场所是指通过游戏游艺设备提供游戏游艺服务的经营场所，包括歌舞厅、卡拉OK厅、俱乐部、夜总会、迪吧、音乐茶座、电子游戏机室、游艺场、兼营娱乐服务的其他场所等。

（二）公共娱乐场所的治安特点

公共娱乐场所中极易滋生各种社会丑恶现象，并且存在大量安全隐患，赌博、卖淫、嫖娼在娱乐场所滋生蔓延，吸毒贩毒非常猖獗；寻衅滋事、聚众斗殴等违法行为时有发生；火灾、挤压伤亡等治安灾害事故频发。在公共娱乐场所中大量的治安问题亟待公安机关大力整治。

（三）公共娱乐场所的治安管理措施

1. 建立场所治安管理档案。

2. 指导、监督场所建立健全各项安全制度，提出安全防范要求。

3. 加强对从业人员的治安培训，收集娱乐场所治安信息，预防违法犯罪。

4. 进行经常性治安检查，认真执行上级公安机关查处娱乐场所治安问题的决定和命令。

5. 与其他有关部门建立相互间的信息通报制度，及时通报监督检查情况和处理结果。

6. 依法处罚违法犯罪行为人，建立娱乐场所违法行为警示记录系统。

👉 **特别提醒**

家庭聚会娱乐和单位内部组织的娱乐活动不属于公共文化娱乐活动。

外商不得独资经营娱乐场所；国家机关及其工作人员不得开办娱乐场所，不得参与或者变相参与娱乐场所的经营活动；与文化主管部门、公安部门的工作人员有夫妻关系、直系血亲关系、三代以内旁系血亲关系以及近姻亲关系的亲属，不得开办娱乐场所，不得参与或者变相参与娱乐场所的经营活动。

歌舞娱乐场所不得接纳未成年人。除国家法定节假日外，游艺娱乐场所设置的电子游戏机不得向未成年人提供。

### 三、服务场所治安管理

**【案例 6-3】**

通州区公安局东社派出所接到两起浴室财物被盗报案，浴客少则损失数百元，多则上千元。接警后，警方侦查民警通过技术侦查手段，锁定盗窃嫌疑人的活动轨迹。21 日上午，民警迅速出击，在瞿某家中将其一举擒获。

经查，瞿某今年 49 岁，从 1993 年开始，曾因盗窃多次被公安机关抓获并判刑，但他仍不知悔改，继续作案。去年年底，瞿某佯装成浴客来到东社浴室洗澡，在大厅休息时趁无人注意，采用插片、撬锁等手段，盗窃更衣柜内财物。

**【问题思考】**

1. 服务场所存在哪些治安隐患？

2. 如何对服务场所进行治安管理？

（一）服务场所的含义

服务场所，是指那些以向社会公众提供服务为主，从事营利性经营活动的场所，主要包括餐饮服务场所、美容美发服务场所、浴池、桑拿浴室、足疗、健身休闲、互联网上网服务场所等。

（二）服务场所的治安特点

公共服务场所从业人员成分复杂、管理难度大，容易发生寻衅滋事、打架斗殴、抢包盗窃、侮辱妇女、卖淫嫖娼、赌博、吸贩毒等违法犯罪活动。餐饮场所还容易发生火灾、酗酒闹事以及非法使用罂粟壳等治安问题或犯罪活动。互联网服务场所可能成为网络赌博或其他网络犯罪的便利条件，不能有效杜绝未成年人进入。

（三）服务场所的治安管理措施

1. 落实对服务场所的备案、登记工作。

2. 加强从业人员的治安培训，经常进行治安检查。

3. 抓住突出问题，适时清理整改。

4. 严格执法，及时查处各种违法犯罪活动。

### 四、交通中转场所治安管理

【案例6-4】

2014年3月1日21时20分左右，在云南省昆明市昆明火车站发生了一起以阿不都热依木·库尔班为首的新疆分裂势力一手策划组织的严重暴力恐怖事件。恐怖分子持刀，从火车站临时候车区开始，经站前广场、第二售票区、售票大厅、小件寄存处等地，打出暴恐旗帜，肆意砍杀无辜群众。该团伙共有8人（6男2女），被公安机关现场击毙4名、击伤抓获1名（女），其余3名落网。此案共造成平民29人死亡、143人受伤。

【问题思考】

1. 交通中转场所容易出现哪些治安问题？

2. 对交通中转场所的治安管理应侧重哪些方面？

（一）交通中转场所的含义

交通中转场所，是指为人们出行提供候乘交通工具的固定场所，主要包括火车站、公共电车或汽车站、地铁车站、轮船码头、渡口、民用飞机场等。

（二）交通中转场所的治安特点

1. 交通中转场所人员密集，流动性大。特别是重大节假日，人流大量集中于交通中转场所，给治安管理部门维护社会治安秩序带来很大的困难。

2. 交通中转场所易发生扒窃、偷盗、诈骗等违法犯罪活动。人、财、物的大量集中，给违法犯罪分子以机会，侵财型犯罪是主要的类型。

3. 交通中转场所容易发生治安灾害事故。一旦出现秩序混乱，极易发生挤压踩踏事件，造成重大灾害性事故。

4. 交通中转场所也是敌对势力和敌对分子攻击的重要目标。

（三）交通中转场所的治安管理措施

1. 制定和落实各项安全防范的规章制度。

2. 加强交通中转场所的治安宣传教育。

3. 严格交通中转场所的安全检查，维护治安秩序。

4. 整治交通中转场所的突出问题。

### 五、游览场所治安管理

【案例6-5】

3月30日14时左右，湖南长沙烈士公园中的一处游乐设施发生故障，造成34名游客被卡半空。到17时50分左右，所有的游客才被解救下来。而这34名游客，因为高空转椅故障的缘故，已经被困在20米的高空处长达4个小时了。所幸这起事故并未造成人员伤亡。

【问题思考】

1. 游览场所治安管理的重要性是什么？

2. 如何对游览场所进行有效的治安管理？

（一）游览场所的含义

游览场所，是指面向社会开放的，可供公众参观、游玩、休息、消遣的活动场所，包括公园、动物园、植物园、名胜古迹、人文景观点和风景名胜区、自然保护区、旅游度假村、博物馆、展览馆等。

（二）游览场所的治安特点

1. 游览场所呈现多元化、复杂化的特点。许多游览场所中不仅有可以观览的景点，还有各种特色商店、饮食服务场所等，包含了多种类型的公共场所，呈现多元化、复杂化的特点。

2. 游览场所中各类违法犯罪活动均可能发生。由于场所范围较广、人员复杂，容易发生秩序混乱、矛盾纠纷，引发打架斗殴等治安问题。而有些游览区域处于偏远僻静的地带，容易发生抢劫、强奸等刑事案件。游览场所也存在卖淫嫖娼、赌博、封建迷信等社会丑恶现象。展览场所内陈列的珍贵物品，容易成为盗贼侵犯的目标。游客破坏景区文物、损坏公共设施的事件屡有发生。

3. 游览场所易发生治安灾害事故。一些存在安全隐患的游览设施仍继续使用，节假日旅游景点游客超容，或者气候原因导致山泥倾泻等，都极易造成游览场所的灾害事故。

（三）游览场所的治安管理措施

1. 做好场所内的宣传教育。公安机关应在游览场所的职工和游客中宣传安全常识，提倡安全游玩的行为，使群众在游玩时树立安全观念，防止意外事故的发生。

2. 加强安全检查，强化阵地控制。公安机关应指导并督促场所建立安全防范系统，常规检查与重点部位检查相结合，切实加强场所的阵地控制。

3. 加强巡逻执勤，查处违法行为。治安管理部门应当根据游览场所的地形、经营特点，加强巡逻执勤，确保对游览场所的全方位监控管理，及时发现违法犯罪活动，并对之进行有力打击。

4. 协同作战，增强防范能力。公安机关带领场所承办单位安装报警装置、监控设备，增加应急处置装备，指导其进行应急处置演练，以应付各种突发事件和意外事故的发生。

### 六、商品交易市场治安管理

**【案例6-6】**

一家服装店内卖的都是年轻人喜欢的快消品牌，而杨某50多岁，并不是目标顾客，却一直在店内转悠、不停地翻看，他的行为引起了附近便衣民警的注意。朝阳分局常营派出所的便衣民警立即开始跟控，果不其然，杨某趁着店员和顾客不注意，将一件衣服塞进了自己的衣服里，打算偷偷带出店去。但是，不仅便衣民警在观察他的一举一动，头顶上的监控设施也一直锁定着杨某，所以没等他走出商场大门，就被民警当场控制，并从他身上找到了那件价值799元的衣服。经过讯问，原来，当天杨某来北京旅游，路过长楹天街，发现里面摆放的货物全都价格不菲，于是心生贪念，打算顺手牵羊偷一件，没想到还没走出门，就被民警抓住了。最终，杨某因盗窃少量财物被朝阳警方行政拘留7天。

**【问题思考】**

1. 商品交易市场容易出现哪些治安问题？

2. 对商品交易市场进行治安管理需从哪些方面入手？

（一）商品交易市场的含义

商品交易市场，是指人们购买生产、生活用品和进行商品、物资展示、交易的大中小型商场、超市、集贸市场和专业市场（轻工、建筑材料、车辆、房地产、证券、农副产品、纺织）等。

（二）商品交易市场的治安特点

商品交易市场的治安特点主要表现为物资丰富，大量商品和财物聚集、流通，因此成为犯罪分子关注的场所，侵财案件突出，扒窃、偷盗、抢夺、欺诈等违法犯罪行为多发。

（三）商品交易市场的治安管理措施

1. 落实安全防范制度，积极防范违法犯罪活动。

2. 抓好宣传教育，依靠群众力量，维护市场内外秩序。

3. 加强市场内的巡逻和治安检查，及时整治各类治安隐患。

4. 严格执法，及时打击违法犯罪活动。

# 项目二　重点地区治安管理

治安重点地区，一般是指地域形成相对特殊，人、车、物流量较大，人员成分复杂，刑事、治安案件多发，治安问题突出，秩序长期较乱，社会影响较大，需要重点整治的地区。

## 一、城市边缘地区治安管理

**【案例 6-7】**

凌晨 1 时 38 分，西安 119 指挥中心接警后，西安市公安消防支队调派 14 辆消防车共 64 人赶往现场。起火的是王家村一村民自建的 5 层民房，起火位置在一楼中厅，着火物质为电动车。二楼、三楼中厅有烟熏痕迹。2 时 03 分，消防官兵在一楼搜寻出 4 名被困人员，经 120 确认已无生命迹象，随后又相继搜救出 15 名被困人员。2 时 05 分，火势得到控制，2 时 15 分，明火被扑灭。此次过火面积约 40 平方米，共搜救出被困人员 19 人，其中 4 人遇难（包括 1 名小孩），13 人送医救治（11 人轻伤，伤势平稳；2 人重伤），2 人未受伤。由于该村村道狭窄，又停有车辆，消防车到达后无法进入村子，消防官兵只能从村口接出 100 多米长的水管灭火。据了解，城中村租住户晚上回来后，都会将电动车放在一楼充电，结果影响大门口的出入通畅。[1]

**【问题思考】**

1. 当前我国城市边缘地区在治安管理中存在哪些问题？

2. 城市边缘地区的治安管理重点在哪里？

**（一）城市边缘地区的范围**

城市边缘地区包括城乡接合部和城中村，是指城市和乡村连接的区域和城市中尚未被建设的农村区域。城乡接合部和城中村是每个城市都存在的特殊区域，它具有多元的社会利益结构、不同的社会阶层、复杂的人群结构等特征。因其处在农村与城市的过渡区域，是多种行政管理体系的分界线，又是农村文明与城市文明碰撞交融的汇合处，往往是矛盾纠纷、刑事案件、违法犯罪高发区域。

**（二）城市边缘地区的治安特点**

1. 流动人口多，情况复杂，黄赌毒等违法犯罪现象突出。

2. 人财物相对集中，流量大、流速快，侵财性违法犯罪突出。

3. 由于人口密集，容易发生火灾等灾害事故。

---

〔1〕　案例来源：新浪新闻，2018 年 1 月 24 日。

4. 人员结构复杂，容易成为犯罪分子逃避打击、进行犯罪的"避风港"。

5. 社会管理相对弱化，治安防控网络滞后。

**（三）城市边缘地区的治安管理措施**

1. 加强法制宣传，创建安全文明社区。要运用各种形式，动员各方力量，加强对城市边缘地区的法制宣传。对于一些外来人口，可以因地制宜地把他们组织起来，形成小区防范体系，共同开展创建安全文明小区活动，促进城市边缘地区社会治安秩序的有效改观。

2. 强化各项治安管理措施。适时组织警力，针对城市边缘地区突出的治安问题，开展专项斗争和集中整治。同时，要加强经常性的治安管理，强化各项治安管理措施，消灭违法犯罪死角。对犯罪分子容易落脚的个体旅馆、客栈、出租屋等加强清查，对娱乐场所及特种行业，要加大管理力度，严密阵地控制。

3. 加强基层治保组织建设，构建多层次治安防范网络。一是专群结合，由社区民警牵头，组成以治保会为基础，广大群众参与的治安防范体系；二是城乡结合，打破行政区域界限，组成城乡一体、多警种协同作战的网络；三是内外结合，建立厂街（居）联防、厂乡（镇、村）联防网络，把社会面的群众性治安联防力量与厂矿企业内部的保卫组织统一起来内外结合，形成全方位、全天候的治安防范网络。通过多层次的治安防范网络，提高防范的覆盖面，减少违法犯罪的空隙。

## 二、大中型企业及周边地区治安管理

大中型企业是国民经济的支柱，公安机关要大力整治大中型企业与周边的治安秩序，努力创造良好的治安环境，为大中型企业的改革与发展提供有力的保障。这是一项十分复杂的系统工程，必须在党委、政府的统一领导下，有关部门积极配合，各司其职，实行综合治理。

【案例6-8】

3月21日下午14时48分左右，位于江苏省盐城市响水县陈家港镇的江苏天嘉宜化工有限公司发生爆炸事故。事故发生后，江苏先后调派12个市消防救援支队，共73个中队、930名指战员、192辆消防车、9台重型工程机械赶赴现场处置。截至22日7时，3处着火的储罐和5处着火点已全部扑灭。本次爆炸事故造成78人死亡，超过600人不同程度受伤。

【问题思考】

1. 大中型企业与周边地区存在哪些治安问题？

2. 如何对大中型企业与周边地区进行有效的治安管理？

**（一）大中型企业及周边地区的治安特点**

1. 大中型企业生产条件复杂，易发生各类治安灾害事故。

2. 盗窃、哄抢企业物资器材等违法犯罪突出，给企业造成重大经济损失，严重干扰企业的正常生产经营活动。

3. 企业与周边地区矛盾突出，各种纠纷增多。许多大中型企业与周边地区之间常因用地、用水、用电及环境污染等问题发生纠纷，导致治安事件增多。

4. 一些企业自身安全防范能力差，安全防范机制不健全，给违法犯罪分子可乘之机。

（二）大中型企业及周边地区的治安管理措施

1. 严密部署，突出重点，严厉打击危害企业治安秩序的犯罪。在全面整治国有大中型企业及周边地区治安秩序时，要进行严密部署，确保全面的安全。同时，应突出重点，整治重点场所和部位。如企业周边地区的废旧金属收购站点、出租屋、旅馆客栈等容易成为犯罪分子藏身的窝点和销赃转赃的场所，并组织各类"专项斗争"，打击针对企业的各种破坏性、侵财性犯罪活动。

2. 严密各项安全防范措施，大力加强企业内部保卫工作。公安机关应指导、监督企业认真贯彻落实国家有关治安保卫工作的法律、法规，建立健全内部治安保卫责任制；加强人防、物防和技防的建设，加强对职工的法制教育工作，不断提高自防自卫能力；督促企业做好各类治安隐患的整改工作，确保重点部位安全。

3. 排除干扰，保证严格执法。公安机关要从维护国家和人民利益的角度出发，从维护法律严肃性的角度出发，保证国家法令、政令的畅通。同时，要加强对群众的法制宣传教育，提高群众的守法意识，自觉维护国家财产安全，抵制违法犯罪活动。

### 三、校园及周边地区治安管理

**【案例6-9】**

6月28日中午，在上海市徐汇区的上海市世界外国语小学（浦北路校区）门口，发生了一起恶性持刀砍人事件。男子黄某持刀砍伤3名男童和1名女性家长，其中2名男童不治身亡，另外一名男童和女性家长经抢救保住了性命。据警方初步审问，犯罪嫌疑人黄某今年29岁，无业，自今年6月初来沪后无生计，失意落魄，遂产生报复社会的念头，进而行凶。

**【问题思考】**

1. 校园周边的治安特点是什么？

2. 如何有效进行校园及周边地区的治安管理？

校园安全关系到社会的方方面面，在校园加强内部保卫责任的同时，周边地区的治安治理同样重要。维护校园及其周边的治安秩序，保障青少年学生有一个安全、和谐、健康的学习环境，是各级公安机关义不容辞的责任。

（一）校园及其周边地区的治安特点

1. 侵害师生人身、财产安全的违法犯罪时有发生，严重扰乱学校正常教学、生活秩序。

2. 校园周边公共复杂场所影响校园安全，网吧、旅馆、游戏机室等场所存在管理漏洞，影响学生身心的健康发展。

3. 学校上学、放学时间固定，人流集中，对周边交通造成一定的影响。同时，学生也受道路上来往车辆的威胁，安全问题严重。

（二）校园及其周边地区的治安管理措施

1. 建立校警协作联系机制。公安机关基层组织要与辖区学校建立联系协作制度，经常走访学校师生、家长及校园周边群众，及时了解、掌握校园及其周边治安动态。

2. 在校园中广泛开展法制宣传教育，培养学生形成法制意识。选派民警担任学校的法制教师，定期为师生上法制教育课，开展各种形式的宣传、咨询及服务活动，增强青少年学生遵纪守法的观念，提高防范意识及自我保护能力。

3. 强化校园及周边地区的经常性治安管理。公安派出所要落实属地原则，与有关部门密切配合，严格对学校及其周边各种行业、场所的治安管理，取缔非法行业、场所，查处不法活动，同时要加强对流动人口和出租房屋的管理，防止和减少导致违法犯罪的各种因素。

4. 加强校园内外的安全防范工作。可在学校周边设立报警点、举报箱，在治安情况复杂的学校周边设立治安岗亭，在重点路段设立警示牌等明显标志。在中小学上学、放学时段内，巡警要在重点地段巡逻，交警要在交通情况复杂地段设立临时岗，疏导车辆、行人，同时督促指导学校建立健全安全保卫责任制，完善内部保卫制度和安全防范措施，加强防控机制建设，提高防范能力。

## 四、水上治安管理

### 【案例 6-10】

2015 年 6 月 1 日晚，从南京驶往重庆的客船"东方之星"在长江中游湖北省荆州市监利段水域发生翻沉。事发时客船上共有 454 人，其中旅客 403 人、船员 46 人、旅行社工作人员 5 人。事件中 442 人遇难，12 人生还。

### 【问题思考】

1. 水上治安管理的特点是什么？

2. 如何有效进行水上治安管理？

（一）水上治安管理的概念

水上治安管理，是指公安机关为了维护水上治安秩序，保障水上公共安全，保护公民的合法权益，根据法律、法规的规定，依法在水上从事的治安行政管理活动。

我国水域辽阔，点多线长，濒江临海的城市众多，很难准确划定水上治安管理的范围，但是，水上治安管理一般包括：

1. 水域，包括领海、江河湖泊（含岛屿、水中滩涂、草洲）、港汊、大中型水库等。

2. 船舶，包括水上各类浮动排筏、趸船、平台。

3. 水上从业人员，主要是船员、船民和作业人员。

4. 水上相关场所，指港口、码头、渡口、船闸、堤防护岸、滩涂、草洲等。

5. 水上设施，包括航标、水下通信电缆、导航领航设施、桥梁、涵洞、水上交易市场、水上公共娱乐场所、水上游乐场、特种行业等水上建筑物和设施以及沿岸的水利工程。

（二）水上治安管理的特点

1. 点多线长，流动分散，群众报警求助难。船舶和船民分散且流动等特征客观上造成了船民群众报警求助难，公安机关接处警难和勘查现场、查缉罪犯难。

2. 私营和个体船舶大量增加，组织管理无序。船民以船为家，四处漂泊，长期处于无组织管理状态。私营和个体船只大量增多，缺少教育和管理，不少船民文化低、素质差、法制观念淡薄、缺乏安全防范意识，成为犯罪分子袭击的目标。

3. 跨水陆两地结伙作案、流窜犯罪突出。跨水陆两地作案，是水上犯罪的主要特征。犯罪团伙利用船只在水上的交通便利性，以及水上先进的通信设备，组织盗窃、抢劫走私、偷渡等犯罪活动。

4. 水上防护机制、装备落后，导致治安事故不断发生。客运码头、渡船、客轮、游船是人来客往、人员聚集的公共复杂场所，安全管理措施常难以实施，加上水上防护机制不健全，防护及救生装备落后，极易发生撞船、沉船、火灾、人员落水等重大治安灾害事故。

（三）水上治安管理的基本措施

1. 改革和加强水警队伍建设，提高队伍整体素质，建立健全水警运行机制。针对水上治安管理面广、线长、点多的实际，要科学布建水警机构，合理配置警力。强化基层水上派出所和民警值班室、警务区和水上治安巡逻队的建设，加大对犯罪时间、空间的控制，减少犯罪机会。把陆地公安110向水域延伸，水上公安船艇要纳入当地公安机关110报警指挥中心，实行统一调度指挥，建立接处警的快速反应机制。

2. 以船舶和船民为中心，严格治安管理。坚持"以牌管船、以证管人"的原则，做好对船舶、船民的船舶户牌、船舶户口簿和船民证的发放管理工作，同时实施船舶、船民信息计算机管理并联网，通过日常登记申领、变更、年审等手续，将船舶和船民信息输入计算机，达到掌握底数和基本情况，及时发现和打击犯罪的目的。公安机关对利用船舶和水域从事特种行业的，应当根据行业特点，切实加强治安管理。

3. 开展水上专项整治，严格重点部位的治安检查，改善水上治安环境。水上公安机关要结合日常治安管理工作，经常开展对码头、渡口、渡船、旅游船、装载易燃易爆危险品船舶等的治安检查和专项整治。特别是在节假日和冰雪浓雾天气，要会同主管部门对各种重点、关键部位进行检查，及时发现事故隐患，限期整改，落实安全责任制，以确保旅客生命、财产的安全。做到重调解、严检查，预防和遏制治安事故、治安事件发生。

# 项目三　大型活动治安管理

## 一、大型活动概述

大型活动的治安管理在社会治安管理中占有重要的地位，历来是公安机关，尤其是大中城市公安机关的一项重要工作。

### 【案例6-11】

2019年广州传统迎春花市活动在平安、喜庆、祥和的气氛中圆满落幕。据统计，今年全市设传统花市11个，花档2717个，3天来，共计接待国内外旅客540万人次，各迎春花市及周边治安交通秩序良好，无发生涉及花市的重大案事件、交通事故。2月2~5日，警方共投入安保力量2.1万人次展开花市安保工作。以智慧新警务为依托，综合应用大数据、鹰眼系统、无人机以及人流热力图等科技手段，有效地监测花市的现场人流量，及时疏导人群，强化现场动态管控，全力为市民群众"广州过年，花城看花"营造满满的安全感。

值得一提的是，花市举办期间，民警通过智慧新侦查和"公安网+盘查"，在越秀、海珠、黄埔、番禺、白云、南沙等区花市共抓获11名全国在逃人员。"广州花市"切切实实成为在逃违法人员的克星![1]

### 【问题思考】

1. 大型活动治安管理有哪些要点？

2. 公安机关在大型活动中有哪些职责？

（一）大型活动的含义

大型活动，是指在特定的时间、空间举行的有众多人员参加的影响较大的社会性活动。

根据内容的不同，大型活动可分为群众性文化体育活动、大型商贸活动、大型会议和大型庆典活动。由政府主办或申办的大型活动，不需要向公安机关申请审批，而其他的群众性文化体育活动，须经人民政府公安机关进行审批。

（二）大型活动的治安特点

大型活动具有场所公开、人员多、规模大、财物集中、媒体关注等特点。因此，

---

〔1〕　案例来源：搜狐网，2019年2月5日。

极易发生恐怖袭击事件、群体性治安事件以及群死群伤治安灾害事故和盗窃、抢劫、打架斗殴等治安案件。

**特别提醒**

非法的聚众闹事，非法的集会、游行、示威活动等，都不是我们所指的大型活动。

## 二、公安机关在大型活动中的治安管理

（一）公安机关在大型活动中的治安管理职责

根据《大型群众性活动安全管理条例》的规定，公安机关应当履行下列职责：

1. 审核承办者提交的大型群众性活动申请材料，实施安全许可。

2. 制定大型群众性活动安全监督方案和突发事件处置预案。

3. 指导对安全工作人员的教育培训。

4. 在大型群众性活动举办前，对活动场所组织安全检查，发现安全隐患及时责令改正。

5. 在大型群众性活动举办过程中，对安全工作的落实情况实施监督检查，发现安全隐患及时责令改正。

6. 建立大型群众性活动不良安全信息记录制度，定期向社会公示，并及时通报相关监管部门。

7. 依法查处大型群众性活动中的违法犯罪行为，处置危害公共安全的突发事件。

（二）公安机关在大型活动中的安全保卫工作

1. 防破坏。防范群众拦截首长车辆；防范煽动群众起哄闹事；防范恐怖袭击；防范纵火、爆炸事件；防寻衅滋事、打架斗殴。

2. 防事故。防范火灾；防范坍塌事故；防范中毒事故；防范挤压踩踏事故。

## 三、大型活动的审批

（一）大型活动审批的范围

大型群众性活动的预计参加人数在 1000 人以上 5000 人以下的，由活动所在地县级人民政府公安机关实施安全许可；预计参加人数在 5000 人以上的，由活动所在地设区的市级人民政府公安机关或者直辖市人民政府公安机关实施安全许可；跨省、自治区、直辖市举办大型群众性活动的，由国务院公安部门实施安全许可。

（二）大型活动审批的程序

1. 承办者应当在活动举办日的 20 日前提出安全许可申请，申请时，应当提交下列材料：①承办者合法成立的证明以及安全责任人的身份证明。②大型群众性活动方案及其说明，2 个或者 2 个以上承办者共同承办大型群众性活动的，还应当提交联合承

办的协议。③大型群众性活动安全工作方案。④活动场所管理者同意提供活动场所的证明。

依照法律、行政法规的规定，有关主管部门对大型群众性活动的承办者有资质、资格要求的，还应当提交有关资质、资格证明。

2. 公安机关收到申请材料应当依法作出受理或者不予受理的决定。对受理的申请，应当自受理之日起 7 日内进行审查，对活动场所进行查验，对符合安全条件的，作出许可的决定；对不符合安全条件的，作出不予许可的决定，并书面说明理由。

3. 对经安全许可的大型群众性活动，承办者不得擅自变更活动的时间、地点、内容或者扩大大型群众性活动的举办规模。若承办者变更大型群众性活动时间，应当在原定举办活动时间之前向作出许可决定的公安机关申请变更，经公安机关同意方可变更。承办者变更大型群众性活动地点、内容以及扩大大型群众性活动举办规模的，应当依照规定重新申请安全许可。承办者取消举办大型群众性活动的，应当在原定举办活动时间之前书面告知作出安全许可决定的公安机关，并交回公安机关颁发的准予举办大型群众性活动的安全许可证件。

### 四、大型活动的安全保卫

【案例 6-12】

2008 年北京奥运会开幕，包括保安、民兵、警察和武警在内的四支力量驻守"鸟巢"，维护周边地面安全。当天上午，在穿越北四环直达"鸟巢"附近的两座过街天桥上，警察分别把守各上下阶梯，指引民众按秩序通过。在"鸟巢"对面道路上，因为众多观众越线拍照，警力不断维持现场秩序。同时，"鸟巢"上空不时有空中警察驾直升机低空掠过。

对经安全许可的大型群众性活动，公安机关根据安全需要组织相应警力，维持活动现场周边的治安、交通秩序，预防和处置突发治安事件，查处违法犯罪活动。

（一）做好前期准备工作

公安机关在大型活动举行之前，须进行以下准备工作：

1. 活动开始前的安全检查。

2. 全面而细致地收集情报信息，有针对性地筛选和分析情报信息。

3. 制定安全保卫工作方案，并进行演练。

（二）在大型活动举行期间，维护好活动现场内外及周围的治安秩序

1. 在活动现场外，可以根据需要在一定时间和范围内进行交通管制。

2. 划定活动停车场地并指挥机动车辆停放。

3. 在入口处协助工作人员维护入场秩序。

4. 配合警卫力量保护首长和重要来宾的安全。

5. 公开警力与秘密警力相结合，维护好活动现场秩序。

6. 指挥、控制出场、散场秩序。

7. 控制活动现场的治安秩序，发现有秩序混乱或者严重危害公共安全情况的，公安机关可以责令停止活动。

8. 注意发现有违法犯罪行为的人员，采取紧急措施予以制止。

9. 准备应急处置。

# 项目四　集会、游行、示威治安管理

## 一、集会、游行、示威的概念

我国是人民民主专政的社会主义国家，人民是国家的主人，享有充分的自由和权利，《宪法》第 35 条规定："中华人民共和国公民有言论、出版、集会、结社、游行、示威的自由。"国家要依法保障公民充分行使各种权利和自由，但公民也要在法制的轨道上有秩序地行使。《集会游行示威法》是一部专门调整公民集会、游行、示威行为的法律，对公民行使这一权利进行具体规定，将公民的集会、游行、示威纳入法制化的轨道。

【案例 6-13】

2012 年 9 月 11 日，日本野田政府签署钓鱼岛"买卖合同"，正式将钓鱼岛"国有化"。对于中方的抗议，日本表示"不接受"。2012 年 9 月 12 日起，面对日右翼分子购岛闹剧，北京、上海、陕西、山东、广东、湖南，以及香港、台湾多地民间发起反日游行示威。9 月 16 日上午，在深圳华强北赛格广场前，高亢的国歌此起彼伏。由民间团体组织发起的万人抗日大游行在此举行。此次游行由民间团体组织、民众自发参加。游行民众自制"誓死保卫钓鱼岛、坚决抵制日货"等横幅，高唱国歌，高喊"抵制日货"等口号，沿着华强北的街道游行。

【问题思考】

1. 集会、游行、示威的申办程序有哪些？

2. 公安机关对集会、游行、示威的管理职责是什么？

根据《集会游行示威法》第 2 条，集会，是指聚集于露天公共场所，发表意见、表达意愿的活动；游行，是指在公共道路、露天公共场所列队行进、表达共同意愿的活动；示威，是指在露天公共场所或公共道路上以集会、游行、静坐等方式，表达要求，抗议或支援、声援等共同意愿的活动。

👆 特别提醒 ⌐

集会、游行既有庆祝、纪念性的活动，又有声援、抗议性的活动；而示威没有庆祝、纪念性的活动，只有声援、抗议性的活动。

## 二、集会、游行、示威的审批程序

### （一）审批范围

我国对集会、游行、示威的管理模式是预防式事前审批模式。根据《集会游行示威法》第7条，举行集会、游行、示威必须依法向主管机关提出申请并获得许可。下列两种活动不需申请：①国家举行或者根据国家决定举行的庆祝、纪念等活动。②国家机关、政党、社会团体、企业事业组织依照法律、组织章程举行的集会。

### （二）审批程序

1. 提出申请。举行集会、游行、示威的负责人必须依法向主管机关递交书面申请。申请人在拟举行日期的5日前向举行地市、县公安分局提出书面申请。游行、示威路线经过两个以上区、县的，主管机关为所经过区、县的公安机关的共同上一级机关。

2. 严格审查。主管机关对接到的申请主要从以下四方面进行审查：集会、游行、示威负责人的资格；参加集会、游行、示威人员的资格；集会、游行、示威的目的、标语和口号、方式、起止时间、地点和路线；国家机关工作人员和以国家机关、社会团体、企事业组织名义组织参加集会、游行、示威，是否经过单位负责人批准。

3. 作出决定。主管机关接到申请书后，经过审查，在申请举行日期的2日前，将许可或者不许可的决定，书面通知其负责人，许可的，应当载明许可的内容；不许可的，应当说明理由；逾期不通知的，视为许可。

## 三、集会、游行、示威的治安管理

### （一）制定集会、游行、示威的保障方案

为了切实保障集会、游行、示威的顺利进行，维护社会安定和公共秩序，公安机关应分析当前各种社会矛盾、社会治安情况，根据批准举行的集会、游行、示威的时间、地点、人数、路线、车辆等具体情况，精心制定切实可行的集会、游行、示威安全工作方案。方案应包括以下内容：

1. 组织领导及指挥。应明确安全保障工作的组织领导机构及负责人，以确保工作中的集中统一、分层次组织实施的原则。

2. 警力部署及任务分工。通常情况下，保障集会、游行、示威活动现场秩序的警力可以分成不同的小组：现场指挥组、协调联络组、交通疏导组、通信联络组、现场警戒保卫组、消防安全组、防暴组、机动组等。在保障方案中，要确定分组方法和各级职责，合理安排部署警力。

3. 应急措施。在制定保障方案时，要尽可能考虑到各种复杂因素，作出多种估测，并制定相应的应急处置预案。

4. 纪律及工作要求。方案中应对参加执勤的人民警察提出明确的纪律要求和处理各种问题的政策原则。在安全保卫的过程中，要求做到纪律严明、服从指挥；在处置突发事件时，应灵活应对、依法处理。

（二）集会、游行、示威的现场管理

公安机关要依法对合法的集会、游行、示威活动进行有效的治安管理。

1. 对现场进行严格的安全检查。包括标语、口号、音响设备的数量、功率是否与申请许可一致；交通车、彩车等是否符合安全要求；参与人有无携带武器、管制刀具或危险物品；对集会场所和游行路线等经过仔细检查，排除障碍，消除隐患。

2. 部署警力，设置警戒区域，维护秩序。根据申请许可的内容，在集会、游行、示威的举行地或途经路线，公安机关应当派出足够数量的人民警察，设置警戒线，作为指定活动区域。并且实施安全保障方案，维护交通秩序和社会秩序，保证集会、游行、示威的顺利进行。防止任何人以暴力、胁迫或者其他非法手段进行扰乱、冲击和破坏。

3. 督促集会、游行、示威的负责人维持秩序。严格防止其他人员的加入，必要时，应当指定专人并佩戴标志，协助人民警察维护秩序。

4. 依法处置集会、游行、示威中出现的违法行为。在集会、游行、示威现场可能出现的违法行为有：①未按照公安机关许可的目的、方式、标语、口号、起止时间、地点、路线进行集会、游行、示威；②违反治安管理法规，携带违禁物品参与集会、游行、示威；③擅自离开人民警察依法设置的警戒区域，进入依法不得举行集会、游行、示威的场所；④其他人员扰乱、冲击、破坏依法举行的集会、游行、示威；⑤其他违反集会、游行、示威具体规定的行为。对于在集会、游行、示威中出现的各种违法行为，公安机关可依法采取强制措施予以制止，依照《刑法》或《治安管理处罚法》的有关规定予以处罚；调动警力，控制现场局势；对有违反者进行教育疏导，层层劝阻；层层拦截，控制行进，保证在法定区域举行；加强警戒，保卫重点；依法强行制止各种违反规定的行为。

# 项目五　几种妨害公共治安秩序行为的查禁

**一、贩卖、传播淫秽物品行为的查禁**

淫秽物品属于社会丑恶现象之一，是公安机关严厉查处和打击的对象。

（一）淫秽物品的含义

【案例6-14】

为了赚钱，全某伙同张某等6人出资5.6万元从网上购买了一家名为"妞妞直播"

涉黄手机直播平台的使用权，邀请百余名涉黄主播入驻，同时，在手机直播平台代理广告，介绍和联系赌博、色情等非法业务。2018年以来，全某经营的涉黄网络平台注册会员达到3万余人，每日观看淫秽色情表演的在线人数达数万人，涉案金额上千万元。从2018年8月开始，专案组逐步展开收网行动，摧毁淫秽网站站点32处、广告位213个，抓获平台管理、运营、推广、家族长、主播等涉案犯罪嫌疑人15名，实现了从主播、家族长到平台犯罪人员的全链条打击。

【问题思考】

如何鉴别与处置淫秽物品？

淫秽物品是指具体描绘性行为或者露骨宣扬色情的诲淫性的书刊、音像制品、图片、视频及其他实物等诲淫的物品。

淫秽物品的认定标准有：具体描绘性行为或者露骨宣扬色情，具有诲淫性及具有外在物的表现形式，如描绘变态性关系的图片、视频等。在认定的时候应注意与美术、文艺、医学作品、宣传男女生理卫生知识的作品进行区分。

（二）淫秽物品的危害性

淫秽物品的危害性主要表现为：淫秽物品的格调低下，腐蚀性大，它损害人们的道德观念、伦理情操；对青少年形成性意识有不良的影响，丧失羞耻感，行为放荡，甚至为了寻求刺激，以身试法；淫秽物品的传播，破坏社会主义精神文明建设，毒化社会风尚，危害社会安定。

（三）贩卖、传播淫秽物品的违法犯罪的特点

【案例6-15】

2018年5月，南京警方接某网盘公司报警，有人利用该公司网盘在互联网上大肆传播淫秽色情视频。警方侦查过程中，一个名为"××群组论坛"的网站进入警方视野，该站聚集大量类似"一人三个-不分就踢"的群，网站分享区内包含上万部淫秽色情视频文件。该站"精品资源区"采用会员注册制，用户需注册会员并向论坛管理员缴费，才能获得访问权限，点击链接即可申请加入群聊，然后浏览群成员以前发布的信息，内容基本都是淫秽色情视频。2018年7月28日至9月初，南京警方先后在江苏、福建、广东、四川和湖北等地抓获包括网站创建人卢某远在内的犯罪嫌疑人100余名，关闭传播淫秽色情物品的网络群组500余个，查获淫秽视频近10万部。[1]

【问题思考】

贩卖、传播淫秽物品活动的特点有哪些？

淫秽物品的来源与流通渠道多样化，品种类型多，传播渠道复杂，传播速度快，渗透力极强，对社会的危害性相当大。组织贩卖、传播淫秽物品的违法犯罪突出，以

---

〔1〕 案例来源：新华网，2019年1月22日。

合法的经营活动掩护非法的经营活动，利用网络沟通平台，快速传播，形成网络化的传播模式，其渗透已危及家庭、危及儿童、危及社会。

（四）查禁贩卖、传播淫秽物品行为的措施

公安机关要坚守职责，协调作战，进行综合治理，多方面、多渠道开展查禁淫秽物品的工作。

1. 广泛开展对淫秽物品的收缴、销毁工作。淫秽物品案件审结后，淫秽物品由县级以上公安机关治安管理部门统一登记、保管，经公安局（处、厅）长审查批准，在公安纪检、监察部门的统一监督下，由专人负责销毁，不得留存；海关查获的淫秽物品，不需鉴定的，由海关负责销毁。

2. 加强对重点部位、特种行业及网络平台的检查，堵塞淫秽物品的流传渠道，及时发现淫秽物品的来源，控制其传播的途径。

3. 及时查处淫秽物品犯罪案件和治安案件。公安机关应充分发挥职能作用，及时查处贩卖、传播淫秽物品的案件，加大打击力度，扩大影响。

4. 适时开展"扫黄打非"专项斗争。公安机关应当注意收集信息，掌握动态，选择适当的时机，开展查禁淫秽物品的治理工作，特别是对出版、文化市场和客运交通工具进行整顿、清查，不使淫秽物品蔓延。

5. 站好网络的"门岗"，防止淫秽物品通过网络进行传播。公安机关应加大网络监督的力度，净化网络环境，及时发现并清查网络中传播的淫秽物品。

## 二、卖淫、嫖娼行为的查禁

（一）卖淫、嫖娼的含义

【案例6-16】

2014年2月9日上午，央视对东莞市部分酒店经营色情业的情况进行了报道。下午，东莞市委、市政府迅速召开会议，统一部署全市查处行动。东莞市从9日下午开始，共出动6525名警力对全市所有桑拿、沐足以及娱乐场所同时进行检查，并针对节目曝光的多处涉黄场所进行清查抓捕。在东莞国安酒店，警方查处了多名涉嫌卖淫嫖娟的人员。

【问题思考】

卖淫嫖娼行为对社会风气有哪些恶劣影响？

卖淫嫖娼是指不特定的异性之间或同性之间以金钱、财物为媒介发生性关系的行为。其中卖淫者为收取钱财的一方，嫖娼者为支付钱财的一方。

卖淫是指行为人以营利为目的，自愿与他人发生性关系的行为。

嫖娼是指行为人以付出一定数量的财物为手段，与卖淫者发生性关系的行为。

卖淫嫖娼一般包含四个要素：报酬；发生性行为；不确定性（就卖淫人员而言，

是嫖娼人员的不确定性；就嫖娼人员而言，是卖淫人员的不确定性）；违法性。

卖淫嫖娼的特点是非婚姻关系的、附加条件的、暂时的性行为。

嫖宿未满 14 周岁的女性，按强奸罪从重处罚。

明知自己有严重性病而卖淫或嫖娼者构成传播性病罪。

（二）与卖淫、嫖娼活动相关的违法行为

**【案例6-17】**

合肥瑶海公安分局方庙派出所在日常工作检查中，发现在瑶海万达某写字楼 10 层到 20 层之间内，有打扮得花枝招展的女性经常出入，时有男性伴随出入房间，此线索引起了辖区方庙派出所民警的重视。为了不打草惊蛇，便衣民警深入前沿秘密侦查，发现该写字楼内有一个专门利用微信和 QQ 招嫖卖淫的团伙存在，且系专门人员租房为失足女和嫖客提供交易场所，并且标明了提供"服务"的价位，失足女分布在瑶海万达该写字楼不同楼层的三个房间。民警进一步调查发现，此卖淫团伙的幕后老板是一名姓汪的合肥籍中年男子，三个房间都是汪某租的，而失足女则通过微信、QQ 对外招嫖。在获取相关证据后，方庙派出所在瑶海公安分局治安部门的指导下，于 3 月 28 日凌晨，在瑶海万达该写字楼 10 楼、12 楼、18 楼，一举抓获涉嫌卖淫嫖娼的违法犯罪嫌疑人员 9 人，其中老板为合肥中年男子汪某，今年 40 岁左右。经审查三名卖淫女与老板汪某对半利益分成，由老板汪某租房提供场所，卖淫女来自江西等地，通过微信和 QQ 进行招嫖。关于容留他人卖淫嫖娼的原因，汪某称自己因为做生意亏本，想要通过这种方式挣点钱。目前，汪某因涉嫌容留卖淫罪被刑事拘留，其他人员因为卖淫嫖娼已被执行行政拘留。[1]

**【问题思考】**

卖淫嫖娼的违法活动类型有哪些？

引诱他人卖淫是指行为人为了达到某种目的，以金钱诱惑或者通过宣扬剥削阶级腐朽生活方式等手段，诱使他人从事卖淫活动的行为。

容留他人卖淫是指行为人故意为他人的卖淫活动提供场所的行为。

介绍他人卖淫是指行为人为卖淫人员与嫖客寻找对象，并在二者之间穿针引线、牵线搭桥的行为。

（三）卖淫、嫖娼的危害性

卖淫嫖娼行为是社会丑恶现象，不仅危害社会、败坏社会风尚，而且危及家庭、传播疾病，因此必须严格查禁。

1. 卖淫嫖娼行为严重损害国家和民族的声誉，危害社会秩序，毒化社会风气，破坏社会主义精神文明，腐蚀人们的灵魂，影响经济建设，危害人民身心健康，诱发各

---

〔1〕案例来源：合肥在线，2019 年 3 月 29 日。

种违法犯罪行为。

2. 卖淫嫖娼行为破坏社会的细胞——家庭，往往造成家庭破裂，给社会埋下潜在的危险因素。

3. 卖淫嫖娼行为是艾滋病及其他一些传染病的传播途径，危害人们的身心健康。

4. 卖淫嫖娼行为可能诱发各种违法犯罪活动，将某些服务性行业导入歧途，破坏市场经济的健康发展。

（四）查禁卖淫、嫖娼行为的措施

1. 大力开展法制宣传教育，净化社会环境。

2. 严密加强重点行业、复杂场所和公共场所的治安管理，抓好重点部位的防范。

3. 适时开展专项治理，依法查禁卖淫嫖娼活动，打击犯罪分子。

### 三、赌博行为的查禁

**【案例 6-18】**

江苏省兴化市公安局经连续侦查，摧毁了一个 27 人"股份制"微信赌博犯罪团伙。据了解，犯罪嫌疑人郏某伙同於某、葛某、李某、王某等人以"参股"的方式，实行公司化运作，以建微信群组织人员实施赌博，在短短半年时间内，累计组织 14 个省市 1620 人参赌，非法获利 300 余万元，涉案流水资金达 1 亿元。

**【问题思考】**

赌博对社会的危害有哪些表现？

（一）赌博的含义

赌博行为是社会丑恶现象之一，具有社会危害性，属于法律严厉禁止和处罚的行为。

赌博，是指两人以上以营利为目的，以财物为赌注，采取某种方式比输赢，达到非法转移财物所有权的一种行为。

构成赌博行为，必须具备下列条件：在主观上，行为人必须以营利为目的；在客观上，行为人必须实施了赌博行为。行为人通过一定的赌具，投入赌资，实施了比输赢的赌博活动，则构成赌博行为。

（二）赌博的危害性

赌博是不劳而获思想的表现，它助长了赌博者好逸恶劳的习惯，催生了无尽的贪欲，给社会和家庭带来巨大的危害。

1. 严重扰乱社会秩序。赌博行为不仅破坏正常的生活秩序，还严重损害参赌人员的身心健康。有些赌博分子倾其所有参与赌博，出现卖房卖地换赌资现象，甚至发展到家破人亡、妻离子散、亲友反目的地步；有些参赌人员沉迷于博彩，导致精神失常、自杀。赌博行为还破坏了正常的生产秩序，造成当地资金大量流失，影响当地经济发展。

2. 严重破坏社会风气。赌博不仅损害广大人民群众的利益，使群众沉迷于赌博，无心生产与工作，更严重的是它还毒害人们的思想，导致社会大众赌博投机思想的高涨，形成不劳而获的观念，成为社会治安秩序的不安定因素。

3. 引发其他违法犯罪。因赌博引发的各类违法犯罪案件，直接造成社会不稳定。比较明显的是，赌博犯罪与盗窃、抢劫、聚众斗殴、故意杀人、职务犯罪等案件交织在一起，互相影响，彼此加剧。如索要赌债、高利贷等，往往以暴力等手段限制人身自由来索要财物，或是在索要不成的情况下，恼羞成怒，伤害他人身体等。

（三）赌博的特点

【案例6-19】

今年1月份以来，温岭市公安局陆续接到几起对一款名为"亿游乐"手机APP的举报，有人通过该APP打麻将输了十几万。接连的举报引起了温岭警方的高度重视，1月25日由治安大队牵头，联合各警种成立了专案组。

通过调查发现，该款游戏APP与其他类似的棋牌类APP不同，玩家不是以游客身份通过系统随机匹配，而是通过赌博代理组建微信赌博群（或资金结算群），群内先行约定好赌注的大小，如"亿游麻将5毛群""亿游牛牛1块群"，需要赌博的人自行在平台上开设房间，发送房间号邀请他人进入赌博。每次房间开设后，能玩10局。10局结束后，平台自动结算参赌人员输赢分数。参赌人员通过微信红包、转账等方式予以结算赌资，而代理人靠发展赌博人员进房间赌博消耗钻石，和平台按照比例获利分成。

通过近3个月的努力，温岭警方摸清了该"亿游乐"的赌博案团伙的基本情况，收网条件已成熟。4月2日，温岭警方抽调200名精干警力，兵分三路，分赴杭州滨江、绍兴嵊州以及在温岭本地展开同步抓捕，100多人相继落网，其余在逃人员警方正全力抓捕中。[1]

【问题思考】

赌博的形式多样，如何撕开其伪装？

1. 赌博形式多样。有的利用游艺室的游艺项目进行赌博，有的利用国内正规彩票的发行规则，以发售非法彩票的形式进行，规则简单，玩法多样，参与方便，诱惑力大。

2. 私设赌场，聚众赌博。利用节假日和农闲季节私设赌场，参赌人数比例增高，成分复杂。

3. 网络赌博发展迅速。利用互联网和网上金融支付手段进行赌博的现象迅速发展，境内外联系，参与人数多，涉赌金额高，成为当今赌博的主要形式。

4. 出境参赌人员日益增多。一些相邻国家在与我国接壤的边境一侧设有赌场，他

---

〔1〕案例来源：浙江在线，2019年4月5日。

们以优先提供入境服务或者代办签证、提供往返机票、免费食宿等方式吸引、招揽我国公民出国参赌。

**（四）查禁赌博行为的措施**

1. 广泛开展禁赌宣传。公安机关借助各种力量，采取多种多样的形式，大力开展宣传。明确宣布严禁任何形式、任何赌具进行赌博或变相赌博；取缔所有赌场；所有赌债一律废除。

2. 加强网络安全管理，及时获取信息，掌握赌博行为动向，清理网络环境。

3. 强化对娱乐场所的管理，进行经常性的检查，取缔各种赌场和赌博团伙。

4. 适时开展专项治理，严厉打击赌博违法犯罪行为。

5. 对设赌、参赌人员严格按照法律规定予以处理。

### 四、吸食、贩卖毒品行为的查禁

**（一）毒品的含义**

**【案例 6-20】**

8 月 26 日下午，南京南站派出所接到 G1726 次列车长通报，称列车上 3 名女子长时间占用卫生间，且列车员在卫生间外听到有打火机的声音。南京南站派出所警察接警后上车盘查，在一名女子郑某的手包中查获毒品"K 粉"，包括郑某在内的 3 名女子供述，她们刚刚在列车的卫生间中吸食了毒品。

**【问题思考】**

查禁毒品有哪些重大意义？

毒品是指国家依法管制的能够使人形成瘾癖的麻醉药品和精神药品。能够使人形成习惯性的病态嗜好，并需要靠药品来维持生理机能，这是毒品的主要特点。

毒品具有药物性和成瘾性的两种特性。

**（二）毒品的种类**

根据药品依赖性的特征，可将依赖性物质分为阿片（鸦片）类、兴奋剂类、大麻类、可卡因、致幻剂类、酒精和镇静催眠药类、烟碱、挥发性化合物类等。目前，我国常见的毒品主要有：鸦片、吗啡、海洛因、冰毒、大麻、摇头丸、杜冷丁、K 粉、麻古及其他易制化学毒品和原料等。

**（三）毒品犯罪的特点**

根据我国法律规定，与毒品相关的违法犯罪活动主要有：非法种植毒品原植物的行为；吸食、注射毒品的行为；贩卖毒品的行为；制造毒品的行为及持有毒品的行为。当前，这类违法犯罪活动中以吸食、贩卖最突出。

1. 毒品犯罪的规模大、活动范围广，过境贩毒，境内外犯罪团伙勾结，贩毒活动已形成国际化。

2. 毒品犯罪人员集团性和职业性特点突出，有严密的组织与流程，从生产到贩卖，再到"洗钱"均有职业化的手段。

3. 毒品犯罪的手段极其狡诈多变，且具有隐蔽性，利用先进的通信工具，购买武器以避开警察的侦查手段。

（四）毒品的危害

**【案例6-21】**

2018年4月，大安区凤凰乡无业男子郭某利用到成都治病买药之机，向他人购买800元的冰毒带回自贡贩卖牟利。为解决经济困难，大安区凉水井无业妇女刘某某帮助其共同居住的郭某交易毒品。为招揽生意，郭某将部分冰毒交给大安区来龙坳的无业男子王某试吃。同年4月的一天晚上，郭某将剩余冰毒贩卖给王某。2018年5月13日，郭某再次到成都购买800元的冰毒带回其住处，并将其分装成7包。2018年5月20日23时许，吸毒人员田某某通过微信联系王某欲向其购买冰毒。随后，王某通过手机联系郭某，向其购买冰毒。郭某通过手机收取毒资后，安排刘某某将冰毒交给王某。次日0时许，王某在大安区仁和半岛的马路边将从郭某处购买的冰毒贩卖给吸毒人员田某某、宋某后，被民警当场挡获。随后，郭某、刘某某也被抓获归案。[1]

**【问题思考】**

毒品对社会的危害有哪些？

1. 摧残身体、毁灭家庭。毒品严重摧残吸食者的身心健康，断送青少年的美好前程，毁灭家庭，造成妻离子散、家破人亡的后果。

2. 诱发犯罪，危害社会。毒品诱发盗窃、抢劫、诈骗以及凶杀、职务犯罪等犯罪行为，败坏社会风气、污染社会环境，促使艾滋病等一些感染性恶疾的传播。

3. 破坏社会经济发展。毒品犯罪吞噬社会的巨额财富，增加社会管理成本，大大降低劳动生产力，严重破坏生产力的发展。

4. 侵害政治和社会稳定。毒品犯罪渗透和腐蚀政权机构，加剧腐败现象，干扰社会秩序的正常稳定。

（五）查禁毒品的基本措施

查禁毒品是一项国际合作性的任务，也是一项长期的斗争，需要全社会动员，打一场禁毒的人民战争。

1. 加强宣传教育，做好查禁取缔的宣传工作。利用各种形式，对社会成员开展毒品危害的宣传以及查禁毒品的教育。

2. 严厉禁止私种罂粟等毒品原植物，利用法律推动管理。始终贯彻"禁种、禁

---

〔1〕　案例来源：搜狐网，2019年5月17日。

制、禁吸、禁贩"的原则，将对毒品犯罪的综合治理纳入法制轨道。

3. 会同口岸、海关等部门，共同合作，强化禁毒执法职能。加强毒品源头的查控和化学易制毒品的管理，查缉走私贩毒的犯罪活动，杜绝毒品从境外的渗入。

4. 结合各项管理活动，发现和取缔非法吸食、注射毒品的行为和从事这类活动的地下场所，没收毒品、毒具，对吸毒人员予以强制戒毒。

5. 加强国际缉毒合作，建立国际化网络，有力打击制贩毒品的行为。建立国际打击毒品违法犯罪活动的体系，针对我国毒品问题现状，与周边国家和国际刑警组织建立长期有效的合作，采取多种手段，遏制毒品流入源头，堵塞毒品流向渠道，减少毒品的危害。

# 项目六　技能训练

## 公共场所巡逻训练

### 一、训练内容

1. 公共场所巡逻的基本方法。
2. 巡逻中对群众遇到危难情形的救助。
3. 巡逻中对扰乱公共秩序行为的处置。
4. 规范填写《接处警、移交警登记表》及巡逻记录。

### 二、训练目的

通过训练，使参训学生亲身体验公共场所管理的主要方法，主要是掌握巡逻的技能。能够更全面、更详细地了解巡逻具体操作要领和程序。要求参训学生能够进一步牢记公共场所管理中巡逻执勤时应当履行的职责，对所遇到的各种情况、问题能够正确、规范地询问、盘查、处理、应对，并规范地做好交接班工作和填写巡逻情况记录。

### 三、相关法律规定

1.《人民警察法》第9条第1款规定，为维护社会治安秩序，公安机关的人民警察对有违法犯罪嫌疑的人员，经出示相应证件，可以当场盘问、检查；经盘问、检查，有下列情形之一的，可以将其带至公安机关，经该公安机关批准，对其继续盘问：①被指控有犯罪行为的；②有现场作案嫌疑的；③有作案嫌疑身份不明的；④携带的物品有可能是赃物的。第21条第1款规定，人民警察遇到公民人身、财产安全受到侵犯或者处于其他危难情形，应当立即救助；对公民提出解决纠纷的要求，应当给予帮助；对公民的报警案件，应当及时查处。

2.《城市人民警察巡逻规定》第 4 条规定，人民警察在巡逻执勤中履行以下职责：①维护警区内的治安秩序；②预防和制止违反治安管理的行为；③预防和制止犯罪行为；④警戒突发性治安事件现场，疏导群众，维持秩序；⑤参加处理非法集会、游行、示威活动；⑥参加处置灾害事故，维持秩序，抢救人员和财物；⑦维护交通秩序；⑧制止妨碍国家工作人员依法执行职务的行为；⑨接受公民报警；⑩劝解、制止在公共场所发生的民间纠纷；⑪制止精神病人、醉酒人的肇事行为；⑫为行人指路，救助突然受伤、患病、遇险等处于无援状态的人，帮助遇到困难的残疾人、老人和儿童；⑬受理拾遗物品，设法送还失主或送交拾物招领部门；⑭巡察警区安全防范情况，提示沿街有关单位、居民消除隐患；⑮纠察人民警察警容风纪；⑯执行法律、法规规定由人民警察执行的其他任务。第 5 条规定，人民警察在巡逻执勤中依法行使以下权力：①盘查有违法犯罪嫌疑的人员，检查涉嫌车辆、物品；②查验居民身份证；③对现行犯罪人员、重大犯罪嫌疑人员或者在逃的案犯，可以依法先行拘留或者采取其他强制措施；④纠正违反道路交通管理的行为；⑤对违反治安管理的人，可以依照《中华人民共和国治安管理处罚法》的规定，执行处罚；⑥在追捕、救护、抢险等紧急情况下，经出示证件，可以优先使用机关、团体和企业、事业单位以及公民个人的交通、通讯工具。用后应当及时归还，并支付适当费用，造成损坏的应当赔偿；⑦行使法律、法规规定的其他职权。第 6 条规定，在巡逻执勤中遇有重要情况，应当立即报告。对需要采取紧急措施的案件、事件和事故，应当进行先期处置。对需要查处的案件、事件和事故应当移交公安机关主管部门处理。

### 四、训练前的准备

对讲机、电警棍、手铐等警械，相关证件，《接处警、移交警登记表》《巡逻情况登记表》。

### 五、训练方法与步骤

（一）对学生进行分组、分工

学生每 6~8 人为一个小组，每组 2~3 人扮演巡逻警察；其余人员分别扮演：违法犯罪可疑人员、一般群众、有急难求助人员、扰乱公共治安秩序行为人等角色（可重复扮演几种角色）；每组分三次把巡逻警察的角色对调训练。

由充当巡逻民警的人员，在教师提供的环境、场地内，确定巡逻路线和部位。练习以步巡的方式实施巡逻（其余人员按照各自的角色分散在巡逻路段进行活动）。

（二）巡逻勤务基本方法的训练

巡逻的基本方法有：穿行巡逻法、往返巡逻法、循环巡逻。巡逻路线可以分为定线和乱线巡逻、顺线和逆线巡逻。学生应当结合巡逻场所设计有效的巡逻方法。

（三）对在巡逻中遇到急、危、险、难情况的群众进行帮助

1. 询问情况。语言规范："您好！请问遇到了什么困难?""请问有什么困难需要我帮助解决的?""我可以为你提供帮助。""我很乐意为你提供帮助。"

2. 提供救助。

（1）对有伤病的人员：给予初步的包扎、按捏急救部位等急救措施，拨打120急救中心请求派救护车，或者直接把伤病的人员送到附近的医院。

（2）对迷路、失散人员：给予初步的安抚后帮助沿途寻找其亲人；发布寻人启事；通知沿途单位、人员帮助寻找其亲人；通过已知信息联系其亲人；送交附近派出所继续查找其亲人；直接把迷路、失散人员送回家中。

（四）对在道路上发现的扰乱公共秩序的行为进行处置

执行巡逻的民警遇到警情时，应及时喝令行为人停止扰乱的行为。民警首先必须要判断警情的类型和状况，分别作出不同的先期处置。对于属于自己职责范围内并且有能力处置的警情（如治安案件、一般的刑事案件等），应该积极开展工作，严格依法处置；对于自己的能力和条件无法处置的警情（如群体性治安事件、暴力型犯罪等），巡逻人员一方面应采取控制措施，另一方面应该及时向上级领导或指挥中心报告，请求指示或支援。

（五）做好交接班工作

巡逻任务完成后，做好交接班工作，规范填写《接处警、移交警登记表》《巡逻情况登记表》。

## 六、注意事项

1. 按教师的要求和步骤进行操作。

2. 注意严格按照有关的法律、法规、规范来操作。

3. 对救助及警情处置应作出恰当判断，依法迅速处置。

4. 《接处警、移交警登记表》《巡逻情况登记表》的填写要简明扼要。不能空载不记或以"平安无事"等敷衍了事。

## 七、考核方式及标准

（一）考核方式

1. 由教师审查学生的操作过程。

2. 学生之间互相审查操作过程，作出评议，最后由教师总结。

（二）考核标准

四级评分制：

优秀：学生在巡逻中精神饱满；能够热情积极地为有急、危、险、难的群众提供帮助；妥善处置扰乱公共秩序的纠纷、闹事行为及对伤亡人员的应急处理；能够准确判断、及时发现可疑情况；能够做好交接班工作并准确地填写《接处警、移交警登记表》《巡逻情况登记表》。

良好：学生在巡逻中精神比较饱满；能够较好地为有急、危、险、难的群众提供帮助；较好地处置扰乱公共秩序的纠纷、闹事行为及对伤亡人员的应急处理；能够发现可疑情况；比较认真地做好交接班工作和填写《接处警、移交警登记表》《巡逻情况登记表》。

及格：学生在巡逻中精神集中，但精神欠饱满；基本能够为有急、危、险、难群众提供帮助；基本能够处置扰乱公共秩序的纠纷、闹事行为及对伤亡人员的应急处理；经反复判断能够发现可疑情况；交接班工作和填写《接处警、移交警登记表》《巡逻情况登记表》不够规范。

不及格：学生在巡逻中精神不够饱满；对有急、危、险、难的群众需要帮助时，没能提供帮助或者尽管帮助了但显得极不情愿；不能妥善地处置扰乱公共秩序的纠纷、闹事行为及对伤亡人员的应急处理；不能及时发现可疑情况；交接班工作和填写《接处警、移交警登记表》《巡逻情况登记表》不规范或者根本不做。

## 八、思考题

1. 在城乡接合部，采用哪种巡逻勤务方式较为合适？

2. 当巡逻中遇到有群众处于急、危、险、难时，是否应当提供帮助？该怎么帮助处置？

3. 在巡逻中遇到扰乱公共秩序的治安纠纷、街头闹事等行为应该如何处置？

4. 巡逻民警对什么情况可以当场处罚和调解？

## 九、示范案例

**【示范案例】**

民警张某和李某负责对本市中山南路段的巡逻。这天，两名民警从单位出发，自南向北开始行进。当二人来到友谊商店时，发现这里人群较多，门口秩序混乱。经了解，该商店今天有打折促销，许多街坊提前来排队准备抢购。民警继续前进，到公交站时，一形色可疑的人在站台徘徊，两民警立即上前对其盘查，发现该人员由外地刚到本市，找不到去亲戚家的车，正在犹豫。民警为其指导坐车。来到火车站，现场秩序较好。在火车站候车区，一个六七岁模样的男孩，哭着找妈妈。火车站广场西北角，一群人聚集在一起，似乎在争执，民警李某和张某迅速赶到，看到有几个人正在互相推搡。民警喝止他们，并了解情况。原来是其中一人为赶火车，抬着一大包行李不小心撞到一名怀孕的妇女，该女子的丈夫及同行的亲属要求撞人者赔偿，为此产生争执。

【训练要求】

1. 根据案例由巡逻民警选择巡逻方式并组织巡逻。

2. 由民警对遇到的第一种情况设计处理的方法。

3. 由民警对遇到的第二种情况设计给予帮助的两种方式。

4. 由民警对遇到的第三种情况设计处置的方式。

5. 填写好《接处警、移交警登记表》《巡逻情况登记表》。

【训练提示】

1. 巡逻民警对该路段选择用常规勤务方法中的往返巡逻法进行徒步巡逻。

2. 民警对遇到的第一种情况的处理方法为：与商场保卫人员联系，要求其维持好排队人群的秩序并保证安全。民警现场进行安全宣传教育。

3. 民警对遇到的第二种情况提供救助的两种方式为：

（1）对迷路儿童问明其基本情况后，尝试打电话与其妈妈联系，或带着其在附近一带寻找其妈妈。

（2）民警带男孩到火车站广播室，广播寻人启事，并移交给火车站派出所的民警，由其继续帮男孩寻找妈妈。

4. 对遇到的第三种情况进行处置：民警迅速到达现场，喝令双方停止推搡。了解情况后，判断被推孕妇的安全情况，若无大碍，对双方进行调解；若有危险，应先打120叫救护车抢救孕妇，然后控制撞人者，再根据被撞人家属的态度，进行调解或依法将其移交给附近派出所处理。

5. 交接班。巡逻当班结束时，把主要处置案件的案情简要告知接班的民警并移交公用装备。同时以第二个事件为例认真填写《接处警、移交警登记表》《巡逻情况登记表》。

## 接处警、移交警登记表

××××　年　　　　　×公（××××）字　　　　　第××××号

| 接处警<br>方式 | 自主发现处理√<br>接受上级指令<br>受理受害（知情）人报警 | 接处警单位 | 巡警三大队一中队 |
|---|---|---|---|
| 处警人 | 张某、李某 | 时间 | 10：30 |
| 案（事）件<br>性质 | 小孩寻找母亲 | 发现时间 | 2018 年 10 月 15 日 |
| 案（事）<br>发地点 | 中山路火车站候车室门口 | | |

| 报警（受害）人姓名及基本情况 | | | |
|---|---|---|---|
| 案（事）件内容 | 男孩小东在候车室门口找不到母亲 | | |
| 到达时间 | 10 时 30 分 | 反馈中心时间 | |
| 处警结果 | 现场处理完毕<br>本部门继续处理<br>移交其他部门处理√ | 备注 | |
| 以下移交接收单位填写 | | | |
| 案（事）件移交情况摘要 | 男孩小东在火车站候车室门口找不到自己的妈妈，需帮他与妈妈联系。打过电话但无人接听。 | | |
| 接收主要当事人基本情况 | | | |
| 姓名 | 住址 | 证件及号码 | 通讯号码 |
| 小东 | ××路××号 | 无 | 无 |
| | | | |
| | | | |
| 移交物品情况 | 无 | | |
| 接收单位 | 火车站派出所 | 接收人（签名） | ××× |
| 接收时间 | 2018 年 10 月 15 日 10 时 50 分 | | |

## 巡逻情况登记表

×××× 年　　　　　×公（××××）字　　　　　第××××号

| 巡逻时间 | 2018 年 10 月 15 日 8 时 00 分至 2018 年 10 月 15 日 12 时 00 分 | | |
|---|---|---|---|
| 巡逻人员 | 张某　李某 | 负责人 | 张某 |
| 巡逻地点 | 中山南路 | 巡逻方式 | 步巡 |
| 接处警情况（发现情况） | | | |

续表

| 时间 | 地点 | 内容 | 处警结果 |
|---|---|---|---|
| 8时30分 | 友谊商店门口 | 发现有多人聚集，秩序混乱 | 组织人员排好队伍，并要求商场安保人员负责维护现场秩序 |
| 9时00分 | 东湖公交车站 | 发现一神情可疑的男子在公交站前徘徊 | 问明情况后，向他指明去其亲戚家可乘坐的公交车线路 |
| 10时30分 | 火车站候车室门口 | 发现一男孩找不到母亲 | 电话联系不上其母亲后，将男孩移交给火车站派出所民警，由其协助男孩继续寻找母亲 |
| 10时55分 | 火车站广场西北角 | 一男子撞倒一孕妇，孕妇家属与男子发生争执推搡 | 初步确定孕妇无大碍，现场进行调解 |
| | | | |
| 配备巡逻装备 | 对讲机、电警棍、手铐 | | |
| 备注 | | | |

## 十、训练案例

【训练案例】

民警鲁某东和林某丹在乐山街道进行巡逻。乐山街道地处城乡接合部，出租屋多，外来人口聚集。早上8:30，两民警从派出所出发，进行巡逻。经乐山肉菜市场时，见菜市场门口有人吵架，上前了解情况并处理。接着巡逻到白云路长途汽车客运站，有一老人被偷了钱包，车票也在钱包里，无法搭车回老家，向民警求助。当两名民警巡逻到幸福小学门口时，正值学生们放学，校门口接孩子的人群和车辆十分拥挤，秩序混乱。民警立即进行指挥和处理。

【训练要求】

1. 根据案例由巡逻民警选择巡逻方式并组织巡逻。

2. 由民警对遇到的第一种情况设计处理的方法。

3. 由民警对遇到的第二种情况设计给予帮助的两种方式。

4. 由民警对遇到的第三种情况设计处置的方式。

5. 填写好《接处警、移交警登记表》《巡逻情况登记表》。

# 单元七

# 特种行业管理

📖 **知识目标**

1. 了解特种行业的含义及其范围。

2. 了解旅馆业、印章业、典当业的治安特点。

3. 掌握不同特种行业的治安管理方法。

📖 **能力目标**

1. 能按照法律规定准确界定特种行业的管理。

2. 能按照法律规定查处旅馆业、印章业、典当业的违法、违规行为。

📖 **知识结构图**

特种行业管理 {
  - 特种行业管理概述 {
    - 特种行业的含义
    - 特种行业治安管理范围
    - 特种行业突出的治安问题
    - 特种行业管理的原则
  }
  - 旅馆业治安管理 {
    - 旅馆业的含义和范围
    - 旅馆业的治安特点
    - 旅馆业治安管理的基本方法
  }
  - 印章业治安管理 {
    - 印章业的含义
    - 印章业的治安特点
    - 印章业治安管理制度
  }
  - 典当业治安管理 {
    - 典当业的发展历史
    - 典当业的治安特点
    - 典当行治安管理的基本方法
  }
  - 其他特种行业治安管理 {
    - 印刷业的治安管理
    - 废旧金属收购业的治安管理
    - 开锁业的治安管理
  }
  - 技能训练
}

137

# 项目一  特种行业管理概述

## 一、特种行业的含义

"特种行业"是公安机关的专用术语，常常简称为"特业"或"特行"。通常是指工商服务行业中因其业务内容和经营方式同社会治安秩序密切相关，容易被违法犯罪分子利用，依据法律、法规规定，由公安机关采取特定治安管理措施的行业。

## 二、特种行业治安管理范围

### （一）特种行业治安管理范围的变化

中华人民共和国成立初期，无线电器材、旅店业、印铸刻字业、公共娱乐场所都被作为特种行业管理。1958年8月，经国务院批准，无线电器材、公共娱乐场所等不再列为特种行业管理。60年代初，公安机关将废旧物资收购业和修理业（修理自行车、钟表、照相机和电器等厂、店、点）纳入特种行业管理。1979年，国家工商总局、公安部等六部门共同发文将特种行业界定为：旅店业、旧货业、印铸刻字业和修理业。1985年3月，公安部下发的《关于改革和加强特种行业管理工作的通知》，规定特种行业范围是旅馆业、印铸刻字业、信托寄卖业和生产性废旧金属收购业，修理业和一般废旧物品收购业不作为特种行业管理。1987年，国务院针对书刊印刷混乱的状况，将印刷业列入特种行业管理。1994年，公安部发布的《废旧金属收购业治安管理办法》把生产性废旧金属和非生产性废旧金属都纳入了特种行业治安管理的范围。1995年，公安部《典当业治安管理办法》将典当业纳入了特种行业治安管理的范围。1999年，公安部制定和发布了《关于机动车修理业、报废机动车回收业治安管理办法》，将机动车修理等相关行业纳入了特别治安管理。

随着社会分工的细化及时代的发展，不少以前闻所未闻的新行业应运而生，在给人们生活带来方便的同时，也给社会治安管理增加了难度。目前北京、沈阳等城市将开锁业纳入公安机关特种行业管理之中。

除了新增许多新兴行业外，原来列管的特种行业结构本身也有很大变化。旧货业逐步形成了一些门类繁多的规模化、专业化市场和行业，如旧手机市场、旧机动车市场及各种收藏品交易市场等。这些市场和行业的兴起在方便群众的生产、生活方面发挥着不可替代的作用，但是一些违法犯罪分子也开始利用这些市场、行业经营活动中的管理漏洞，将其作为销赃渠道大肆进行违法犯罪活动。

随着行政审批制度改革的实施，一些原本属于特种行业管理范围的行业取消了前置审批条件。如2004年8月23～28日召开的第十届全国人大常委会第十一次会议审议并通过的《全国人民代表大会常务委员会关于修改〈中华人民共和国拍卖法〉的决定》，删除了《拍卖法》（1996年）第5条第3款"公安机关对拍卖业按照特种行业实施治安管理"和第12条第5项"有公安机关颁发的特种行业许可证"，这意味着拍卖业将不再是特种行业中的一员。

**（二）全国性特种行业**

全国性特种行业分为两类，一类是需要公安机关行政许可的特种行业。随着行政审批制度的改革，国家取消了大部分行业场所的前置审批，目前，保留行政许可的特种行业只有旅馆业、印章业、典当业三种，开办这三个行业需要获得公安机关的许可，办理《特种行业许可证》，领取《营业执照》后方准经营。另一类是不需要公安机关行政许可，但在开业后需到公安机关备案登记，这类特种行业主要有：生产性废旧金属收购业、印刷业、机动车维修业、报废机动车回收（拆解）业。

**（三）地方性特种行业**

为了促进特种行业的发展，维护社会治安秩序，保障公民、法人和其他组织的合法权益，各地区可根据本区域的经济、治安状况，将与社会治安关系密切的社会服务业，通过立法的方式纳入特种行业治安管理的范围。例如，开锁业、按摩、棋牌、拍卖、旧货、机动车修理、金银饰品收购置换、二手手机、汽车租赁、3D打印等行业。

**特别强调**

对符合相关标准的行业进行特种行业管理所遵循的原则是"需要和可能"，即既要有管理的必要，还要有能够管理的可能性。不能将所有的行业都纳入特种行业的范围之内，因为有限的警力不可能完成如此繁重的任务，而且对并不符合特种行业管理标准的行业实施管理也没有必要。究竟何种行业应当列入治安部门特种行业管理的范围，很难对此进行量化的具体规定。目前我们划归特种行业管理的依据是："容易被不法分子利用，容易发生治安灾害事故的行业"。

### 三、特种行业突出的治安问题

**【资料7-1】**

据《史记》记载，有人告发商鞅欲谋反，国君派官吏捕捉商鞅，商鞅逃到边关，打算投宿一家旅馆，店主不知道来者是商鞅。他对商鞅说，"商君之法，留宿客人不查验凭证，店主与客人同罪"，故店主拒绝了不明身份的商鞅住店。从该案中我们可以得知，春秋战国时期，统治者就以法律的形式，通过控制旅馆等方法，从而维护社会秩序。

我国元朝，旅馆业的规章制度就更具体和完善，当时规定："无官方通行凭证，旅馆不得留宿旅客；天黑之后，逐一点名登记客人，记录姓名、职业、来去方向并盖印；不准接待单身客人，以防留宿盗贼或逃犯；不得嫖宿，否则一并治罪，店主必须为旅客保管财物，如有损失如数赔偿；边远僻静处，并'店设弓手'，保证旅客安全。"

清末，统治者颁布的《违警律》规定："旅客不将投宿人姓名、住址及职业呈报者，处五月以下，一月之上之拘役，或五元以下，一角以上罚金。""于六月以内违反本规定三次以上者，警备责令停业十天，屡教不改的则责令其歇业。"

20世纪20年代，国民党政府制定的《违警罚法》规定：旅馆、会馆或其他住宿处所之主人或管理人，确知投宿人有重大嫌疑的，不密报官署者，处七日以下拘留或五十元以下罚款，并得停止营业或勒令歇业。旅店不将投宿人姓名、年龄、籍贯、住址、职业以及来往地址登记者，处三十元以下罚款。在旅客有影响社会治安的重大犯罪活动，并可以预防的情况下，旅店经营者知情而不举报的，警方将加重处罚。

各个历史时期的统治者都以法律的形式，通过管理、控制旅馆业，来维护社会秩序。

**【问题思考】**

1. 历代王朝的管理者对旅馆业等特种行业的管理方法和手段对于当今特种行业管理有无借鉴意义？

2. 我们应该如何科学地借鉴、继承历代管理者的特种行业管理经验？

**（一）特种行业业主安全管理意识淡薄**

根据社会治安"谁主管、谁负责"的原则，对特种行业的治安管理应由公安机关、经营业主和从业人员共同承担。但长期以来，公安机关对特种行业治安管理采取"以我为主"的指导思想，对管理过程中出现的不规范经营，急于采取行政手段介入干预，导致行业业主在行业场所中的参与度低，管理职责无从体现，行业自律机制不健全，自我管理、自我约束力功能得不到有效的发挥。

**（二）从业人员易发生违法犯罪行为**

行政审批改革后，特种行业的从业人员法律意识淡薄，对治安管理产生了误解。他们认为，既然取消了公安前置行政审批，行业的开业无须经过公安机关的审查和办理有关证件，其经营活动当然不受公安机关的管理。特别是在不法利益驱动下，特种行业从业人员容易铤而走险，使特种行业出现许多违法犯罪的现象，表现在：一是不办理经营手续，擅自经营；二是营业执照过期或私自转让，涂改经营内容，超范围经营；三是在经营上违反有关治安管理法规，不遵守有关管理制度；四是片面追求经济效益，从事违法犯罪活动。例如，取消审批后，很多废旧金属收购站既不到公安机关备案，也不参加公安机关组织的培训，收购时既不登记，也不问货物来源，明知是赃物照收不误；有的旅馆业为了招揽顾客，容留卖淫妇女，指使服务员卖淫等。从业人员为牟取利益铤而走险，一定程度上为违法犯罪分子打开了方便之门，刺激了违法犯罪分子作案的疯狂性和连续性，使特种行业成为藏污纳垢之处。

（三）特种行业内部安全设施较薄弱

取消行政审批后，特种行业数量急剧上升，容易出现质量下降的现象，行业内的一些有关硬件设施的规定，如消防安全措施等无法有效落实。有些特种行业对房屋结构、装潢等硬件设施有特殊的要求，以往通过审批途径，在施工或设计时就进行审核把关，硬件设施不合格就无法开业，一定程度上保障了行业内部安全。但审批改革之后，这些硬件设施出现的问题就只能在事后检查中发现，给整改带来了很大的难度。

### 四、特种行业管理的原则

（一）规范管理

公安机关对特种行业的审批备案、日常动态监管、摸底调查、健全档案簿册、落实行业治安管理制度与措施等治安管理工作制度化，使特种行业执法规范化与管理工作规范化。用法律和制度规范经营者的经营行为，落实经营者的治安管理责任。

（二）精确打击

治安部门在特种行业管理过程中，应以收集特种行业治安情报信息为支撑，通过加强特种行业管理，充分运用侦查措施和现代科技装备，收集、固定和准确运用证据，以最低的成本达到成功打击特种行业中出现的各种犯罪。构建以信息为主导、以高效化为目标、以专业化为前提、以科技化为支撑的工作模式，实现预防、发现、打击特种行业内违法犯罪活动的目标，保障特种行业健康有序发展。

（三）文明执法

特种行业管理过程中，公安机关应正确、合法、合理、及时地执行有关特种行业管理的法律、法规与规范性文件。执法过程中做到"以人为本"，依法保障行业经营者的合法权益，做到依法办事与公平、公正、文明执法；严格遵守职业道德，遵纪守法，讲究方式方法，坚持廉洁、高效、文明执勤，真正体现"立警为公、执法为民"的宗旨。

（四）服务发展

公安机关对特种行业的治安管理要抓住"维护社会治安，服务经济建设"这个中心，树立"管理就是服务"的观念，寓管理于服务之中；按照公安行政管理"简便手续、公开规则、规范程序、科学操作"的要求，改进工作作风，提高服务水平，以依法管理、规范管理为手段，为特种行业的正当经营活动创造安定、良好的治安环境。

# 项目二　旅馆业治安管理

## 一、旅馆业的含义和范围

旅馆业治安管理是特种行业治安管理中最复杂、最繁重的一项管理，我国实施改革开放以来，经济活跃、交往频繁，出现了人财物的大流动，促进和推动了旅馆业的快速发展。旅馆业的发展一方面促进了经济的发展，另一方面也愈来愈成为犯罪分子藏身的落脚点和侵害的目标，一些在逃犯、通缉犯等不法分子经常利用旅馆客房的封闭性等特点，混迹于旅客之中，栖身、藏匿于旅馆之内，并寻找侵害对象，伺机作案，这不仅对旅馆的安全构成潜在的危险，而且直接威胁到广大旅客的财物和生命安全。为保障旅馆业的正常经营和旅客的生命财产安全，加强旅馆业的治安管理工作，有效预防、控制和打击违法犯罪活动十分必要。

旅馆业是指为旅客提供住宿条件以及餐饮等多种综合性服务项目的行业。根据《旅馆业治安管理办法》第2条规定，凡经营接待旅客住宿的旅馆、饭店、宾馆、招待所、客货栈、车马店、浴池等，不论是国营、集体经营，还是合伙经营、个体经营、中外合资、中外合作经营，不论是专营还是兼营，不论是常年经营，还是季节性经营，都属于特种行业管理中旅馆业的范畴。

## 二、旅馆业的治安特点

### 【案例 7-1】

2005年6月10日，广东汕头市潮南区的华南宾馆发生特大火灾，受灾面积2800平方米，烧毁43间房间，事故造成31人死亡、16人受伤。火灾的直接原因是电线短路引燃周围的可燃物。该宾馆建于1994年，共四层，其中二层为餐厅包厢与卡拉OK合用，三层、四层为客房，共84间。

据查，该宾馆1996年和2003年经两次室内装修，但经营者均未向公安消防部门申请建筑消防设计审核和验收，擅自施工并投入使用。2003年该宾馆重新装修后，也未依法向公安消防部门申报消防安全检查。该宾馆在设计、房间布局等方面存在重大安全隐患，通道狭窄弯曲，安全出口不足，建筑消防设施欠缺，建筑内部采用大量不合规范的材料，顶棚用易燃的三合板，消防疏散通道和安全出口不符合要求，未设置自动喷淋系统等建筑消防设施。由于种种安全隐患始终未根除，最终导致特大火灾，以31条年轻的生命为最终的代价。

### 【问题思考】

1. 旅馆业中容易发生哪些违法犯罪行为？

2. 在治安管理中，如果疏于对特种行业管理会有怎样的后果？

**特别强调**

旅馆业的治安管理由公安机关负责，旅馆业治安管理的法律依据有《旅馆业治安管理办法》《治安管理处罚法》《行政许可法》及国家或地方现行的有关旅馆业管理的法律法规，如《广东省旅馆业治安管理规定》已经 2006 年 7 月 4 日广东省人民政府第十届九十四次常务会议通过，自 2006 年 9 月 1 日起施行。

（一）旅馆业易发生盗窃、抢劫、诈骗等案件

旅馆业人员集中，成分复杂，流动性大，财、物集中，一旦旅馆治安管理存在漏洞或人员防范意识不强，旅客、旅馆两方面都可能被盗、被抢、被骗，旅馆从业人员、旅客、外来人员都有可能接触并作案，这都严重危害社会治安秩序。

（二）旅馆业易滋生卖淫、嫖娼、吸食毒品、赌博、传播淫秽物品等社会丑恶现象

旅馆业出现的社会丑恶现象往往内外勾结，形式隐蔽，参与人员复杂，旅馆从业人员、旅客、外来人员都有可能参与作案，治理、打击难度大。

（三）旅馆业易发生火灾、爆炸、中毒等治安灾害事故

旅馆人员集中，进出频繁，一些旅客甚至携带易燃、易爆等危险物品入住；一些旅馆经营者为了追求经济效益，不认真履行安全防范责任，在一定条件下就会引起爆炸、火灾、挤压伤亡、中毒等治安灾害事故。

（四）旅馆业容易被违法犯罪人员作为落脚隐身之处

旅馆业的特点决定了其常被通缉犯罪嫌疑人、在逃人员、流窜犯罪人员以及其他不法分子选为藏身落脚之地，这些人员利用旅馆验证登记中存在的漏洞，使用假证件在旅馆落足藏身。

### 三、旅馆业治安管理的基本方法

【案例 7-2】

王某在旅游景区内利用自己的住宅房配置一些古色古香的家具打着"某客栈"的旗号向游客出租床位。王某的"客栈"平时客源较少，经常处于歇业状态，旅游旺季时向游客出租床位。在公安机关整顿景区内无证"客栈"的经营活动时，发现该"客栈"既不符合旅馆业开办条件，也未取得公安机关核发的《特种行业许可证》。

【问题思考】

1. 申请开办旅馆应当履行哪些审批手续？

2. 申请开办旅馆时应具备哪些安全条件？

（一）严格履行审批程序

公安机关应按《旅馆业治安管理办法》及地方旅馆业治安管理的相关规定严格履行审批程序。

1. 开办旅馆，其房屋建筑、消防设备、出入口和通道等，必须符合我国《消防法》等有关规定，并且要具备必要的防盗安全设施；

2. 申请开办旅馆，应经主管部门审查批准，经当地公安机关签署意见，向工商行政管理部门申请登记，领取营业执照后，方准开业；

3. 经批准开业的旅馆，如有歇业、转业、合并、迁移、改变名称等情况，应当在工商行政管理部门办理变更登记后3日内，向当地的县、市公安局、公安分局备案。

**特别提醒**

申请经营旅馆业，应当向所在地县级以上公安机关申领特种行业许可证。公安机关自接到申请之日起20个工作日内作出决定，对具备条件的发给特种行业许可证，对不具备条件的退回材料并说明理由。申领旅馆业特种行业许可证须填写特种行业许可证申请表，应提供以下资料：①旅馆建筑物结构质量安全鉴定材料；②消防部门出具的消防安全验收合格材料；③房屋产权合法证明；属租赁房屋经营的，应当提供房屋租赁合同及房屋出租人产权登记合法手续；④经工商行政管理部门核准的旅馆名称；⑤旅馆法定代表人、经营管理人员情况资料；⑥安全技术防范设施安装情况资料；⑦旅馆业治安管理信息系统安装情况资料；⑧标明房号、服务台、消防设备、监控设备、出入通道等的平面图。

**（二）建立健全内部治安管理制度，依法查处违法行为**

1. 住宿验证登记制度。旅客住宿必须登记，登记工作要指定专人负责。登记时，应当查验旅客的身份证件，旅客应该按规定项目如实填写《住宿登记表》。

外国人和华侨、港澳台同胞，应当查验护照和有关证件，填写《临时住宿登记表》和《华侨港澳台同胞住宿登记表》。

已使用旅馆业治安管理信息系统对旅馆业进行数字化信息管理的地区，如广东省，则要求旅馆应当如实将旅客身份证件信息录入旅馆业治安管理信息系统，并在旅客入住后3小时内传送到旅馆行政区域内的公安机关。尚未建立旅馆业治安管理信息系统的旅馆，应将住宿登记表于当日送旅馆行政区域内公安机关。旅馆应当妥善保管住宿登记表册，保存期1年。

《治安管理处罚法》第56条第1款规定，旅馆业的工作人员对住宿的旅客不按规定登记姓名、身份证件种类和号码的，或者明知住宿的旅客将危险物质带入旅馆，不予制止的，处200元以上500元以下罚款。根据《反恐怖主义法》第86条的规定，旅馆业未按规定对住宿客户进行身份查验，或者对身份不明、拒绝身份查验的客户提供住宿服务的，由主管部门处10万元以上50万元以下罚款，并对其直接负责的主管人员和其他直接责任人员处10万元以下罚款。

2. 协查报告制度。旅馆业在经营活动过程中发现违法犯罪分子、形迹可疑人员，有义务及时向当地公安机关报告，不得知情不报或纵容、隐瞒、包庇，否则将追究相应的责任。旅馆从业人员应注意发现本旅馆的违法犯罪情况和可疑人员、可疑信息，并及时报告，熟记公安机关通缉、通报对象的特征条件，积极配合公安机关开展协查工作；旅馆负责人、从业人员应积极配合公安机关对旅馆开展治安检查；及时向公安机关报告旅馆发案、重大火灾事故、自然灾害事故或其他重大治安安全隐患情况。《治安管理处罚法》第56条第2款规定，旅馆业的工作人员明知住宿的旅客是犯罪嫌疑人员或者被公安机关通缉的人员，不向公安机关报告的，处200元以上500元以下罚款；情节严重的，处5日以下拘留，可以并处500元以下罚款。

3. 预防治安灾害事故制度。公安机关治安部门应会同消防部门做好旅馆火灾、爆炸等治安灾害事故的预防与查处工作。根据《消防法》规定，消防救援机构对机关、团体、企业、事业等单位遵守消防法律、法规的情况依法进行监督检查。公安派出所负责日常消防监督检查、开展消防宣传教育。消防救援机构在消防监督检查中发现火灾隐患的，应当通知旅馆业经营者立即采取措施消除隐患；不及时消除隐患可能严重威胁公共安全的，消防救援机构依照规定对危险部位或者场所采取临时查封措施。

4. 依法查处违法人员。公安机关及相关部门依据《旅馆业治安管理办法》《治安管理处罚法》《全国人民代表大会常务委员会关于严禁卖淫嫖娼的决定》等有关法律法规对违法人员进行查处。对旅馆中发生的有关治安方面的问题、从业人员报告的违法犯罪活动，民警应及时前去调查处理；对发生的刑事案件，要主动与刑侦部门配合。

（三）经常进行治安检查，适时布建治安耳目，建立旅馆的特种行业治安管理档案

公安机关应按要求，对旅馆业安全设施、安全措施及验证登记等管理制度是否落实进行全面的治安检查。发现隐患，责令其限期整改或停业，对不认真履行治安管理义务的，要依法予以处罚。对旅馆经营管理人员、服务人员、保安人员等从业人员要定期进行安全防范知识的培训，布建治安耳目，严密阵地控制。建立健全旅馆业治安检查登记制度，做好治安信息收集，充实和完善旅馆业的治安档案，建设治安数据库，做到底数清、信息准、更新快、情况明，为日常旅馆业治安管理工作提供可靠的资料档案依据。

**特别提醒**

未经公安机关许可而擅自经营旅馆业的应予以取缔。

公安机关人民警察对旅馆检查时应按规定着装持证检查、如实记录检查情况。不允许跨区域、多警种查办旅馆内的治安案件，不得利用职权向旅馆乱摊派、乱收费、乱处罚。

对旅馆内开设舞厅、音乐茶座等娱乐、服务场所的，公安机关应按2016年2月6日施行的《娱乐场所管理条例》依法进行治安管理。

# 项目三　印章业治安管理

**【资料7-2】**

2018年度，各地公安机关共破获制贩假印章、假公文、假证件"三假"刑事案件7502起，抓获违法犯罪嫌疑人8054人，成功侦破了天津"3·28"伪造国家机关证件案、河北石家庄"9·11"伪造国家机关证件案、江苏宿迁"10·14"伪造买卖国家机关证件印章案等一批跨区域广、涉案人员多、团伙专业性强、影响危害大的大要案件，有力震慑了此类违法犯罪活动，有效净化了社会治安环境。

## 一、印章业的含义

印章业，又称刻字业，是指使用机械、手工工艺、橡胶浇铸、照相制版或其他技术，对外经营刻制各种公章、戳记、钢印、名章等的行业。

印章包括公章和具有法律效力的个人名章。公章和具有法律效力的个人名章都明确纳入公安部门的管理范围。公章是指国家机关、人民团体、社会组织、企业单位、事业单位、个体工商户以及其他组织（以下简称"单位或者机构"）的法定名称章，单位或者机构冠以法定名称的内设机构章、分支机构章和合同、财务、发票、审验、报关等业务专用章。具有法律效力的个人名章是指单位或者机构的法定代表人、经营者、主要负责人以及财务负责人等人员用于非因私事务的个人名章。

规范印章业的法律依据包括：《国务院关于国家行政机关和企业、事业单位印章的规定》《民办非企业单位印章管理规定》《社会团体印章管理规定》《治安管理处罚法》《行政许可法》及国家或地方现行的有关刻字业管理的法律法规。

## 二、印章业的治安特点

**【案例7-3】**

某高校教师陈某与某地区电大分校签订《职业技术培训协议书》，约定陈某以"某广播电视大学某分校培训部"名义对外招生，并提供印章，每月收取管理费若干元。陈某打着"包分配工作，户口可迁入城市，获国家干部待遇"的旗号，大量收取考生的赞助费，但是学生毕业时不能兑现先前的承诺。学生最后将此事起诉到法院要求陈某赔偿他们的损失，但是陈某已经无处查找，法院最终判决电大分校赔偿200名学生被骗的赞助费和其他损失共计300万元。

**【问题思考】**

1. 以上案例中陈某收了钱，最后法院却判电大分校赔偿学生损失，是否有失公允？

2. 印章有哪些重要作用？

1. 违法人员以假骗假，以伪造的"合法"手续、证明文件、身份等，欺骗刻字业从业人员为其刻制所需印章。

2. 违法人员利用个人关系以重金拉拢，收买刻字业人员超越经营范围为其非法刻制印章。

3. 违法人员与刻字业少数内部职工勾结，共同违法犯罪。

### 三、印章业治安管理制度

**【案例 7-4】**

凌某为购置设备，一天夜里从县建行某储蓄所盗取可转让定期存单数张后，为伪造该储蓄所公章，他找到私人刻章店的张某，以刻一枚公章 1000 元、两枚私章 500 元的高价，获得一枚公章和两枚私章，成功制作了存单和证明书。凌某将这些存单和证明书抵押，从该县农业银行贷款数万元，购置车床、砂轮机等设备。后因经营不善无力偿还贷款，设备被公安机关扣留抵作贷款，法院以伪造证件、印章罪判处凌某有期徒刑 1 年零 6 个月，张某作为从犯也被追究刑事责任。

**【问题思考】**

1. 案例中张某为什么要被追究刑事责任？

2. 疏于对印章业的管理会产生哪些严重后果？

（一）开业审批制度

申请设立印章制作单位，在取得工商行政管理部门颁发的营业执照后，营业前应当向所在地县级人民政府公安机关申领印章制作许可证。未经审查，核准登记的单位和个人，一律不准从事刻制公章的业务。

公安机关对申请人提出的印章制作许可申请，受理或者不予受理均应当出具加盖公安机关专用印章和注明日期的书面凭证。受理申请后，对申请材料进行审查，并实地核查开办条件，于 20 个工作日以内作出决定。

（二）备案制度

印章制作单位在经营过程中的设立条件发生变更时，应当报县级人民政府公安机关备案后方可继续经营。印章制作单位名称、经营地址、法定代表人、经营者项目之一变更的，应当重新换领印章制作许可证。印章制作完成后的 24 小时以内，应当将印模信息和核验制作印章的证明材料、申请单位或者机构的基本信息，法定代表人、经营者、经办人的有效身份证件信息和联系方式，经办人的现场影像信息，印章制作信息报公安机关备案。

（三）核验材料、采集信息制度

凡持有《特种行业许可证》的公章刻制经营单位在承接公章刻制业务时，应当按照备案管理的有关要求，核验制作印章的证明材料，采集申请单位或者机构的基本信息，法定代表人、经营者、经办人的有效身份证件信息和联系方式，经办人的现场影像信息，印章制作信息。

### （四）交货、保管制度

委刻单位取货时要办理签字手续，取货人要持单位证明和本人身份证，在登记簿上签收，并注明件数。承制单位在交货时应严格把好关，仔细验证，在手续完备的条件下，才可以交货。印章应当由本单位工作人员在经营场所内制作，不得代加工、外加工；印章成品应当严格保管，不得留样仿制，印章废品应当由法定代表人、经营者或者主要负责人监督销毁，并登记造册。

### （五）印章制作单位的安全保卫责任制度

印章制作单位的法定代表人、经营者以及主要负责人是本单位的治安第一责任人，负责做好本单位的治安防范工作：

1. 教育从业人员自觉遵守国家法律、法规，定期开展业务培训；
2. 制定、落实各项治安管理制度和措施；
3. 监督从业人员严格核验印章证明材料，采集、备案信息；
4. 依法及时整改公安机关监督检查发现的治安隐患；
5. 及时向公安机关报告私制、伪造、变造、买卖印章等可疑情况、线索。

## 四、完善印章治安管理信息系统建设

2000 年 4 月 1 日公安部以公共安全行业强制性标准形式颁布实施《印章治安管理信息系统标准》。公安部按照"统一要求、统一标准、统一系统"原则，开展部、省两级印章治安管理信息系统建设、全国数据联网工作。部级印章信息系统全面汇集整合全国印章刻制业治安管理数据信息，具备综合查询、数据汇聚、统计分析等功能；省级印章信息系统具备备案管理、查询统计、便民服务等功能。2019 年，各地已完成省级印章信息系统建设工作，并稳步推进全国数据联网汇聚部级印章信息系统工作，已汇聚数据信息达到 1.14 亿余条。备案的基本信息可以在全国已开通的查询网站上查询，方便了群众鉴别印章真伪。下一步，公安部将进一步完善部省两级印章信息系统建设应用工作，确保数据信息实时全项汇聚，发挥出更大更好的效能。

# 项目四　典当业治安管理

## 一、典当业的发展历史

典当是指当户将其动产的财产权利作为当物质押或者将其房地产作为当物抵押给典当行，交付一定比例费用，取得当金，并在约定期限内支付当金利息、偿还当金、赎回当物的行为。当户与典当行之间通过质押、抵押借贷行为，形成了法律上的典当关系，即一种特殊的质押、抵押担保关系和一种特殊的债权债务关系，其特殊在于这种关系起止生灭于典当行，双方关系成立于"当"，解除于"赎"。典当行是这两种特殊关系成立与解除、发生与消灭的固定场所。

1987 年 12 月，成都华茂典当行开业，标志着我国实施改革开放以来典当行的恢复。此后，各地典当行如雨后春笋般复出，为中小企业尤其是私营企业及个人融资等提供了方便。与此同时，一些不法分子利用其销赃等的违法犯罪活动也正在凸显。

2005 年，商务部、公安部联合发布《典当管理办法》，对典当业的设立、变更、终止、经营范围、经营规则、监督管理、法律责任、安全制度等作出了具体规定。经营典当行，必须向县级以上地方人民政府公安机关申请核发《特种行业许可证》；典当行在经营过程中，应如实记录质押当物和当户的信息，并按照所在地县级公安机关的要求报送备查。

✍ **特别提醒**

根据《典当管理办法》规定，商务主管部门对典当业实施监督管理，公安机关对典当业进行治安管理。

### 二、典当业的治安特点

【案例 7-5】

2018 年 8 月 3 日，从江西到宁波打工的董某，因女友生病急需用钱，将以 1600 元买来的一部手机质押在某典当行，换取了期限为半个月的"当款"447 元。然而，8 月 17 日上午，当董某拿钱到这家典当行赎回手机时，发现典当行大门紧闭，与该店的朱某也无法联系上。无望之下，8 月 29 日，董某向工商管理所和公安派出所求助。

【问题思考】

1. 通过以上案例分析当前我国典当业的治安管理特点。

2. 如何对典当业进行科学有效的管理？

（一）非法经营或者变相经营典当业务，暗中从事高利贷活动

典当行的质押利息往往高出银行的几倍，有的甚至达到本金的 10%～30%，个别利息竟然高达 150%，这已符合高利贷的范畴。个别典当行经营者还向参赌人员放高利贷，为其提供赌资。这些典当行实际上已成为犯罪团伙及个人销赃的重要渠道。因违规典当行发放高利贷而引发的绑架、故意伤害等刑事案件也屡见不鲜。

（二）合法典当行违规经营，为销赃、洗钱等不法活动提供便利条件

典当业由于其经营内容及业务的特殊性，历来是不法分子销赃的重要处所。20 世纪 90 年代，我国典当业处于恢复时期，并逐步达到高峰，一些典当行存在销赃等违法犯罪活动是典当业中的主要治安问题，有的超范围经营，甚至开设地下钱庄，给当地

社会治安留下了诸多隐患。进入 21 世纪以来，典当行销赃问题仍然存在，在一些地方还比较突出。典当行销赃有以下特点：

1. 案犯销赃的价值高。当典当行经营者及从业人员发现当户所持证件、相关证明及当物来源有问题时，对当户的疑点视而不见，尽力压低当金，当物绝当后，从中牟取暴利。

2. 销赃对象固定。一些犯罪分子经常在一个或者几个关系密切并认为"可靠"的典当行中进行销赃，销赃手法隐蔽。

3. 单独与典当行交易，难以被发现。一些典当行经营者与销赃者交易后不开发票，不留痕迹，也不将获取的赃物公开处理，通过私下转卖牟取利益。这种不法经营方式因为隐蔽性较强，即便发现，处理时也有一定难度。

4. 赃物转移灵活。因一些犯罪分子到典当行销赃的物品往往重量较轻，携带方便，转卖也比较灵活。当公安机关人员发现线索时，赃物往往已被转卖。

（三）典当行成为诈骗、盗窃、抢劫等违法犯罪活动的侵害目标

近年来一些不法分子将典当行作为侵害的重要目标之一，实施侵财犯罪活动，值得引起典当经营者的高度警惕。

### 三、典当行治安管理的基本方法

**【案例 7-6】**

2016 年 11 月 23~25 日，南宁警方在全市范围内开展清理整治典当行业专项行动。南宁市涉及典当行业的铺面近 40 家，只有 22 家合法。那些没有办理合法手续的"黑当铺"，常常成为不法分子销赃的好去处。

24 日上午 11 时许，南宁市西乡塘分局治安大队的民警来到友爱路某"点当"金银加工部。看店人员说，该店主要加工金银首饰。但民警在柜台里发现的金银首饰和手表，还有一沓收据，上面记录了"典当"资料。民警告诉看店人员，从事典当行业需要有公安机关治安部门发放的《特种行业治安许可证》，该店属于违法经营。民警将店内涉及非法典当的首饰、手表、收据本等物品及相关人员一同带回做进一步调查。

**【问题思考】**

1. 从以上案例中，说明典当行治安管理过程中存在哪些问题？

2. 如何进一步加强典当行的治安管理？

（一）严格履行审批程序

申请人领取商务部门核发批准的《典当经营许可证》后，应当在 10 日内向所在地县级人民政府公安机关申请典当行《特种行业许可证》，并提供下列材料：①申请报告；②《典当经营许可证》及复印件；③法定代表人、个人股东和其他高级管理人员的简历及有效身份证件复印件；④法定代表人、个人股东和其他高级管理人员的户口

所在地县级人民政府公安机关出具的无故意犯罪记录证明；⑤典当行经营场所及保管库房平面图、建筑结构图；⑥录像设备、防护设施、保险箱（柜、库）及消防设施安装、设置位置分布图；⑦各项治安保卫、消防安全管理制度；⑧治安保卫组织或者治安保卫人员基本情况。

申请人所在地县级人民政府公安机关受理后应当在 10 日内将申请材料及初步审核结果报设区的市（地）级人民政府公安机关审核批准，设区的市（地）级人民政府公安机关应当在 10 日内审核批准完毕。设区的市（地）级人民政府公安机关直接受理的申请，应当在 20 日内审核批准完毕。经批准的，颁发《特种行业许可证》。

申请人领取《特种行业许可证》后，应当在 10 日内到工商行政管理机关申请登记注册，领取营业执照后，方可营业。申请人无正当理由未按照规定办理《特种行业许可证》及营业执照的，或者自核发营业执照之日起无正当理由超过 6 个月未营业，或者营业后自行停业连续达 6 个月以上的，省级商务主管部门、设区的市（地）级人民政府公安机关应当分别收回《典当经营许可证》《特种行业许可证》。

（二）指导监督典当行建立、健全安全制度

根据《典当管理办法》第 9 条规定，典当行应建立、健全以下安全制度：①收当、续当、赎当查验证件（照）制度；②当物查验、保管制度；③通缉协查核对制度；④可疑情况报告制度；⑤配备保安人员制度。

《治安管理处罚法》第 59 条规定，典当业工作人员承接典当的物品，不查验有关证明、不履行登记手续，或者明知是违法犯罪嫌疑人、赃物，不向公安机关报告的；违反国家规定，收购铁路、油田、供电、电信、矿山、水利、测量和城市公用设施等废旧专用器材的；收购公安机关通报寻查的赃物或者有赃物嫌疑的物品的；收购国家禁止收购的其他物品的，处 500 元以上 1000 元以下罚款；情节严重的，处 5 日以上 10 日以下拘留，并处 500 元以上 1000 元以下罚款。

（三）严格执行法律规定，禁收下列当物

典当行不得收当下列财物：①依法被查封、扣押或者已经被采取其他保全措施的财产；②赃物和来源不明的物品；③易燃、易爆、剧毒、放射性物品及其容器；④管制刀具，枪支、弹药，军、警用标志、制式服装和器械；⑤国家机关公文、印章及其管理的财物；⑥国家机关核发的除物权证书以外的证照及有效身份证件；⑦当户没有所有权或者未能依法取得处分权的财产；⑧法律、法规及国家有关规定禁止流通的自然资源或者其他财物。

典当业从业人员发现以上典当物品时，应当立即向公安机关报告有关情况。典当业违反法律规定，收当以上物品的，根据其情节的轻重，由公安机关责令改正，并处 2000 元以上 1 万元以下罚款；造成严重后果或者屡教不改的，处 5000 元以上 3 万元以下罚款；构成犯罪的，依法追究刑事责任。

（四）定期或不定期对典当行进行安全、治安检查

典当行房屋建筑和经营设施应当符合国家有关安全标准和消防管理规定，具备下列安全防范设施：①经营场所内设置录像设备（录像资料至少保存 2 个月）；②营业柜台设置防护设施；③设置符合安全要求的典当物品保管库房和保险箱（柜、库）；④设置报警装置；⑤门窗设置防护设施；⑥配备必要的消防设施及器材。

对典当行开展定期、不定期的安全、治安检查，健全完善事中、事后监管机制，严厉打击典当行的各类违法犯罪活动，提高典当行的防范能力。

# 项目五　其他特种行业治安管理

## 一、印刷业的治安管理

（一）印刷业的含义和管理范围

随着现代科学技术在印刷业中的应用，印刷、复印涉及的范围和内容日益广泛，情况日趋复杂。一些印刷企业见利忘义被犯罪分子利用，印刷、复制淫秽书刊、封建迷信物品、反动宣传资料，有的非法制作法定证件、有价证券、机密文件等，因此国家把印刷业纳入特种行业由公安机关进行特殊的治安管理。

以营利为目的专营或兼营印刷、复印各种出版物、包装装潢印刷品及其他印刷品的印刷经营活动的行业是公安机关对印刷业的管理范围。

《印刷业管理条例》《印刷品承印管理规定》《治安管理处罚法》及国家或地方现行的有关印刷业治安管理的法律法规是印刷业治安管理过程中的法律依据。

《印刷品承印管理规定》第 5 条规定："县级以上地方人民政府负责出版管理的行政部门（以下简称出版行政部门）、公安部门指导本行政区域内印刷业经营者建立各项管理制度，并负责监督检查印刷业经营者各项管理制度的实施情况。"

（二）印刷业的治安特点

【案例 7-7】

某开发区组织新闻出版管理办公室、公安、工商、质检、"扫黄"办等部门联合对辖区印刷企业开展专项整治工作。发现某印刷有限公司"六项制度"不健全并违规印刷《某港湾》非法内部资料性出版物，执法部门下达了限期整改通知书，并按照有关规定分别给予 8000 余元、1 万余元的罚款处理。

【问题思考】

1. 案例中的"六项制度"不健全指的是哪些管理制度？

2. 怎样才能对印刷业进行有效治安管理，即管好不管死？

印刷业存在以下治安特点：

1. 违反规定擅自设立印刷企业或者从事印刷经营活动的现象较为突出；

2. 印刷业内制假、贩假等违法犯罪活动较为突出；

3. 印刷、复制淫秽书刊、封建迷信物品、反动宣传资料等违法犯罪活动较为突出；

4. 印刷、复制国家机密文件、科技情报和企业商业秘密资料，严重失、泄、窃密的违法行为较为突出。

（三）印刷业治安管理的基本方法

1. 建立印刷业的特种行业治安管理档案。印刷业治安管理档案是公安机关管理印刷业的基础，公安机关应结合印刷业的特点，做好治安信息收集，建设治安管理档案信息数据库，为日常印刷业治安管理工作提供可靠的资料档案依据。

2. 建立治保组织，加强从业人员的安全教育培训。公安机关要指导印刷企业建立保卫或保安、治保组织，指导他们做好本企业各项治安保卫工作。在印刷业的重要岗位布建治安耳目，及时掌握各类信息。对印刷业从业人员应进行定期和不定期的法制教育和业务培训，增强其法律意识和预防、发现、控制违法犯罪分子的能力；加强从业人员的消防安全教育，减少火灾等治安灾害事故的发生。

3. 指导建立健全安全管理制度。

（1）承印验证制度。印刷业经营者接受委托印刷各种印刷品时，应当依照《印刷业管理条例》等法规、规章的规定，验证委印单位及委印人的证明文件，收存相应的复印件备查。

（2）承印登记制度。印刷业经营者对承印的印刷品，应进行登记，写明委托印刷单位及委印人的名称、姓名、住址，经手人的姓名、身份证号码和联系电话，委托印刷的印刷品的名称、数量、交货日期等。

（3）印刷品保管制度。印刷业经营者对承印印件的原稿（或电子文档）、校样、印版、底片、半成品、成品及印刷品的样本应当妥善保管，不得损毁。

（4）印刷品交付制度。印刷业经营者每完成一种印刷品的印刷业务后，应当认真清点印刷品数量，登记台账，并根据合同的规定将印刷成品、原稿（或电子文档）、底片、印版、校样等全部交付委托印刷单位或者个人，不得擅自留存。

（5）印刷活动残次品销毁制度。对印刷活动中产生的残次品，应当按实际数量登记造册，对不能修复并履行交付的，应当予以销毁，属于国家秘密载体或者特种印刷品的，应当根据国家有关规定及时销毁。

（6）情况报告制度。印刷业经营者在印刷经营活动中发现违法犯罪行为，应及时向所在地公安部门、出版行政部门报告等。

4. 经常进行治安检查。检查印刷业各项安全管理制度是否健全，是否按要求进行经营活动，是否存在非法出版，是否涉及反动、淫秽、封建迷信等内容；检查安全保卫、消防设施是否齐全，制度是否健全。通过检查，发现有违法违规行为应依法给予处罚和责令限期整改。

5. 密切联系有关部门，齐抓共管。公安机关应积极与新闻出版、工商等有关职能部门建立协作网络，充分履行各自职能，努力实现印刷业治安问题的综合治理。

6. 依法处罚各种违法行为。公安机关应加大对印刷业日常的清理整顿力度，按照《印刷业管理条例》《治安管理处罚法》《刑法》等法律、法规的规定严肃查处违法违规行为。公安机关在印刷业治安管理工作中应积极发挥行业自身的主观能动性，建立印刷业治安管理协会，建立与完善监督制约机制，实现行业自我管理和自我监督。

### 二、废旧金属收购业的治安管理

#### （一）废旧金属收购的含义

生产性废旧金属是指用于建筑、铁路、通信、电力、水利、油田、国防及其他领域，并已失去原有使用价值的金属材料和金属制品，包括废钢铁、废合金钢、废有色金属、废稀贵金属等。非生产性废旧金属是指城乡居民及企、事业单位用于生活资料和农村居民用于农业生产的小型农具，已失去原有的使用价值后的金属制品。生产性废旧金属的收购按国务院有关规定由有权经营的生产性废旧金属再生资源回收企业收购，非生产性废旧金属回收由非生产性废旧金属的再生资源回收经营者收购，非生活性废旧金属收购企业不得收购生产性废旧金属。

#### （二）废旧金属收购业的治安特点

**【案例 7-8】**

1. 某市在开展打击盗窃、破坏电力设备等涉电犯罪专项行动中发现，一家废旧金属收购站点于 2010 年 4~8 月收购铝线 1000 多公斤，该站点经营者所出示的出售人员的 38 张居民身份证号码没有一个号码是真实的，以致公安机关无法确定收购铝线的真实来源。

2. 2011 年 2 月 3 日晚，广西某县农民石某（男，23 岁）与张某（男，45 岁）盗窃了西北电力建设第一工程公司广西分公司留守处仓库中的放射源材料并误以为是废铁球（体积有足球大小）。石某连夜将该物品及盗窃的一扇铁门卖给了废品回收人员杨某，20 公斤的废铁球和铁门共得赃款 160 元。

**【问题思考】**

1. 通过以上案例总结我国废旧金属收购业存在怎样的特点？

2. 如何对废旧金属收购业进行科学有效的管理？

1. 非法从事废旧物资收购的活动突出。近年来，我国废旧金属收购业发展迅猛，一方面，它促进了再生资源的利用，解决了部分人员的就业等问题；另一方面，也不可避免地带来一些新情况、新问题，特别是国家取消公安机关对申请经营废旧金属收购业务的许可制度之后，废旧金属收购业因无序发展，收赃、销赃等违法犯罪活动比较严重，从某种程度上诱发了以铁路、电力、通信、油田、城市共用设施等以及工业原材料为目标的盗窃案件的发生。

2. 违法收购行为普遍存在。部分废旧经营者不按照国家的有关规定经营，既不查验出售废旧金属人员的相关身份证件及有效证明，也不记录出售人的姓名住址、身份证号码以及收购物品的名称及数量、规格等，甚至没有登记台账，违法违规经营问题相当普遍。一些收购站点违法收购铁路、电力、通信、油田、城市公用设施等国家明令禁止的物品，还有个别收购站点经营者及个人因无知收购盗窃来的放射性物品。

一些收购站点经营者为了争夺收购权，招募社会闲散人员，以设卡堵厂、拦车打砸等非法手段，阻止其他同行与本地的工厂进行废旧物资的购销活动；个别地方的一些黑恶势力为了获取高额利润，甚至以参股、充当保护伞等手段向废旧金属收购行业进行渗透。

3. 存在收赃、销赃、窝赃等违法犯罪活动，诱发盗窃工业设施、原料等案件发生。由于从事废旧金属收购业务的成本低，且利润可观，经营者之间竞争进一步加剧，部分废品收购经营者置国家法律、法规于不顾，大肆收赃、销赃，小到电线电缆，大到家电、机动车，甚至出现少数废品收购站点与不法分子相互勾结，收赃、销赃，从中渔利。

（三）废旧金属收购业治安管理制度

1. 建立废旧金属收购业的特种行业治安管理档案制度。废旧金属收购业治安管理档案是公安机关重要的情报源，公安机关应结合废旧金属收购业的特点，对废旧金属收购业的开业备案情况、从业人员情况、企业的地址与联系方式情况、布建治安耳目情况等治安管理工作中形成材料进行归档，做到逐户立卷、分类存放、专人管理。

2. 指导建立健全治安管理基本制度。

（1）备案制度。公安机关对废旧金属收购业实行备案制度，收购生产性废旧金属企业和收购非生产性废旧金属企业和个体工商户，领取营业执照后，15日内向公安机关备案。

（2）专点收购制度。专点收购是指生产性废旧金属只能由有权经营生产性废旧金属收购业的企业收购，收购废旧金属的其他企业和个体工商户只能收购非生产性废旧金属，不得收购生产性废旧金属。

（3）"禁设区"和"禁收"制度。在铁路、矿区、油田、港口、机场、施工工地、军事禁区和金属冶炼加工企业附近，不得设点收购废旧金属。收购废旧金属的企业和个体工商户不得收购下列金属物品：枪支、弹药和爆炸物品，剧毒、放射性物品及其容器，铁路、油田、通信、矿山、水利、测量和城市公用设施等专用器材以及公安机关通报寻查的赃物或者有赃物嫌疑的物品。

（4）登记和情况报告制度。收购废旧金属的企业在收购生产性废旧金属时，应当查验出售单位开具的证明，对出售单位的名称和经办人的姓名、身份证号以及物品名称、数量、规格、新旧程度等信息如实进行登记。发现有出售公安机关通报寻查的赃物或者有赃物嫌疑的物品，应当立即向公安机关报告。

3. 建立保卫或治保组织和治安耳目。在经营者和从业人员中建立治保组织，物色和布建治安耳目，扩大治安信息源，及时掌握废旧金属收购业动态，变被动为主动，精确打击，建立举报奖励制度等方式发动从业人员举报，增强阵地控制能力。

4. 加强从业人员的教育培训。通过对废旧金属收购业从业人员进行定期和不定期的法制教育和业务培训，增强其法律意识和预防、发现、控制违法犯罪分子的能力，不断提高他们依法经营、遵纪守法的自觉性。

5. 经常性的治安检查。公安机关根据本地实际情况，加强对废旧金属收购业的日常巡查，随时掌握废旧金属收购业的治安状况，避免漏管、失控，实现对废旧金属收购业的实时、动态管理。

对废旧金属收购业实行治安管理，要掌握其经营特点和规律，做到"加强管理、经常检查、善于总结、发现规律"。

### 三、开锁业的治安管理

**【案例 7-9】**

济南 6 月 9 日讯 不少市民曾遇到过钥匙丢了，进不了家门、开不了车锁的事。但随着开锁服务行业的繁荣，这种问题已经很容易解决。一个开锁师傅几秒钟就能打开牢不可破的门锁，确实是解了市民的燃眉之急。然而，在带给市民方便的同时，一些以开锁为由进行盗窃的案件也随之多了起来。

**【问题思考】**

1. 开锁业存在怎样的治安隐患？

2. 对开锁业应当开展怎样科学、有效的管理？

（一）开锁业的含义

开锁业是指经营专业人员对锁具（含门锁、汽车锁、保险柜锁等闭锁在标的物上的锁）进行技术操作，解除闭锁在标的物上锁具的闭锁状态及电子芯片钥匙的复制等业务的行业。

开锁技术和开锁工具若无序传播扩散，犯罪分子利用开锁技术进行违法犯罪，这将对社会治安稳定和公众生命财产安全造成严重危害。

（二）开锁业现状

目前，开锁业存在的治安问题主要有：未取得开锁经营执照违法从事开锁经营活动，在互联网和街头巷尾发布违规贩卖开锁工具、传授开锁技能等信息，未履行开锁服务的登记备案、持证上岗、验证登记等操作规程。

（三）开锁业治安管理制度

1. 登记备案制度。开锁业经营者应当自领取营业执照之日起 5 日内，到所属县（区、市）公安分局（分局）治安部门登记备案。

2. 持证上岗制度。作为一个合格的开锁匠，首先需取得资格证书，然后持证书到工商所或者工商局办理营业执照，有了资格证书和营业执照之后，再到公安部门申请上岗证。开锁从业人员必须持有公安机关发放的上岗证才能从事开锁业务。

3. 验证、登记制度。开锁从业人员为个人提供开锁服务，应当查验并登记委托开锁人的居民身份证等有效身份证件。开锁时应当有邻居、社区或者物业管理单位工作人员在场。开锁从业人员为单位提供开锁服务的，应当查验求助单位的有关证照及加盖公章的法定代表人委托书，并登记保存。开锁从业人员为委托开锁人开启各类机动车锁或配置机动车钥匙的，应当查验登记委托开锁人的居民身份证、行车证、驾驶证等有效证件，并复印留存。

开锁从业人员应当做好开锁全过程的记录，填写《开锁服务登记单》。《开锁服务登记单》应当注明开锁从业人员、当事人、见证人等的基本信息和联系方式，开锁的时间、详细地址以及房屋或者车辆等物品的牌号、特征等基本情况，经委托开锁人签字确认并保存 1 年以上。开锁信息录入治安管理信息系统并上传。

委托开锁人不能提供居民身份证、行车证、驾驶证等有效证件的，应当在辖区公安派出所民警的监督下实施开锁，并在开锁后查验、登记。

4. 安全检查制度。公安机关应定期和不定期对开锁业开展治安检查，检查的主要内容包括：开锁企业有无《营业执照》，是否及时办理登记备案、变更，实际经营地址与核准地址是否相符；是否对委托开锁人的身份证信息、开锁原因、开锁从业人员的身份信息、开锁时间、开锁地点等每次受理情况进行详细登记并及时录入治安管理信息系统；各项安全管理制度的落实情况；发现可疑情况是否及时报告公安机关等。

# 项目六　技能训练

## 治安案件查处

### 一、训练内容

1. 接报案件、规范填写《报警情况登记表》。

2. 审查报案材料，正确区分案件性质，规范填写《受案登记表》；对违反治安管理嫌疑人、被害人和证人进行询问并制作笔录；填写《治安管理处罚审批表》《公安行政处罚告知笔录》《公安行政处罚决定书》。

3. 对与案件有关的人员进行处理。

## 二、训练目的

通过训练，参训学生掌握发生在特种行业中的治安案件的特点及办理治安案件的各项法律程序、内容和步骤，学会填制各种相应的法律文书，开展模拟询问，以提高动手能力。

## 三、训练前的准备

1. 场地：模拟派出所或社区警务室。

2. 空白法律文书：《受案登记表》《公安行政处罚告知笔录》《公安行政处罚决定书》《传唤证》《治安管理处罚审批表》等。

## 四、训练方法与步骤

1. 学生分组、分工，以 8 人为一小组，分别扮演当事人、警察等不同角色；

2. 按照老师提供的案例进行报案，由办案人员填写《报警情况登记表》；

3. 应当受理案件的，填写《受案登记表》；

4. 对治安案件嫌疑人进行传唤训练，填写《传唤证》；

5. 对违反治安管理嫌疑人进行询问，制作《询问笔录》；

6. 由办案人员依法履行告知程序，制作《公安行政处罚告知笔录》；

7. 对违反治安管理的行为人作出处罚决定，制作《治安管理处罚审批表》《公安行政处罚决定书》。

## 五、考核方式及标准

（一）考核方式

1. 教师与还未轮到训练的学生一同观察训练小组的模拟调查过程；

2. 各个模拟训练小组完成相关法律文书的填写；

3. 通过彼此之间的观摩，学生互相交流指出优点与不足，总结训练心得体会；

4. 教师总结。

（二）考核标准

四级评分制：

优秀：能根据给定案例，合理分工组织报案、受案、调查询问并正确填写相关法律文书；选择正确的治安案件查处程序与方法，处罚准确、恰当，能分析出特种行业存在的治安问题。

良好：能根据给定案例，合理分工组织报案、受案、调查询问并正确填写相关法律文书；选择正确的治安案件查处程序与方法，处罚准确、恰当，基本能分析出特种行业存在的治安问题。

及格：能根据给定案例，分工组织报案、受案、调查询问并基本正确填写相关法律文书；选择正确的治安案件查处程序与方法，处罚准确、恰当，不能分析出特种行业存在的治安问题。

不及格：无法完成任何一项训练内容。

### 六、示范案例及相关文书制作

**【示范案例】**

12 岁的男孩军军（化名）拿着父母的黄金首饰与其三个朋友到某典当行，对工作人员刘某谎称在路上捡到重 19 克的黄金首饰要求典当。刘某明知军军是未成年人，不具备典当资格，却为其估价后支付了 2000 元当金，并教唆军军不要告诉他人在该典当行进行典当。次日，军军与朋友将当金挥霍一空。

5 月 15 日上午，军军的母亲发现放在家中的项链、耳环、戒指等黄金首饰不翼而飞，怀疑是儿子军军所为。经询问，军军向父母说出了实情。军军的父母立即带着孩子找到该典当行。工作人员刘某却矢口否认有此事。军军的父亲无奈报警。

**【训练问题】**

1. 接到军军父亲报案，作为接警民警你该怎样做？
2. 该依照怎样的法律处理典当行？该怎样处理当事人刘某？

**【训练提示】**

首先调查核实，刘某在收当过程中有无查验相关证明，有无履行登记手续，如果都没有，就是属于收购来历不明的典当物品。可以依据《治安管理处罚法》第 59 条的有关规定，对刘某处以拘留 10 日并罚款 1000 元的处罚。

12 岁的出当人不具备民事行为能力，这是最起码的常识。现行的《典当管理办法》规定，典当行应当查验当户提供的当物来源的相关证明，有关操作规程还要求当户签名，以确认其对典当物品拥有所有权或者被授权委托典当该物品。而刘某不仅违反最基本的职业道德，而且违反典当业管理的有关规定，擅自接收未成年人的当物。更为恶劣的是，刘某还教唆未成年人隐瞒真相，其违反治安管理的行为确实属于"情节严重"。

可以依法对刘某予以行政拘留，并处以罚款的处罚，符合治安管理处罚必须以事实为依据，与违反治安管理行为的性质、情节以及危害程度相当的原则。

**报警情况登记表**

年          公（          ）字          第          号

| 报警时间 | |
|---|---|
| 发生时间 | |

| 报警人姓名 | | 工作单位或住址 | | 电话 | |
|---|---|---|---|---|---|

| 接警人姓名 | | 联系电话 | |
|---|---|---|---|

| 报警类别 | □治安　□刑事　□事故　□救助　□其他 |
|---|---|

| 报警方式 | □口头报警　□执勤巡逻　□电话　□投案　□移送　□其他 |
|---|---|

| 报警情况： |
|---|
| |

| 处理意见 | □本部门处理　□移交其他部门处理　□其他情况 |
|---|---|

| 领导意见： |
|---|
| |

| 接收单位 | | 接收人 | | 接收时间 | |
|---|---|---|---|---|---|

注：1. 报警人签名，如报警人未在报警现场，由接警人签收。

2. 接警类别、报警方式按表中所列类别在□处打√。

市公安局　　　区分局
受 案 登 记 表

公　　　行受字〔20　　〕第　　　号

| 案　　由 | |
|---|---|
| 案件来源 | |
| 报案时间 | |
| 报案方式 | |

| 报案人 | 姓　　名 | | 性　别 | | 出生日期 | |
|---|---|---|---|---|---|---|
| | 现住址 | | | | | |
| | 工作单位 | | | 联系电话 | | |

接报人

简要案情：

| 受案意见 | |
|---|---|
| | 承办人： |
| 受案审批 | |
| | 办案部门负责人： |

注：一式二份，一份附卷，一份存根，办案人多人的，可加附页。

第　　页共　　页

## 询 问 笔 录

时间_____ 年___月___日___时___分至_____年___月___日___时___分

地　　点_____

询 问 人_____ 工 作 单 位_____

记 录 人_____ 工 作 单 位_____

被询问人_____性别_____ 出生日期_____ 文化程度_____

户籍所在地_____

现 住 址_____

工作单位　　_____

联系电话_____

问：我们是_____的工作人员，现依法向你询问_____

_____案的有关问题，请你如实回答。对与本案无关的问题，你有拒绝回

答的权利。你听清楚没有？

答：_____

_____

_____

_____

_____

_____

_____

_____

_____

_____

　　　　　　　　　　　　　　　　　　　　　　　　　　　　　　　　签 名：

（　　　　）问　笔　录

第　　页共　　页

_____审批表

公（　）审字［　　　］第　　号

| 案　　由 | | | 发案时间 | |
|---|---|---|---|---|
| 案 件 文 号 | | | | |
| 违法嫌疑人 | 姓　名 | | 性　别 | 民　族 |
| | 出 生 日 期 | | 文 化 程 度 | |
| | 身 份 证 件 种 类 及 号 码 | | | |
| | 现　住　址 | | | |
| | 户 籍 所 在 地 | | | |
| | 工 作 单 位 | | | |
| | 违 法 犯 罪 记　　录 | | | |
| 违法嫌疑 单　位 | 名　称 | | 法 定 代 表 人 | |
| | 地　址 | | | |
| 同案其他人 | | | | |
| 违法事实 及 证据 | | | | |
| 承办人 意　见 | | | | |
| | 承办人：　　　　　　　　年　月　日 | | | |

| 承办单位意见 | |
|---|---|
| | 负责人：　　　　　　　　年　　　月　　　日 |
| 审核部门意见 | |
| | 负责人：　　　　　　　　年　　　月　　　日 |
| 领导审批意见 | |
| | 领导：　　　　　　　　　年　　　月　　　日 |

**市公安局　　　　分局**

**公 安 行 政 处 罚 告 知 笔 录**

告知单位＿＿＿＿＿＿＿＿＿＿＿＿＿＿＿＿　告知人＿＿＿＿＿＿＿＿＿＿＿＿＿＿

被告知人＿＿＿＿＿＿＿＿＿＿＿＿＿＿＿＿＿＿＿＿＿＿＿＿＿＿＿＿＿＿＿＿＿

被告知单位名称＿＿＿＿＿＿＿＿＿＿＿＿　法定代表人＿＿＿＿＿＿＿＿＿＿＿＿

告知内容：

1. 根据《中华人民共和国行政处罚法》第三十一条规定，现将拟作出行政处罚决定的事实、理由、依据告知如下：

对上述告知事项，你（单位）有权进行陈述和申辩。

2. 拟作出的行政处罚：＿＿＿＿＿＿＿＿＿＿＿＿＿＿＿＿＿＿＿

对公安机关拟作出的上述行政处罚，根据《中华人民共和国行政处罚法》第四十二条规定，你（单位）有权要求听证。如果要求听证，你（单位）应在被告知后 3 日内向＿＿＿＿＿＿＿＿＿＿＿＿＿＿＿＿＿提出，逾期视为放弃听证。

问：对以上告知内容你听清楚了吗？

答：

问：对上述告知事项，你是否提出陈述和申辩？

答：

被告知人（签名）：

年　　　　月　　　　日

市公安局　　　分局

处　罚　决　定　书

编号：NO.

被处罚人：_____

性别_____出生日期_____法定代表人_____

身份证件种类及号码_____

现住址：_____

工作单位：_____

因_____

_____

根据_____第__条第____款第____项和_____

_____第____条第___款第_____规定，决定给予_____

_____的处罚。

履行方式：_____。

被处罚人如不服本决定，可以在收到本决定书之日起六十日内向_____市公安局或者____

_____区人民政府申请行政复议或者在三个月内依法向_____提起行政诉讼。

处罚地点：_____

办案人民警察：（签名或者盖章）_____

（处罚机关印章）

　　　　　　　　　　　　　　　　　　　年　　　月　　　日

被处罚人（签名）：

　　　　　　　　　　　　　　　　　　　年　　　月　　　日

注：一式两份，一份交被处罚人，一份交所属公安机关备案。

## 单 元 八

# 危险物品管理

### 知识目标

1. 了解危险物品的含义、性能和特点。

2. 理解枪支弹药和管制器具的管理范围和方法。

3. 掌握民用爆炸物品、剧毒化学品、放射性物品的管理范围和方法。

### 能力目标

1. 能按照法律规定准确认定危险物品管理的范围。

2. 能按照法律规定对枪支弹药和管制器具进行严格管理。

3. 能按照法律规定对民用爆炸物品进行严格管理。

4. 能按照法律规定对剧毒化学品进行严格管理。

5. 能按照法律规定对放射性物品进行严格管理。

### 知识结构图

$$
危险物品管理
\begin{cases}
危险物品管理概述
\begin{cases}
危险物品的含义 \\
危险物品管理的范围
\end{cases} \\
\\
枪支弹药管理
\begin{cases}
枪支弹药管理的含义 \\
公务用枪的配备 \\
民用枪支的配置 \\
枪支的制造和配售 \\
枪支的日常管理 \\
枪支运输的安全管理 \\
枪支的入境和出境管理
\end{cases}
\end{cases}
$$

```
        ┌ 管制刀具和弩管理 ┌ 管制刀具的管理
        │                 └ 弩的管理
        │                 ┌ 民用爆炸物品、民用爆炸物品管理的含义
        │ 民用爆炸物品管理 ┤ 民用爆炸物品的管理
        │                 └ 烟花爆竹的管理
        ┤ 剧毒化学品管理 ┌ 剧毒化学品、剧毒化学品管理的含义
        │               └ 剧毒化学品的管理
        │ 放射性物品管理 ┌ 放射性物品的含义
        │               └ 放射性物品的管理
        └ 技能训练
```

# 项目一　危险物品管理概述

## 一、危险物品的含义

### 【案例 8-1】

2010 年 6 月 22 日，公安部召开全国治安系统电视电话会议，对全国治安系统深入开展重点打击整治行动进行具体部署。公安部副部长黄明在会上强调，要认真贯彻落实全国社会治安综合治理工作会议和全国公安机关"2010 严打整治行动"动员部署电视电话会议精神，要深入开展危险物品安全与治爆缉枪专项整治斗争，严厉打击涉爆涉枪违法犯罪活动。坚持"严"字当头、突出重点、因地制宜，狠抓各项打击、整治、管控措施落实，为社会稳定、群众安居乐业提供良好的社会治安环境。

泗阳警方全面落实公安部关于对危险物品的安全管理工作精神，以安全监管和治安整治工作为抓手，努力营造安定有序的社会治安环境。在涉危物品管控工作中，该局把民用爆炸物品专项整治作为国庆安保工作的重中之重，切实加强对危险、民用爆炸物品以及枪支、管制刀具等危险物品的监管力度。通过整理编辑相关法律法规、规定，分类印制《国庆安保告知书》，逐家发放张贴，签订安全管理责任状，建立《50 家涉危、金融、重点单位要害部位国庆安保责任分解表》，向涉危单位宣传防范知识、落实监管责任；以"电子档案、跟踪监控、联席协作、考核奖罚"四项机制的"全程跟踪监督管理危险物品流向"模式，进一步抓好危险物品的"源头、流向、处置、责任"四个重要关口；同时，多次专门召开"全县涉爆单位负责人会议""全县宾馆酒楼、卡拉 OK 负责人会议"，签订责任状，强化专题培训，有效预防和减少不法事件的

发生。[1]

**【问题思考】**

1. 什么是危险物品，危险物品的种类有哪些？

2. 危险物品安全管理工作的意义是什么？

3. 危险物品管理应包括哪几个环节？

从法律的角度对危险物品界定：我国《安全生产法》在第七章附则中第112条规定：危险物品，是指易燃易爆物品、危险化学品、放射性物品等能够危及人身安全和财产安全的物品。根据《刑法》第136条，危险物品是指具有爆炸性、易燃性、放射性、毒害性、腐蚀性物品，在生产、储存、运输、使用等环节中，如管理不当，能够引起重大事故的发生，致人重伤、死亡或使公私财产遭受重大损失的物品。

从物质性质对危险物品界定：危险物品是指具有射穿性、爆炸性、燃烧性、毒害性、腐蚀性、放射性等性能，由于其化学、物理或者毒性特性，使其在生产、储存、装卸、运输、使用、销毁等过程中，容易导致火灾、爆炸或者中毒危险，可能引起人身伤亡、财产损害的物品。

广义上讲，是能够引起生命机体的重大损伤或死亡，造成物质财富损毁，导致人们心理恐惧，危害社会安宁，同时又是人类社会建设和发展中不可缺少的具有重要使用价值的物品。

通常讲，危险物品主要包括：枪支弹药、爆炸物品、危险化学品、毒害性物品、放射性物品等。危险物品的性能有多种多样的表现形式，其最集中、最基本的性能是具有严重的杀伤和破坏能力。主要性能表现为以下几种：射穿性、爆炸性、燃烧性、腐蚀性、麻醉性、窒息性、放射性。

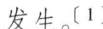 **特别提醒**

危险物品是社会建设中不可缺少的物资能源；危险物品具有利害两重性、严重破坏性、极不稳定性、较强隐蔽性等特点。

## 二、危险物品管理的范围

危险物品包括：①民用爆炸性物品，即用于非军事目的、列入民用爆炸物品品名表的各类火药、炸药及其制品和雷管、导火索等点火、起爆器材。民用爆炸物品品名表由国务院民用爆炸物品行业主管部门会同国务院公安部门制订、公布。一般包括雷管、导火线、导爆管、非电导爆系统等各种起爆器材，雷汞、雷银、三硝基间苯二酚铅等各种起爆药，硝基化合物类炸药、硝基胺类炸药、硝酸类炸药、高能混合炸药、爆破剂等各类炸药，以及烟火剂、民用信号弹、烟花爆竹等。②易燃性物品，如汽油、酒精、液化气、煤气、氢气、胶片以及其他易燃液体、易燃固体、自燃物品等。③放

---

[1]　案例来源：中国青年网，2010年6月23日。

射性物品，是指通过原子核裂变时放出的射线发生伤害作用的物质，如镭、铀、钴等放射性化学元素。④毒害性物品，如甲胺磷、磷化铝、砒霜、五氯酚、氯化钾、氰化钠、氧化乐果、敌敌畏、敌百虫等。⑤腐蚀性物品，如硫酸、盐酸、硝酸等。⑥枪支弹药，是指除军队、武警、民兵使用枪支以外的公务用枪、民用枪支等。⑦管制刀具。⑧弩。

由于危险物品本身所固有的高度危险性，在生产、储存、运输、使用过程中，一旦使用、管理不当，就可能发生重大事故，造成严重后果，危害公共安全。为了保障安全生产、储存、运输、使用上述危险物品，国家有关部门陆续颁发了一系列有关危险物品的管理规定，如《民用爆炸物品安全管理条例》《危险化学品安全管理条例》《枪支管理法》《公安机关公务用枪管理规定》《射击竞技体育运动枪支管理办法》《放射性污染防治法》《放射性物品运输安全管理条例》《烟花爆竹安全管理条例》等。上述危险物品管理规定，就危险物品的范围、种类以及其生产、储存、运输、使用的具体管理办法等都有着明确而具体的规定。

危险物品管理是指公安机关，为了维护社会秩序，保障公共安全，依法对危险物品实施的治安行政管理活动。危险物品管理的主体为公安机关，企事业各个部门及社会各界组织与群众在公安机关的领导和指导下，对危险物品实施安全管理。

危险物品管理的范围包括：枪支弹药；管制刀具；弩；民用爆炸物品；剧毒化学品；放射性物品。

危险物品具有利害两重性，一方面，它们是社会建设不可缺少的物资能源，其中的很大一部分已用于国防建设、经济建设和人民的日常生活，它们可以造福人类，如爆炸性物品广泛用于筑路、采矿、军工事业，易燃性物品多用于交通和能源方面，放射性物品可用于发电和医疗卫生事业，毒害性物品广泛用于农业、林业杀虫，腐蚀性物品是重要的化工原料。随着社会主义现代化建设事业的发展，危险物品的使用范围将更加广阔，用途也将更加多样。另一方面，由于危险物品本身所固有的危险属性，如在生产、储存、运输、使用中稍有不当，便极容易发生重大事故，损害不特定多数人的生命、健康和重大公私财产的安全。因此，《刑法》第136条规定，对于违反危害物品的管理规定，在生产、储存、运输、使用中发生重大事故，造成严重后果的行为，应依法追究法律责任。

# 项目二　枪支弹药管理

## 一、枪支弹药管理的含义

《枪支管理法》第46条中明确，本法所称枪支，是指以火药或者压缩气体等为动力，利用管状器具发射金属弹丸或者其他物质，足以致人伤亡或者丧失知觉的各种枪支。

所谓枪支、弹药，是指足以致人伤亡或使人丧失知觉的各种枪支及其子弹，包括军用手枪、步枪、冲锋枪和机枪，射击运动用的各种枪支，狩猎用的有膛线枪、散弹枪、火药枪，麻醉动物用的注射枪和能发射金属弹丸的气枪、特种防暴枪以及这些枪支所使用的子弹、催泪弹等。

枪支弹药是进攻和防御的武器，具有较强的杀伤力，可以在瞬息之间造成伤害，夺走人的生命。为了维护社会治安秩序，保障公共安全，预防和减少伤亡事故，防止违法人员利用枪支弹药进行违法犯罪活动，公安机关必须依照法律法规的规定，加强对枪支弹药的安全管理。

**【案例 8-2】**

嫌疑人周某，男，31 岁，江苏宜兴人，是个"枪支爱好者"，喜欢摆弄枪械，先后 2 次以考察的名义到境外参加狩猎活动。他通过网络低价买进猎枪，再高价转手卖给别人。他发现猎枪制造组件简单，成本才几百元，但是制成后贩卖，就能卖到上千元。在巨大利益的驱动下，周某决定自己制造猎枪。他借来双管猎枪，拆卸后绘制图纸，利用自己曾经在技术学校学过的机械制造等知识，研究猎枪的零部件，然后将所画的猎枪部件图纸分散到十多个加工店进行制造加工。自 2008 年 5 月以来，周某在"中国狩猎论坛"开设网店、建聊天群，发布枪支弹药销售信息，案发时已贩卖猎枪 57 支和一大批猎枪部件、猎枪弹组件。鉴于案情重大，涉及全国 30 多个省（区、市），公安部治安管理局成立专案组，组织指挥了一场从江苏"单兵突进"到全国 30 个省（区、市）"集团合围"的重大战役。在统一行动中，警方抓获周某等 5 名犯罪嫌疑人。警方不仅全部查清了周某贩卖枪支弹药案，而且还破获非法制造、买卖、持有枪支弹药团伙 4 个，捣毁制贩枪支弹药窝点 21 个，缴获气枪等枪支 590 支，及一批猎枪弹、火药和枪支部件、弹药组件、制枪制弹工具。

**【问题思考】**

1. 请思考制式枪支与自制枪支的区别。

2. 枪支管理的意义是什么？

3. 民用枪支管理应包括哪几个环节？

枪支弹药管理是指公安机关治安管理部门为了维护治安秩序，保障公共安全，依照法律规定对枪支弹药实施的治安行政管理活动。

根据我国《枪支管理法》规定，除中国人民解放军、中国人民武装警察部队和民兵装备的枪支，按国务院、中央军事委员会有关规定管理外，其他所有枪支都由公安机关负责管理。具体包括：公务用枪、民用枪支。

**特别提醒**

公务用枪，是指属于法定配枪范围内的国家机关、企业事业单位的工作人员因履行特定公务需要，经主管公安机关依法核准配备的枪支。目前配备的公务用枪有七类：手枪、冲锋枪、突击步枪、自动步枪、狙击步枪、防暴枪、班用机枪。

民用枪支，是指依法可以配置枪支的单位和个人，因工作或生产、生活需要而配置枪支，包括射击运动枪、猎枪、麻醉注射枪、火药枪等。

### 二、公务用枪的配备

《枪支管理法》和《公务用枪配备办法》对公务用枪的配备范围作了明确规定。根据"在依法履行职责时确有必要使用枪支的，可以配备公务用枪"的配备原则，结合有关机关具体岗位的工作性质和任务特点，确定下列范围的人员可以配备公务用枪：

（一）人民警察

1. 各级公安机关以及铁路、民航、港航和林区公安机关的政保、经保、治安、刑侦、警卫、预审、技侦、文保、森保、缉毒、巡警队、乘警队、防暴队、交警公路巡逻队、看守所、拘留所、派出所、治安检查站、出入境边防检查站等部门的人民警察。

2. 各级国家安全机关的侦查、拘留、逮捕、预审、羁押、看守所、拘留所以及边境口岸站所等部门的人民警察。

3. 各级监狱以及监督和劳动教养场所的狱政、狱侦、管理教育和警戒保卫等部门的人民警察。

4. 各级人民法院、人民检察院以及各专门法院、专门检察院的司法警察。

（二）检察官

地方各级人民检察院和专门检察院的刑事检察、反贪污贿赂检察、法纪检察、监所检察等部门负责案件侦查任务的检察官。

（三）沿海、沿边地区海关的缉私人员

为了维护国家利益，沿海、沿边地区的海关缉私人员根据工作需要和实际情况也可配备枪支。

（四）专职守护、押运人员

1. 军工系统下列单位的守护、押运人员：国防武器装备生产、科研、储存单位的保卫部门和守护、押运队；国家核原料等重要资源勘探单位的保卫部门和守护、押运队；国防和民用核设施以及核材料生产、储存、科研单位的保卫部门和守护、押运队。

2. 金融系统下列单位的守护、押运人员：中国人民银行、国家政策性银行、商业银行以及保险、邮政储蓄汇兑等重要金融单位所属县级以上机构的专用运钞车和金库的守护、押运岗位；中国农业银行、农村信用合作社所属的乡（镇）金融机构的专用运钞车和金库的守护、押运岗位。

3. 国家重要仓储系统下列单位的守护、押运人员：火（炸）药生产厂及大量储存使用单位的保卫部门和库区警卫岗位；1 万立方米以上燃料储存单位的保卫部门和库区警卫岗位；剧毒物品生产及大量储存使用单位的保卫部门和库区警卫岗位；1000 吨以上其他危险品储存使用单位的保卫部门和库区警卫岗位；国家稀有、贵重金属储存使用单位的保卫部门和库区警卫岗位；国有金矿黄金储存库的保卫部门和库区警卫岗位；边远地区国家地质勘探、科研单位的保卫部门；国家海洋局系统所属调查船、考察船、中国海监船以及机要通讯部门和武器库的警卫岗位。

4. 大型水利、电力、通讯工程单位的守护人员：大型水库、水闸、大坝以及大、中城市主要供水工程的保卫部门；20 万千瓦以上的火（水）力电厂，重要电力网枢纽变电站、调度中心站的保卫部门；省级以上重要的通信枢纽站（场）的保卫部门。

5. 机要交通系统下列单位的守护、押运人员：中共中央办公厅机要交通局和省、自治区、直辖市及计划单列市机要交通处以及地、市级机要交通站的保卫部门。

6. 经省、自治区、直辖市人民政府公安机关批准，提供武装守护、押运服务的保安服务公司专职守护、押运人员。

**特别提醒**

配备公务用枪时，由公安部或省级人民政府公安机关核发公务用枪持枪证件。具体的配备根据配枪岗位的工作性质、特点和实战需要，结合不同枪种的性能确定。对配备杀伤力较小的枪种可以满足需要的，不配备杀伤力较大的枪种。执行守护、押运任务的专职守护、押运人员以配备防暴枪等长枪为主。

公务用枪既要严格控制数量，又要保证工作需要，应当尽量减少机关配枪数量，保证基层一线岗位的需要。各用枪岗位按照规定配备后，允许地、市级以上的人民政府公安机关、国家安全机关和监狱储备合理数量的机动枪，以调剂其下属单位可能出现的枪支短缺和满足执行紧急任务、处置突发事件的需要。公安、国家安全、司法行政、人民法院、人民检察院以及海关缉私系统的教学、科研和鉴定机构，可以配置少量教学、科研、鉴定工作所需教学用枪和样品枪，具体数量由国务院公安部门确定。

### 三、民用枪支的配置

《枪支管理法》和相关的法律法规对民用枪支的配置范围作出了明确规定。

经省级人民政府体育行政主管部门批准专门从事射击竞技体育运动的单位、经省级人民政府公安机关批准的营业性射击场，可以配置射击运动枪支；经省级以上人民政府林业行政主管部门批准的狩猎场，可以配置猎枪；野生动物保护、饲养、科研单位因业务需要，可以配置猎枪、麻醉注射枪。猎民在猎区、牧民在牧区，可以申请配置猎枪。

**特别提醒**

配置民用枪支的单位和人员，向当地公安派出所提出申请后，由派出所按照上述配置民用枪支的规定和准予配置民用枪人员的条件进行严格的审核、审查，符合配置民用枪支的，填写《民用枪持枪证申请审批表》，逐级上报地、市级公安机关审批核发《民用枪支持枪证》，并向省级公安机关备案。

### 四、枪支的制造和配售

国家对枪支的制造、配售实行特别许可制度。未经许可，任何单位或者个人不得制造、销售、购买枪支。

**【案例 8-3】**

2011 年 11 月 25 日，东莞谢岗警方联合黄江、企石、樟木头等公安部门打掉了一个以单某立为首的特大制贩枪支弹药犯罪团伙，捣毁地下制造枪支弹药窝点 1 个，抓获涉枪犯罪嫌疑人 11 名，缴获仿制枪支 116 把，半成品枪支 9 把，子弹 210 发，气枪铅弹 1092 发，手枪和雷明登猎枪零部件共 2930 件，制造枪支弹药的机械 5 台及弹头、弹壳、底火、火药等原材料一大批。

据了解，目前东莞市第三人民检察院已对全体疑犯提起公诉，案件将于近期进行审判。[1]

**【问题思考】**

个人可否拥有枪支？可否拥有仿真枪？

**（一）民用枪支的制造**

制造民用枪支的企业，由国务院有关主管部门提出，由国务院公安部门确定，核发有效期为 3 年的民用枪支制造许可证，有效期届满，需要继续制造民用枪支的，应当重新申请领取许可证。民用枪支的研制和定型，由国务院有关主管部门会同国务院公安部门组织实施。

制造民用枪支的企业不得超过限额制造民用枪支，所制造的民用枪支必须全部交由指定的民用枪支配售企业配售，不得自行销售。

制造民用枪支的企业必须严格按照国家规定的技术标准制造民用枪支，不得改变民用枪支的性能和结构；必须在民用枪支指定的部位铸印制造厂的厂名、枪种代码和公安部统一编制的枪支序号，不得制造无号、重号、假号的民用枪支。

制造民用枪支的企业必须实行封闭式管理，采取必要的安全保卫措施防止枪支、零件的丢失；要按规定建立枪支制造账册，必要时，公安机关可以派专人驻厂对制造企业进行监督、检查。

**（二）民用枪支的配售**

配售民用枪支的企业，由省级人民政府公安机关确定，核发有效期为 3 年的民用

---

[1] 案例来源：新浪网新闻中心，2011 年 8 月 2 日。

枪支配售许可证。有效期届满，需要继续配售民用枪支的，应当重新申请领取许可证件。

配售民用枪支，必须核对配购证件，严格按照配购证件载明的品种、型号和数量配售；配售弹药，必须核对持枪证件。民用枪支配售企业必须按照国务院公安部门的规定建立配售账册，长期保管备查。

公安机关对制造、配售民用枪支的企业制造、配售、储存和账册登记等情况，必须进行定期检查；必要时，可以派专人驻销售企业进行监督、检查。

**特别提醒**

禁止制造、销售仿真枪。

### 五、枪支的日常管理

（一）公务用枪的安全使用

使用枪支的人员，必须经过专门培训，掌握枪支的性能，遵守使用枪支的有关规定，保证枪支的合法、安全使用；携带枪支必须同时携带持枪证件，未携带持枪证件的，由公安机关扣留该枪支；不得在禁止携带枪支的区域、场所携带枪支；枪支被盗、被抢或丢失的，立即报告公安机关；配备公务用枪的人员不再符合持枪条件时，由所在单位收回枪支和持枪证件。

（二）民用枪支的安全使用

射击运动枪支、弹药，只限在有组织、有领导地开展射击运动、活动的单位内部，或在营业性的射击场内使用，严禁在射击运动单位或射击场外任何地区使用。除因特殊情况需要经过批准的以外，禁止使用运动枪支进行狩猎。猎民、牧民配购、使用的猎枪、弹药，不得携带出猎区、牧区。狩猎场配置的猎枪不得携带出狩猎场。严禁出租、出借民用枪支。

（三）枪支的安全保管

根据《枪支管理法》规定，配备、配置枪支的单位和个人，必须妥善保管枪支，确保枪支安全。配枪单位要明确枪支管理职责，指定专人负责，要有安全牢固的专用保管设施，枪支、弹药分开存放。对交由个人使用的枪支，必须建立严格的枪支登记、交接、检查、保养等管理制度，使用完毕，及时回收。对配备、配置给个人使用的公务用枪、猎枪，必须采取有效措施，严防被盗、被抢、丢失或者发生其他事故。

（四）枪支的查验制度

国家对枪支实行查验制度。配备、配置枪支的单位和人员，应当在公安机关指定的时间、地点接受查验。公安机关在查验时，必须坚持人、枪、证"三见面"原则，严格审查持枪单位和个人是否符合法律、法规规定的条件，检查枪支状况及使用情况；对违法使用枪支、不符合持枪条件或者枪支应当报废的，必须收缴枪支和持枪证件。

拒不接受查验的，枪支和证件由公安机关收缴。

（五）枪支的报废销毁

对于不符合国家技术标准、不能安全使用的枪支，应当报废。报废的枪支登记后，由省级公安机关负责组织及时实施销毁。

（六）非法枪支的收缴

凡非法制造、买卖、运输、储存、持有的公务用枪、射击运动枪、猎枪、麻醉注射枪、气枪、催泪枪、仿真枪等各种枪支弹药及其零部件，均属非法枪支弹药，一律收缴，统一销毁。

✍ **特别提醒**

销毁枪支应注意的相关问题有：要制定销毁枪支方案，确定销毁枪支的范围和数量，确定销毁方法和步骤，明确领导机关和有关部门的任务和职责；对销毁枪支要逐支检验，确定无安全问题后再进行销毁；运输、捆扎和装卸销毁枪支时，要轻拿轻放，枪口要朝无人方向，严禁用力磕碰、摔打，严防残留弹药走火伤人；要配备充足的押运力量；销毁现场要有足够的警卫力量，严防枪支丢失、被盗、被抢等情况发生。

收缴非法枪支弹药应注意的相关问题有：要严格依法进行，注意收集证据，对收缴的非法枪支弹药要开具收缴手续；对收缴的非法枪支弹药要确定专人保管，并存放在专用枪、弹库中；对收缴的非法枪支要逐支登记、检验，确保枪内无子弹和火药；检验枪支要由专业人员在专门场所进行，严禁枪口对人。

### 六、枪支运输的安全管理

任何单位或个人未经许可，不得运输枪支。需要运输枪支的，必须向公安机关如实申报运输枪支的品种、数量和运输的路线、方式，领取运输枪支许可证。在本省、自治区、直辖市内运输的，向运往地设区的市级公安机关申领枪支运输许可证件；跨省、自治区、直辖市运输的，向运往地省级公安机关申领枪支运输许可证件。没有枪支运输许可证件的，任何单位和个人都不得承运，并立即报告所在地公安机关。公安机关对没有枪支运输许可证件或没有按照枪支运输许可证件的规定运输枪支的，扣留运输的枪支。

✍ **特别提醒**

枪支运输必须由专人专车押运；中途住宿必须报告当地公安派出所，并保证有专人看守运输车辆。枪支、弹药必须依照规定分开分批运输；严禁邮寄枪支、弹药，或在邮寄的物品中夹带枪支、弹药。

### 七、枪支的入境和出境管理

任何单位或者个人未经许可，不得私自携带枪支入境、出境。

（一）外国驻华外交人员携带枪支入境、出境管理

外国驻华外交代表机构、领事机构的人员携带枪支入境，必须事先报经中华人民共和国外交部批准；携带枪支出境，应当事先照会中华人民共和国外交部，办理有关手续。经批准携带入境的枪支，不得携带出所在的驻华机构。

（二）射击竞技体育活动参加人员携带枪支的入境和出境管理

外国体育代表团入境参加射击竞技体育活动，或者中国体育代表团出境参加射击竞技体育活动，需要携带射击运动枪支入境、出境的，必须经国务院体育行政主管部门批准。

（三）其他人员携带枪支的入境和出境管理

除外国驻华外交代表机构、领事机构的人员和参加射击竞技体育活动以外的其他人员携带枪支入境、出境，应当事先经国务院公安部门批准。

**特别提醒**

外国交通运输工具携带枪支入境或者过境的，交通运输工具负责人必须向边防检查站申报，由边防检查站加封，交通运输工具出境时予以启封。

# 项目三　管制刀具和弩管理

## 一、管制刀具的管理

（一）管制刀具的含义

刀具是指具有切削功能的器具。管制刀具，是指匕首、三棱刀、弹簧刀（跳刀）及其他相类似的单刃、双刃、三棱尖刀。

管制刀具图片

**【案例 8-4】**

某年，被告人胡某武在广东湛江火车站广场对面的地摊上，购买了弹簧刀 200 把、跳刀 50 把，准备带回贵港市出卖。当晚 11 时许，胡携带上述 250 把管制刀具，乘坐湛江开往武昌的 162 次旅客列车，凌晨 1 时许，在车上被乘警查获。以上事实已为收缴的管制刀具和抓获案犯的笔录所证实，被告人也供认不讳。

南宁铁路运输法院经过公开审理认为：被告人胡某武无视国家法律，携带大量管制刀具进站上车，危害铁路运输安全，其行为已构成非法携带管制刀具危及公共安全罪。胡某武归案后认罪态度较好，可酌情从轻处罚。该院依照《铁路法》第 60 条第 2 款、比照《刑法》第 130 条的规定判决，以非法携带管制刀具危及公共安全罪，判处被告人胡某武有期徒刑 6 个月。

**【问题思考】**

1. 什么是管制刀具，管制刀具的种类有哪些？

2. 管制刀具管理工作的意义是什么？

3. 管制刀具管理应包括哪几个环节？

凡符合下列标准之一的，可以认定为管制刀具：①匕首：带有刀柄、刀格和血槽，刀尖角度小于 60 度的单刃、双刃或多刃尖刀。②三棱刮刀：具有三个刀刃的机械加工用刀具。③带有自锁装置的弹簧刀（跳刀、蝴蝶刀）：刀身展开后，可被弹簧或卡锁固定自锁的折叠刀具。④其他相类似的单刃、双刃、三棱尖刀：刀尖角度小于 60 度，刀身长度超过 150 毫米的各类单刃、双刃和多刃刀具；其他刀尖角度大于 60 度，刀身长度超过 220 毫米的各类单刃、双刃和多刃刀具。

未开刀刃且刀尖倒角半径大于 2.5 毫米的各类武术、工艺、礼品等刀具不属管制刀具范畴。

（二）管制刀具的类型

参照管理刀具认定标准，主要包括：匕首；三棱刀、三棱刮刀；带自锁装置的弹簧刀；武术用刀（能开刃的）、剑等器械；少数民族用的藏刀、腰刀、靴刀；其他可能危害社会治安的刀具。

（三）管制刀具管理

管制器具管理是指公安机关为了加强治安管理，维护公民人身安全，防止不法分子利用各种器具作为凶器进行违法犯罪活动，依照法律规定对部分器具实行严格管制的治安行政管理活动。2002 年 11 月下发的《国务院关于取消第一批行政审批项目的决定》，其中包括了特种刀具生产许可证核发、匕首佩带证核发、管制刀具经销审批、特种刀具购买证核发。但取消行政审批项目不等于取消相关的管理，而是改革管理的办法，拟实现经济高效管理。

1. 生产备案制度。凡制造管制刀具的企业，必须将生产的刀具样品及其说明报送所在地县、市公安局备案，产品须铸刻商标和号码，拟有助于管理和相关案件的侦查。严禁违反管制刀具生产备案要求非法制造管制刀具。

2. 购销登记制度。经销商店要建立购销登记制度以备公安机关检查。在销售过程中，核对相关证明、介绍信的配购信息。匕首只准向人民军队官兵和人民警察、专业狩猎人员以及从事地质、勘探等野外作业人员所在单位销售；三棱刮刀只准销售给必须使用三棱刮刀用于机械加工的单位。严禁任何单位和个人非法销售管制刀具。

3. 持有、携带限制制度。管制刀具只限相关职业人员，在工作时间、职业场所和岗位使用，不得随意带出工作场所。未经许可严禁将管制刀具携带进入公共场所。除相关单位及人员可以持有、使用相关管制刀具外，其他任何单位和个人都不得携带使用管制刀具。

4. 安全保管制度。管制刀具生产、销售、使用单位，对刀具的领用、清理等详细登记。登记刀具编号，领用时办理手续。报废刀具以旧换新。单位或个人，应妥善保管刀具，不得随意赠送、转借他人；发现丢失、被盗，及时报告。因保管不当，造成丢失、被盗酿成严重后果的，要追究有关人员和单位领导的责任。

少数民族使用的藏刀、腰刀、靴刀等，只准在民族自治地方销售。

**特别提醒**

非法携带枪支、弹药或者弩、匕首等国家规定的管制器具的，处 5 日以下拘留，可以并处 500 元以下罚款；情节较轻的，处警告或者 200 元以下罚款。

非法携带枪支、弹药或者弩、匕首等国家规定的管制器具进入公共场所或者公共交通工具的，处 5 日以上 10 日以下拘留，可以并处 500 元以下罚款。导致严重后果的，追究刑事责任。

## 二、弩的管理

（一）弩的基础知识

弩也被称作"窝弓""十字弓"，是古代步兵有效克制骑兵的一种大威力远距离的冷兵器，古代兵车战法的重要组成部分。弩的装填时间比弓长，但射程更远，杀伤力更强，命中率高，对使用者要求也比较低。

弩由弓和弩臂、弩机构成：弓横装于弩臂前端，弩机安装于弩臂后部。弩臂用以承弓、撑弦供使用者托持；弩机是弩的控制装置。弩可以延时发射。

现代的弩主要是作为少数民族传统体育项目使用。但由于弩兼具了枪支可射伤、制服目标的性能，又可避免使用枪支的某些不当因素，不至于影响到周边易燃易爆物质，故近年来逐步作为一些国家的特种侦察部队和特警的装备。

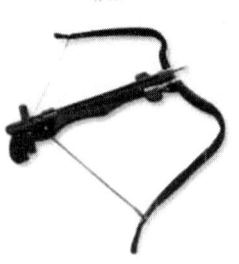

弩图片

（二）弩的管理措施

1999 年 9 月 28 日，公安部、国家工商行政管理局联合发出《关于加强弩管理的通知》，明确将弩规定为危险物品，要求各级公安机关将其纳入治安管理范围加强管理。2004 年，国务院发布的《对确需保留的行政审批项目设定行政许可的决定》，明确了由省级人民政府公安机关对弩的制造、销售、进口、运输、使用实施行政许可。2010 年公安部《关于进一步加强弩治安管理的通知》，再次强调了对弩的规范许可及严密管理的要求。

公安机关对弩的安全管理要求主要有三方面：

1. 审批备案，登记注册。制造、销售弩或营业性射击场开设弩射项目必须经公安厅（局）批准，工商行政管理部门凭批准文件登记注册。弩的进口由省级公安机关审批，严格限制品种和数量。弩相关企业和单位须将弩的品种、数量、编号、进货和销售情况定期向省级公安机关备案；弩制造企业须在产品及其包装上标明企业名称、地址、联系电话及产品编号；省级公安机关和工商行政管理局分别对制造、销售、进口、使用弩的企业和单位实行年度审验；各类运动会设置弩射项目须由主办单位向运动会举办地所在的省级公安机关申请，获得批准后方可进行。

2. 购销管理要求。由于弩的使用范围和需求数量较小，原则上不单独审批设立弩销售企业，由使用单位直接向弩制造企业购置。单位购买弩时，凭批准文件和单位证明，向所在地公安机关申请，经地市级公安机关审核，报省级公安机关审批后，向弩制造企业购买。

不得从未取得弩制造许可或者弩销售许可证的企业采购弩；不得销售无产品包装或产品及其包装未标明企业名称、地址、联系电话及产品编号的产品。销售弩时，应查验购买企业和单位的营业执照以及省级公安机关开具的购买证明。严禁将弩销售给个人。

除弩制造企业、使用单位以及公安机关、武警部队等特殊需要外，其他单位和个人一律不得进口弩及其零配件。进口弩应向所在地县级公安机关申请，经地市级公安机关审核，报省级公安机关审批后，方可进口。对非法贩卖弩的网站要予以查封，并落地查人，追缴所有非法贩卖的弩。

3. 携带和运输要求。携带和运输弩须持有相关企业和单位营业执照副本以及省级公安机关开具的携运证明。单位运输弩，应向所在地县级公安机关备案，经地市级公安机关审核，报省级公安机关审批。运达目的地后，向运达地县级公安机关备案。在我国，严禁个人非法持有弩或携带弩进入公共场所或搭乘公共交通工具。

# 项目四　民用爆炸物品管理

## 一、民用爆炸物品、民用爆炸物品管理的含义

### 【资料 8-1】

2012 年 6 月 27 日法制日报道，公安部、国土资源部、国家安监总局以及国家煤矿安全监察局将联手整治违法采矿以及非法制贩爆炸物品。四部门透露，此次专项整治旨在彻底捣毁非法制贩爆炸物品源头、网络，全面清查收缴非法爆炸物品，全力整治涉爆突出问题。同时，全面清理无证勘查开采等违法违规行为，全面整治非法采矿等违法犯罪活动。

爆炸物品具有很大的破坏、杀伤能力，如果在生产、储存、销售、运输、使用等方面忽视安全管理，就可能发生事故。加强民用爆炸物品管理，能预防和减少事故发生，保障爆炸物品的正常使用，服务经济建设、服务于社会。[1]

### 【案例 8-5】

2012 年 6 月 22 日上午 8 时许，一辆红色东风厢式货车行驶至福银高速公路银川方向"枣阳服务区"附近路段（1171KM+100M 处）发生爆炸，车身炸碎。该车驾驶员唐某，随车人员喻某、刘某（三人均为湖南人）当场死亡；1 辆过往小型货车受损，2 名司乘人员受轻微伤；爆炸造成附近 2 名村民受轻微伤、2 栋民房部分倒塌，周边 7 公里范围内部分房屋玻璃受损；高速道路隔离带被炸出约 5 米长、3 米深的大坑。该车属湖南省株洲市天意汽车运输有限公司所有，由湖南浏阳开往陕西。经现场勘查、分析比对，初步确定爆炸物系黑火药。该车司乘人员违反规定跨省运输黑火药，过境湖北时车辆撞击高速公路外侧护栏后反弹至中央隔离带，侧翻引发爆炸，涉嫌非法运输爆炸物罪。[2]

### 【问题思考】

1. 什么是爆炸物品，爆炸物品的种类有哪些？

2. 爆炸物品安全管理工作的意义是什么？

3. 爆炸物品管理应包括哪几个环节？

---

[1] 资料来源：人民网，2012 年 6 月 27 日。

[2] 案例来源：武汉晨报，2012 年 6 月 23 日。

民用爆炸物品，是指用于非军事目的、列入民用爆炸物品品名表的各类火药、炸药及其制品和雷管、导火索等点火、起爆器材等。

民用爆炸物品管理，是指公安机关治安管理部门为维护社会秩序，保障公共安全，对非军事用爆炸物品依法实施的治安行政管理。

爆炸物品标志

爆炸物品包装标志

**特别提醒**

根据《民用爆炸物品安全管理条例》第 2 条第 3 款规定，民用爆炸物品品名表，由国务院国防科技工业主管部门会同国务院公安部门制订、公布。第 3 条第 1 款规定，国家对民用爆炸物品的生产、销售、购买、运输和爆破作业实行许可证制度。

### 二、民用爆炸物品的管理

（一）民用爆炸物品的生产、储存管理

设立民用爆炸物品生产企业，应当遵循统筹规划、合理布局的原则。民用爆炸物品的生产，由国家实行严格管制，在统一规划下，合理布局，归口管理。按照国民经济发展的需要有计划地组织生产。严禁个人生产和加工民用爆炸物品。

民用爆炸物品生产企业应当在办理工商登记后 3 日内，向所在地县级人民政府公安机关备案。

民用爆炸物品应当储存在专用仓库内，并按照国家规定设置技术防范设施。

（二）民用爆炸物品的销售、购买管理

1. 销售管理。根据《民用爆炸物品安全管理条例》的规定，申请从事民用爆炸物品销售的企业，应当具备下列条件：符合对民用爆炸物品销售企业规划的要求；销售场所和专用仓库符合国家有关标准和规范；有具备相应资格的安全管理人员、仓库管理人员；有健全的安全管理制度、岗位安全责任制度；符合法律、行政法规规定的其他条件。

民用爆炸物品销售企业应当在办理工商登记后 3 日内，向所在地县级人民政府公安机关备案。

民用爆炸物品生产企业凭《民用爆炸物品生产许可证》，可以销售本企业生产的民用爆炸物品，但是不得超出核定的品种、产量。

2. 购买管理。民用爆炸物品属于国家严格控制的危险物品，未经许可不得随便买卖。民用爆炸物品使用单位申请购买民用爆炸物品的，应当向所在地县级人民政府公安机关提出购买申请，并提交下列有关材料：工商营业执照或者事业单位法人证书；《爆破作业单位许可证》或者其他合法使用的证明；购买单位的名称、地址、银行账户；购买的品种、数量和用途说明。

（三）民用爆炸物品的运输管理

运输民用爆炸物品要凭收货单位运达地县级公安局开出的《民用爆炸物品运输许可证》，按照许可的品种、数量、时间、路线、方式运输，运输必须有专人专车押运。

（四）民用爆炸物品的爆破作业管理

1. 严格审批制度。申请从事爆破作业的单位，应当按照国务院公安部门的规定，向有关人民政府公安机关提出申请，并提供能够证明其符合规定条件的有关材料。受理申请的公安机关应当自受理申请之日起 20 日内进行审查，对符合条件的，核发《爆破作业单位许可证》；对不符合条件的，不予核发《爆破作业单位许可证》，书面向申请人说明理由。营业性爆破作业单位持《爆破作业单位许可证》到工商行政管理部门办理工商登记后，方可从事营业性爆破作业活动。爆破作业单位应当在办理工商登记后 3 日内，向所在地县级人民政府公安机关备案。

爆破作业人员应当经设区的市级人民政府公安机关考核合格，取得《爆破作业人员许可证》后，方可从事爆破作业。

2. 爆破作业管理。在城市、风景名胜区和重要工程设施附近实施爆破作业的，应当向爆破作业所在地设区的市级人民政府公安机关提出申请，提交《爆破作业单位许可证》和具有相应资质的安全评估企业出具的爆破设计、施工方案评估报告。受理申请的公安机关应当自受理申请之日起 20 日内对提交的有关材料进行审查，对符合条件的，作出批准的决定；对不符合条件的，作出不予批准的决定，并书面向申请人说明理由。

实施爆破作业，应当由具有相应资质的安全监理企业进行监理，由爆破作业所在地县级人民政府公安机关负责组织实施安全警戒。爆破作业单位跨省、自治区、直辖市行政区域从事爆破作业的，应当事先将爆破作业项目的有关情况向爆破作业所在地县级人民政府公安机关报告。发现、拣拾无主民用爆炸物品的，应当立即报告当地公安机关。

👉 **特别提醒**

销售和购买民用爆炸物品，应当通过银行账户进行交易，不得使用现金或者以物易物。

禁止携带民用爆炸物品搭乘公共交通工具或者进入公共场所；禁止邮寄民用爆炸

物品；禁止在托运的货物、行李、包裹、邮件中夹带民用爆炸物品。一经查出即行没收，并追究当事人的法律责任。

### 三、烟花爆竹的管理

根据《烟花爆竹安全管理条例》规定，公安机关为了预防爆炸事故发生，保障公共安全和人身、财产的安全，对烟花爆竹实行严格的安全管理。其职责主要有：烟花爆竹运输路线、时间、经停地点的审核，《烟花爆竹道路运输许可证》的审批发放；大型焰火燃放活动许可管理，加强对危险等级较高的大型焰火燃放活动的监督检查；烟花爆竹限放禁放管理；黑火药、烟火药、引火线丢失案件的查处；依法查处非法生产、经营、储存、运输、邮寄烟花爆竹以及非法燃放烟花爆竹的治安案件和刑事案件。

【资料8-2】

2019年春节期间，2月4日0时至10日18时，全国共发生火灾9660起，死亡47人，直接经济损失4944万余元，与2018年同期相比火灾起数下降19.7%，死亡人数下降7.8%，直接经济损失下降13.6%。全国消防救援队伍共出动消防车4.28万余辆次，出动消防指战员23.9万余人次，参加灭火和应急救援19309起，共营救和疏散被困人员8325人，抢救财产价值2.17亿元。

北京市烟花办20日凌晨通报称，今年农历除夕至正月十五，全市因燃放烟花爆竹引发火情1起、致伤31人，同比分别下降94.1%、下降11.4%，未发生人员摘眼球、截肢等情况及重大火灾事故。[1]

（一）烟花爆竹道路运输管理

1. 烟花爆竹道路运输审批许可。经由道路运输烟花爆竹的，托运人应当向运达地县级人民政府公安机关提出申请，并提交相关材料：承运人从事危险货物运输的资质证明；驾驶员、押运员从事危险货物运输的资格证明；危险货物运输车辆的道路运输证明；托运人从事烟花爆竹生产、经营的资质证明；烟花爆竹的购销合同及运输烟花爆竹的种类、规格、数量；烟花爆竹的产品质量和包装合格证明；运输车辆牌号、运输时间、起始地点、行驶路线、经停地点。

公安机关应当自受理申请之日起3日内对提交的有关材料进行审查，对符合条件的，核发《烟花爆竹道路运输许可证》；对不符合条件的，应当说明理由。《烟花爆竹道路运输许可证》应载明托运人、承运人、一次性运输有效期限、起始地点、行驶路线、经停地点、烟花爆竹的种类、规格和数量。运输烟花爆竹运达目的地后，收货人应当在3日内将《烟花爆竹道路运输许可证》交回发证机关核销。

2. 烟花爆竹道路运输安全事项。经由道路运输烟花爆竹的，除应当遵守《道路交通安全法》外，还应当遵守有关规定：随车携带《烟花爆竹道路运输许可证》；不得违

---

〔1〕 资料来源：搜狐网，2019年2月11日。

反运输许可事项；运输车辆悬挂或者安装符合国家标准的易燃易爆危险物品警示标志；烟花爆竹的装载符合国家有关标准和规范；装载烟花爆竹的车厢不得载人；运输车辆限速行驶，途中经停必须有专人看守；出现危险情况立即采取必要的措施，并报告当地公安部门。

（二）大型焰火燃放活动许可管理

申请举办焰火晚会以及其他大型焰火燃放活动的主办单位，须按照分级管理规定，向有关人民政府公安机关提出申请，并提交相关材料：举办焰火晚会以及其他大型焰火燃放活动的时间、地点、环境、活动性质、规模；燃放烟花爆竹的种类、规格、数量；燃放作业方案；燃放作业单位、作业人员符合行业标准规定条件的证明。公安机关应自受理申请之日起20日内对提交的有关材料进行审查，对符合条件的，核发《焰火燃放许可证》；对不符合条件的，应当说明理由。

在大型焰火燃放活动举办期间，公安机关应检查核实烟花爆竹运输、现场存储保管、场地清理、安全警戒、应急救援等安全管理措施到位情况；并对燃放区域进行现场警戒。

（三）烟花爆竹燃放管理

1. 烟花爆竹限放与禁放。燃放烟花爆竹，须遵守有关法律、法规和规章的规定；应按照燃放说明燃放，不得以危害公共安全和人身、财产安全的方式燃放烟花爆竹。

禁止在下列地点燃放烟花爆竹：文物保护单位；车站、码头、飞机场等交通枢纽以及铁路线路安全保护区内；易燃易爆物品生产、储存单位；输变电设施安全保护区内；医疗机构、幼儿园、中小学校、敬老院；山林、草原等重点防火区；县级以上地方人民政府规定的禁止燃放烟花爆竹的其他地点。

县级以上地方人民政府可以根据本行政区域的实际情况，确定限制或者禁止燃放烟花爆竹的时间、地点、种类和方法。

2. 加强烟花爆竹安全燃放宣传。各级人民政府和政府有关部门应当开展社会宣传活动，教育公民遵守有关法律、法规和规章，安全燃放烟花爆竹。广播、电视、报刊等新闻媒体，应当做好安全燃放烟花爆竹的宣传、教育工作。未成年人的监护人应当对未成年人进行安全燃放烟花爆竹的教育。

# 项目五　剧毒化学品管理

## 一、剧毒化学品、剧毒化学品管理的含义

【案例8-6】

2002年9月14日早晨，南京江宁区汤山镇作厂中学和东湖丽岛工地部分学生和民

工因食用了饮食店内的油条、烧饼、麻团等食物后发生中毒。据初步调查，中毒者达200多人，有42人经抢救无效死亡。9月30日上午，南京市中级人民法院对震惊全国的9·14南京汤山特大投毒案的犯罪嫌疑人陈正平进行公开审理。一审以"投放危险物质罪"判处被告人陈正平死刑，剥夺政治权利终身。[1]

**【问题思考】**

1. 什么是剧毒物品，剧毒物品的种类有哪些？

2. 剧毒物品安全管理工作的意义是什么？

3. 剧毒物品管理应包括哪几个环节？

剧毒化学品，是指按照国务院安全生产监督管理部门会同国务院公安、环保、卫生、质检、交通部门确定并公布的剧毒化学品目录中的化学品。一般是具有非常剧烈毒性危害的化学品，包括人工合成的化学品及其混合物（含农药）和天然毒素。

**剧毒化学品标志**

通常讲，剧毒化学品是指少量或微量进入人或动物机体，迅速发生中毒反应，很快致人或动物死亡的物品。通常把致死量在1克以下的毒害品叫剧毒化学品。

剧毒化学品管理，是指公安机关治安管理部门为维护社会秩序，保障公共安全，对剧毒化学品依法实施的治安行政管理。

**特别提醒**

剧毒化学品种类很多，比较复杂，列入公安机关治安管理的主要有：氰化物类，如氰化钠、丙烯腈；砷化物类，如砒霜；汞化物类；农药类，如有机磷、农药赛美特、含氟农药氟化钠等；生物碱类，如阿托品、士的宁；其他毒害品。

**二、剧毒化学品的管理**

**【案例8-7】**

某年，晚6时许，一辆装载有20吨剧毒化学品——甲基吡啶的货车在某路段发生

---

〔1〕 案例来源：百度百科，"南京汤山投毒案"。

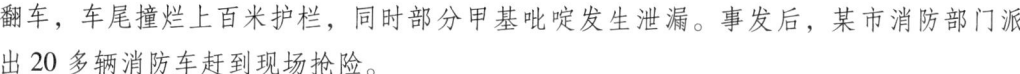

翻车，车尾撞烂上百米护栏，同时部分甲基吡啶发生泄漏。事发后，某市消防部门派出20多辆消防车赶到现场抢险。

**【问题思考】**

公安机关为何要对剧毒化学品进行管理？

公安部门负责危险化学品的公共安全管理，负责发放剧毒化学品购买凭证和准购证，负责审查核发剧毒化学品公路运输通行证，对危险化学品道路运输安全实施监督，并负责监督检查。

（一）剧毒化学品的备案登记

县级公安机关治安部门要加强日常监督检查工作，及时督促辖区内所有剧毒化学品生产、经营、储存、使用单位逐一填报《剧毒化学品从业单位备案登记表》，全面准确掌握辖区内剧毒化学品从业单位的底数和安全管理情况。各级公安机关治安部门要积极配合经贸等有关主管部门，督促所有剧毒化学品生产、经营、使用单位建立规范的销售、购买、使用登记制度，严格各环节的流向登记记录。

（二）剧毒化学品经销和购买的安全管理

1. 剧毒化学品经销的安全管理。

（1）不得从未取得危险化学品生产许可证或者危险化学品经营许可证的企业采购剧毒化学品。

（2）不得经营国家明令禁止的剧毒化学品和用剧毒化学品生产的灭鼠药以及其他可能进入人民日常生活的化学产品生产和销售。

（3）不得销售没有化学品安全技术说明书和化学品安全标签的剧毒化学品。

（4）销售剧毒化学品时，应当记录购买单位的名称、地址和购买人员的姓名、身份证号码及所购剧毒化学品的品名、数量、用途，记录至少应当保留1年备查。应当每天核对剧毒化学品销售情况，发现丢失、被盗、误售等情况，立即向当地公安部门报告。

（5）不得向个人或者无购买凭证、准购证单位销售剧毒化学品。

2. 购买剧毒化学品的安全管理。

（1）生产、科研、医疗等单位经常使用剧毒物品的，应当向设区的市级公安机关申请领取购买凭证，凭购买凭证购买。

（2）单位临时需要购买剧毒物品的，应当凭本单位出具的注明有品名、数量、用途的证明，向设区的市级公安机关申请领取准购证，凭准购证购买。

（3）个人不得购买农药、灭鼠药、灭虫药以外的剧毒物品。

（三）剧毒化学品运输的安全管理

1. 资质认定制度。国家对剧毒化学品运输实行资质认定制度。公安机关应当了解交通部门对剧毒化学品公路运输企业、驾驶、装卸、押运人员的资质认定情况。通过公路运输剧毒化学品的，托运人员只能委托有剧毒化学品运输资质的运输企业承运。

2. 划定禁行区域。根据本地实际情况，为了保障安全，由设区的市级公安机关划定剧毒化学品运输车辆禁止通行区域，并设置明显标志。

3. 凭证运输。通过公路运输剧毒化学品的，托运人应向目的地的县级公安机关申请办理剧毒化学品公路运输通行证。经审查符合规定核发公路运输通行证，方准运输。

4. 报告制度。运输剧毒化学品途中需要停车住宿或遇有无法正常运输的情况，应当向当地公安机关报告；剧毒化学品在公路运输途中发生被盗、丢失、流散、泄漏等情况时，承运及押运人员必须立即向当地公安机关报告，并采取一切可能的警示措施。

5. 专人专车运输制度。通过公路运输剧毒化学品，必须配备押运人员，并随时处于押运人员的监管之下，不得超装、超载，不得进入剧毒化学品运输车辆禁止通行的区域；确需进入禁止通行区域的，应事先向当地公安机关报告，由公安机关为其指定行车时间和路线，运输车辆必须按照公安机关规定的时间和路线运输。

6. 禁止托运人在托运的普通货物中夹带剧毒化学品以及将剧毒化学品匿报或谎报为普通货物托运。

7. 禁止任何单位和个人邮寄或在邮件内夹带剧毒化学品以及将剧毒化学品匿报或谎报为普通物品邮寄。

（四）剧毒化学品使用的安全管理

1. 建立健全剧毒化学品使用的安全管理规章制度，保证剧毒化学品的安全使用。

2. 根据剧毒化学品的种类、特点，在使用场所设置相应的监测、通风、防火、防爆、防静电、隔离操作等安全设施、设备，按规定进行维护、保养，保证符合安全运行的要求。并设置通讯、报警装置，保证其在任何情况下处于正常适用状态。

3. 对剧毒化学品的用途如实记录，并采取必要的保安措施，防止剧毒化学品被盗、丢失或误用，发现剧毒化学品被盗、丢失或误用，必须立即向当地公安机关报告。

4. 禁止用剧毒化学品生产灭鼠药以及其他可能进入人民日常生活的化学产品和日用化学品。

（五）剧毒化学品事故的应急救援

公安机关接到发生剧毒化学品事故的报告后，应立即组织人员赶赴现场，会同环保、危险化学品安全监督管理综合工作部门、质检部门等实施救援，主要任务是迅速组织营救受害人员，组织撤离或采取其他措施保护危害区域的其他人，并维护好现场秩序，以便有关部门顺利地采取各种专业措施和手段进行应急救援。

**特别提醒**

剧毒化学品必须在专用仓库内单独存放，禁止性质相互抵触的化学危险品混存、混放。实行双人收发、双人保管制度和其他必要的保安措施，防止剧毒化学品被盗、丢失。储存单位应将储存剧毒化学品的数量、地点以及管理人员的情况，报当地公安机关和负责危险化学品安全监督管理综合工作的部门备案。

# 项目六　放射性物品管理

## 一、放射性物品的含义

### 【案例8-8】

1986 年 4 月 26 日，原苏联切尔诺贝利核电站第四号反应堆发生爆炸起火，大量放射性物质外泄，成为有史以来最严重的一次核污染。事故造成 31 人死亡，233 人受到严重的放射性损伤，附近 13 万居民紧急疏散，损失惨重。据苏联官方公布的数字，损失达 35 亿美元，事故造成的潜在损失和间接损失还难以计算，预计将有数千人受辐射致癌，事故产生的放射性尘埃，随风飘散，使欧洲许多国家受到不同程度的污染。这一重大事故不仅在欧洲，而且在整个世界引起强烈震动。事件发生至今其后遗症并没有消除。德国、瑞典、土耳其、南斯拉夫，把不断出现的畸形胎儿仍然归罪于那场灾难。有人认为，空气受到污染是产生怪婴的主要原因，环境污染已经危及后代，这是确信无疑的。[1]

2011 年 3 月 11 日，日本发生里氏 9.0 级特大地震。日本福岛第一核电站厂内供电在大地震中被破坏，造成大面积核泄漏，由大地震和海啸引发的日本福岛第一核电站事故目前已经演变成一场核电危机。如何防止有害有毒物质对人体健康和后代的危害？如何采取有效措施加大对各类危险物品的安全管理？是政府和社会面临的一项重大课题。[2]

### 【问题思考】

1. 什么是放射性物品，放射性物品防护的种类有哪些？

2. 放射性物品安全管理工作的意义是什么？

3. 放射性物品管理应包括哪几个环节？

（一）放射性物品的含义

放射性物品是指能自发连续辐射出人们感觉器官不能觉察到的射线的物品。

放射性同位素是指在不受外力作用下，其原子核能自发地、不断放射出射线和能量的同位素。

（二）放射性物品的种类

1. 根据放射性物品的物理状态不同，可分为固体放射性物品、液体放射性物品、气体放射性物品。

---

〔1〕　案例来源：百度百科，"切尔诺贝利核电站"。
〔2〕　案例来源：百度百科，"福岛核泄漏事故"。

2. 根据放射性物品的应用品种不同，可分为放射性同位素、含有放射性元素的化学制品、放射性矿石和矿砂等。

3. 根据放出的射线类型的不同，可分为放射 α、β、γ 射线的放射性物品。

（三）放射源和射线装置的种类

根据《放射性同位素与射线装置安全和防护条例》规定：国家对放射源和射线装置实行分类管理。根据放射源、射线装置对人体健康和环境的潜在危害程度，从高到低将放射源分为Ⅰ类、Ⅱ类、Ⅲ类、Ⅳ类、Ⅴ类；将射线装置分为Ⅰ类、Ⅱ类、Ⅲ类。

放射性物质的国际通用标志

常用放射性物品标志

🖐 **特别提醒**

射线对机体的照射方式有：内照射、外照射、混合照射。

射线对机体照射的有害生物效应包括：躯体效应、遗传效应。

**二、放射性物品的管理**

**【案例8-9】**

某年某科技公司经理古某为报复同行，在刘某办公室安装 192 铱放射源，致使 75 人受到不同程度的放射伤害。一审以投放危险物质罪判处古某死刑，缓期两年执行。

为了防治放射性污染，加强对放射性同位素、射线装置安全和防护的监督管理，促进核能、核技术的开发与和平利用，促进放射性同位素、射线装置的安全应用，保护环境，保障人体健康，我国严格放射性物品的管理，将其纳入法制轨道。当前，放射性物品管理的主要法律依据有《放射性污染防治法》《放射性同位素与射线装置安全和防护条例》《放射性物品运输安全管理条例》等。

　　放射性物品管理的相关部门主要有：国务院生态环境主管部门对全国放射性污染、放射性同位素、射线装置的安全和防护工作实施统一监督管理；国务院核安全监管部门对放射性物品运输的核与辐射安全实施监督管理；国务院公安、卫生、交通运输、铁路等行政部门，依据国家法律法规，按照职责分工，对有关放射性污染、放射性同位素、射线装置的安全和防护、运输安全工作实施监督管理；县级以上地方人民政府环境保护主管部门和其他有关部门，按照职责分工和法律规定，对行政区域内放射性污染、放射性同位素、射线装置、放射性物品运输的安全和防护工作实施监督管理。

　　公安机关放射性物品管理的职责有：掌握辖区范围内，生产放射性同位素、销售和使用Ⅰ类放射源、销售和使用Ⅰ类射线装置等，经环境主管部门审批的有关放射性物品活动的单位；监督指导核设施营运单位建立健全安全保卫制度，加强安全保卫工作；按照其职责范围依法做好核事故应急工作；按照职责范围，组织追缴丢失、被盗的放射源，调查处理放射性事故，立案侦查，防止放射性污染蔓延，减少事故损失，并向社会通报案件调查处理情况信息；会同县级以上人民政府生态环境主管部门、卫生、财政等部门编制辐射事故应急预案，报本级人民政府批准；与国务院核安全监管部门一起，会同国务院卫生、海关、交通运输、铁路、民航、核工业行业主管部门制定放射性物品的具体分类和名录；违反放射性物品管理的治安管理处罚工作等。

**特别提醒**

　　根据辐射事故的性质、严重程度、可控性和影响范围等因素，从重到轻将辐射事故分为特别重大辐射事故、重大辐射事故、较大辐射事故和一般辐射事故四个等级。

# 项目七　技能训练

## 大型娱乐活动场馆观众入场安全检查

### 一、训练内容

　　大型娱乐活动，如体育赛事、文艺活动、商贸活动等，进入人员随身携带物品及其人身的安全检查。

### 二、训练目的

　　使学生加深对危险物品知识和理论的理解，掌握危险物品安全检查的基本技能，具备随身携带危险物品的紧急处置能力。要求学生掌握常用安全检查仪器、设备的使用与调控，对危险物品的识别，掌握对携带危险物品应急情况处置的基本要求。

### 三、训练前的准备

手持金属探测器、金属安全检查门、X 光安全检查仪、各种刀具、各种石油产品等危险物品。

### 四、训练方法与步骤

1. 教师讲解各种安全检查仪器操作规程及要求。

2. 学生分组进入实训室独立上机进行操作。

（1）手持金属探测器的使用训练。学生按教师规定的步骤和要求，先进行手持金属探测器使用前的调整，使手持金属探测器进入工作状态。学生根据教师设计，对检查对象进行安全检查。教师对训练进行指导。

（2）金属安全检查门的使用训练。学生按教师规定的步骤和要求，先进行安全检查门使用前的调整，使安全检查门进入工作状态。学生根据教师设计，对检查对象进行安全检查。教师对训练进行指导。

（3）X 光安全检查仪的使用训练。学生按教师规定的步骤和要求，先进行 X 光安全检查仪使用前的调整，使 X 光安全检查仪器进入工作状态。学生根据教师设计，对检查对象进行安全检查。教师对训练进行指导。

3. 教师进行点评和总结。

### 五、注意事项

1. 按教师要求进行训练和操作；

2. 安全检查中重点要注意检查对象的神态和仪器报警，发现疑点重新复检。

### 六、思考题

1. 如何做好安全检查工作?

2. 安全检查中应注意的问题有哪些?

# 单 元 九

# 道路交通管理

知识目标

1. 了解道路交通管理的含义、方法、指导方针和基本原则。
2. 理解道路交通秩序管理以及车辆与驾驶人管理的基本规定。
3. 掌握道路交通事故的处理方法、程序。

能力目标

1. 能按照法律规定进行道路交通秩序管理。
2. 能按照法律规定对机动车和非机动车驾驶人进行管理。
3. 道路交通事故发生时能按照法定程序正确及时认定处理。

知识结构图

道路交通管理
- 道路交通管理概述
  - 道路交通管理的概念
  - 道路交通管理的指导方针和基本原则
  - 道路交通管理的任务
- 道路交通秩序管理
  - 道路交通秩序管理概述
  - 机动车行驶秩序管理
  - 非机动车和行人、乘车人交通秩序管理
- 车辆与驾驶人管理
  - 车辆与驾驶人管理概述
  - 机动车与驾驶人管理
  - 非机动车与驾驶人管理
- 交通事故处理
  - 道路交通事故的基本概念
  - 道路交通事故的分类
  - 道路交通事故的处理
- 技能训练

# 项目一　道路交通管理概述

## 一、道路交通管理的概念

【案例9-1】

目前，大雾等恶劣天气逐渐增多，因大雾引发多起涉及客车的道路交通事故。10月27日，某市因突发大雾连续发生2起致1人死亡3人重伤的道路交通事故。为进一步加强秋冬季节恶劣天气交通安全管理工作，有效预防和减少道路交通事故的发生。东城交警大队高度重视，充分结合辖区当前交管工作实际，以"压事故、保安全、保畅通"为原则，全警全力应对降温天气，切实保障辖区道路交通安全。

【问题思考】

1. 什么是道路交通管理？

2. 道路交通管理的指导方针和基本原则是什么？如何在具体工作中贯彻落实？

（一）道路的含义

道路是指公路、城市道路和虽在单位管辖范围但允许社会机动车通行的地方，包括广场、公共停车场等用于公众通行的场所。

（二）交通的含义

交通是各种运输活动的总称，是指借助某种运载工具，通过某种运行转移的方式，实现人或物空间位置移动的过程。其包括道路、铁路、航空等方式。

（三）道路交通的含义

道路交通，是指人、车在道路上移动或停驻的过程。

道路交通一般来说主要是与空中交通、铁路交通、水上交通和地下（地铁）交通区别而言的。它包括以运动为标志的动态交通和以相对静止为标志的静态交通。道路交通是现代大交通中的一个子系统、一个重要组成部分。

（四）道路交通管理的含义

道路交通管理是指公安机关交通管理部门为了维护道路交通秩序，预防和减少交通事故，保障道路交通安全畅通，根据有关法律、法规，运用行政管理的手段和科学管理的方法，对道路交通活动实行统一控制与管理的活动。道路交通管理是国家行政管理的一部分，是公安机关治安管理的一项重要业务。

从以上概念可知，道路交通管理的要素主要包括以下几个方面：

第一，道路交通管理的主体是各级公安机关交通管理部门。国务院公安部交通管理局负责全国道路交通安全管理工作；省级公安机关设交通警察总队或交通管理局，地市级公安机关设交通警察支队，县级公安机关设交通警察大队，具体负责本行政区域内的道路交通安全管理工作。

第二，道路交通管理的对象是道路交通系统，包括人、车辆、道路和交通环境。人包括驾驶员、乘车人、行人以及在道路上进行与交通有关的其他人员；车辆包括机动车和非机动车；道路包括公路、城市街道、公共广场等供车辆、行人通行的地方；交通环境包括交通参与者的活动空间及其周围的自然景观、建筑设施等。

第三，道路交通管理的目的是维护道路交通秩序，预防和减少交通事故，保护人身安全，保护公民、法人和其他组织的财产安全及其他合法权益，提高通行效率，降低公害和能源消耗。

第四，道路交通管理的依据是道路交通法律、法规、规章和有关技术规范。目前道路交通的基本法律依据是《道路交通安全法》，除此之外，还有《道路交通事故处理程序规定》《机动车驾驶证申领和使用规定》《道路交通标志和标线》等。

**二、道路交通管理的指导方针和基本原则**

（一）道路交通管理的指导方针

公安部在1989年召开的第一次全国公安交通管理工作会议上，总结了公安交通管理工作实践，结合新时期公安交通管理工作的任务提出了"预防事故，缓解阻塞，综合治理，安全畅通"的指导方针。在该指导方针中，预防事故是基础，缓解阻塞是根本任务，综合治理是途径，安全畅通是出发点和基本目的。

（二）道路交通管理的基本原则

道路交通管理的基本原则，是对道路交通管理自始至终都具有指导作用的规则，对道路交通管理工作具有现实的、普遍的指导价值。

1. 以人为本的原则。以人为本又叫"人本位"。交通管理中强调以人为本具有重要的现实意义。交通安全问题首先是人的安全问题，如果不把人的安全放在第一位，道路交通安全管理就失去了灵魂。目前，我国道路交通安全的形势是十分严峻的，交通事故死亡人数在世界上是第一位的，而且呈不断增长态势。因此，在道路交通管理中首先要坚持以人为本的精神，强调人的生命至高无上的执法理念，确立人民生命安全第一的原则。

2. 依法管理的原则。依法管理，就是要求公安交通管理部门把交通管理的活动全部纳入法制轨道，严格执行交通法规，合法、及时、公正地解决和处理道路交通问题，既不允许交通参与者有违反交通法规的行为，也不允许民警有违反法律规定滥用执法权、侵犯公民权利的行为。

3. 科学管理的原则。所谓科学管理，就是要采用先进的管理方法、技术处理和协调道路交通中的人、车、路和环境之间的关系，以达到交通的高效畅通。要改变目前交通管理水平低、效率不高、民警工作强度大的状况，就要坚持科学管理的原则。因此不但要采用先进的管理方法、技术，还要培训优秀管理人才，完善管理体制。

4. 方便群众的原则。方便群众的原则，即便民的原则，就是交通管理部门及其民警在道路交通管理工作中尽可能地为交通参与者提供必要的便利，从而保障交通参与者进行交通活动的顺利实现。比如机动车登记时间过长、手续繁杂、程序不透明公开，这些都没有坚持方便群众这一原则。要克服"管理就是命令"的传统管理理念，真正做到权为民所用、利为民所谋，一心为方便群众而考虑。

5. 教育与处罚相结合的原则。教育与处罚相结合的原则，就是道路交通安全管理过程中，必须把对交通参与者的交通安全意识教育和对交通违法者的依法严格处罚紧密联系，相互配合，不可有任何偏废。交通实践中，轻教育重处罚，只处罚不纠正的现象比较严重，这背离了执法的目的。因此，虽处罚不断，交通违法行为却不断增多，与未能严格贯彻教育和处罚相结合的原则不无关系。因为只有加强交通安全教育，不断增强交通参与者的交通安全意识，才能获得广泛的群众基础，执法工作才能得到理解和支持。因此，在交通处罚时，要注意方式方法，要把教育和处罚相结合，缺一不可。

### 三、道路交通管理的任务

**（一）开展道路交通秩序管理**

道路交通秩序管理是道路交通管理的核心组成部分，所以，必须大力开展道路交通秩序管理活动。这就要求做到：要制定和完善道路交通管理目标，实行全面系统控制管理，同时贯彻交通行为规范，正确协调道路交通活动中的诸种关系，保障道路交通安全畅通。

**（二）加强机动车和驾驶人管理**

加强机动车和驾驶人管理是道路交通管理的基础工作，其内容包括：①机动车必须实行登记、检验和牌证管理，保证车况良好、安全技术性能可靠，使之有效运行。②驾驶人必须实行考试、审验和执照管理，保持驾驶人技术可靠、法制观念正确和交通道德良好，使之行车安全。

**（三）处理道路交通事故**

道路交通事故处理是道路交通管理工作的重要组成，道路交通事故处理要做到：正确进行道路交通事故现场勘查、调查取证、交通事故认定、处罚交通事故责任者以及道路交通事故档案管理，并分析交通事故原因和制定对策预防。

**（四）开展交通安全宣传教育**

交通安全宣传教育是采取各种宣传形式、运用各种宣传工具，向社会各界和人民群众宣传、讲解道路交通管理工作的方针、政策、法律、法规、道路交通安全常识和经验教训，使广大人民群众增强道路交通安全意识，自觉遵守道路交通规则，维护道路交通秩序与安全。交通安全宣传教育应贯穿于道路交通管理的整个过程。

# 项目二　道路交通秩序管理

## 一、道路交通秩序管理概述

【案例9-2】

2012年12月11日凌晨2时许，两辆大客车在某市省道和某县交界处路段正面相撞，造成两车严重损坏、9人死亡18人伤的特大交通事故。事故的发生过程是：由刁某刚驾驶一辆载有30名旅客的大客车，由某县往另一县方向行驶。这是一辆某运输实业发展公司的客车，核载32人。此车途经一收费站交界处时，与相对方向行驶而来的由司机徐某开驾驶的空载大客车正面相撞，两车相撞后刁某刚驾驶的客车往右驶出路外。事故调查小组初步认定，事故原因是刁某刚驾驶的客车超速和越线行驶。事故造成两车严重损坏，7人当场死亡，3人重伤，15人轻伤，后又有2人在送医院抢救无效后死亡。

【问题思考】

1. 此次交通事故发生的原因是什么？为什么要遵守交通秩序管理？

2. 在机动车行驶中驾驶人应该遵守什么样的秩序管理？

（一）交通秩序的含义

车辆和行人在道路上有规则地运动或停止，并且不发生非交通干扰，呈现出一种有条不紊的状态，这就是道路交通安全管理所要求的交通秩序。

良好的交通秩序，不仅有利于交通安全、道路畅通、提高社会运输效益，更重要的是，它还能反映一个城市、一个地区的精神文明风貌，一个民族的整体素质，当地的社会治安状况，政府管理道路交通的水平。

（二）道路交通秩序管理的概念

道路交通秩序管理是指公安交通管理机关依据交通管理法律法规，运用宣传教育、现代管理科学、现代科学技术，对交通系统实施控制管理，以取得最佳的道路交通效能的工作。

1. 道路交通秩序管理的主体。道路交通管理机关是公安机关交通管理部门（简称公安交通管理部门或交警部门）。可以延伸到具体执行交通管理勤务的交通警察。

2. 道路交通秩序管理的内容。道路交通秩序管理的内容是道路交通秩序，最主要的是通行秩序和停车秩序，也包括道路的服务水平以及交通环境对道路交通的影响等内容。

3. 道路交通秩序管理的对象。道路交通秩序管理的对象是交通系统。交通系统的构成要素是人、车、路和交通环境。

4. 道路交通秩序管理的目的。道路交通秩序管理的目的是取得最佳的交通效能，即保障道路交通安全畅通，降低交通公害，节约能源消耗。具体目标是"各行其道，车不越线，人不乱穿，路无障碍，秩序井然"。

5. 道路交通秩序管理的依据。道路交通秩序管理的依据是交通安全法规。交通安全法规包括法律、行政法规、规章和其他标准、规范等科技法规，如《道路交通安全法》《道路交通安全法实施条例》《道路交通安全违法行为处理程序规定》《机动车驾驶证申领和使用规定》以及国家标准的《机动车运行安全技术条件》《道路交通标志和标线》等。

6. 道路交通秩序管理的方法。道路交通秩序管理的方法是宣传教育、现代管理科学和现代科学技术的理论和方法。

**二、机动车行驶秩序管理**

机动车行驶秩序管理是道路交通秩序管理的重要组成部分，是公安机关交通管理部门的主要任务之一。管理部门通过对机动车行驶秩序管理，达到使机动车在允许的交通条件下，按合理的车速低事故、高效率运行的目的。为此，机动车行驶应遵循以下主要规则：

(一) 右侧通行规则

我国《道路交通安全法》第35条规定："机动车、非机动车实行右侧通行。"根据该规定，机动车在我国境内行驶的要求是：机动车在画有道路中心线的道路相对行驶时，一律在中心线右侧通行；在机动车朝同一方向行驶时，路上有标明路线的按标明路线行驶；无标明路线的，则按低速车置右原则行驶。

(二) 各行其道规则

各行其道是指车辆、行人按照道路交通法规的规定，在准许通行的区域、道路或道路的某一部位上通行。根据道路条件和通行需要，道路划分为机动车道、非机动车道和人行道的，机动车、非机动车和行人分道通行。没有划分机动车道、非机动车道和人行道的，机动车在道路中间通行，非机动车和行人在道路两侧通行。在道路同方向划有2条以上机动车道的，左侧为快速车道，右侧为慢速车道。在道路同方向划有2条以上机动车道的，变更车道的机动车不得影响相关车道内行驶的机动车的正常行驶。

(三) 行车速度规则

根据《道路交通安全法》及其实施条例的相关规定，我国机动车行车速度规则为：

1. 机动车在道路上行驶不得超过限速标志、标线标明的速度。在没有限速标志、标线的道路上，机动车不得超过下列最高行驶速度：①没有道路中心线的道路，城市道路为每小时 30 公里，公路为每小时 40 公里；②同方向只有 1 条机动车道的道路，城市道路为每小时 50 公里，公路为每小时 70 公里。

2. 机动车在夜间行驶或者在容易发生危险的路段行驶，以及遇有沙尘、冰雹、雨、雪、雾、结冰等气象条件时，应当降低行驶速度，最高行驶速度不得超过每小时 30 公里。

（四）超车规则

超车是在没有道路中心线或者同方向只有一条的道路上，后车从前车的左侧超越的行为。如果从前车右侧超越，即属违法超车。

超车是一个复杂的过程。安全超车需要有四个条件：道路条件、车辆条件、视距条件和前车有效的配合。超车的基本操作如下：机动车超车时，应当提前开启左转向灯，变换使用远、近光灯或者鸣喇叭。在没有道路中心线或者同方向只有 1 条机动车道的道路上，前车遇后车发出超车信号时，在条件许可的情况下，应当降低速度、靠右让路。后车应当在确认有充足的安全距离后，从前车的左侧超越，在与被超车辆拉开必要的安全距离后，开启右转向灯，驶回原车道。

（五）会车规则

会车行驶是指相对方向行驶的机动车在同一地点、同一时间通过的交通现象。该现象意味着正面碰撞、侧面碰撞等危险，尤其是在路面较窄的路段危险性更大。因此机动车驾驶人必须遵守有关会车规定。

《道路交通安全法实施条例》第 48 条对会车行驶作了如下规定：①在没有划中心线的道路和窄路、窄桥会车时，须减速靠右行驶，并与其他车辆、行人保持必要的安全距离。②在有障碍的路段，无障碍的一方先行；但有障碍的一方已驶入障碍路段而无障碍的一方未驶入时，有障碍的一方先行。③在狭窄的坡路，上坡的一方先行；但下坡的一方已行至中途而上坡的一方未上坡时，下坡的一方先行。④在狭窄的山路，不靠山体的一方先行。⑤夜间会车应当在距相对方向来车 150 米以外改用近光灯，在窄路、窄桥与非机动车会车时应当使用近光灯。

（六）掉头和倒车规则

机动车掉头和倒车时，稍有疏忽，不仅影响自身的行驶安全，而且会妨碍其他车辆、行人的正常行驶、行走秩序和交通安全。《道路交通安全法》对机动车掉头和倒车的地点作了严格的限制：

1. 机动车在有禁止掉头或者禁止左转弯标志、标线的地点以及在铁路道口、人行横道、桥梁、急弯、陡坡、隧道或者容易发生危险的路段，不得掉头。机动车在没有禁止掉头或者没有禁止左转弯标志、标线的地点可以掉头，但不得妨碍正常行驶的其他车辆和行人的通行。

2. 机动车倒车时，应当察明车后情况，确认安全后倒车。不得在铁路道口、交叉路口、单行路、桥梁、急弯、陡坡或者隧道中倒车。

### 三、非机动车和行人、乘车人交通秩序管理

（一）非机动车交通秩序管理

1. 遵守安全规定，按车道行驶。驾驶非机动车在道路上行驶应当遵守有关交通安全的规定。非机动车应当在非机动车道内行驶；在没有非机动车道的道路上，应当靠车行道的右侧行驶。

2. 行驶时速限制。残疾人机动轮椅车、电动自行车在非机动车道内行驶时，最高时速不得超过 15 公里。

3. 通过交叉路口。非机动车通过有交通信号灯控制的交叉路口，应当按照下列规定通行：①转弯的非机动车让直行的车辆、行人优先通行；②遇有前方路口交通阻塞时，不得进入路口；③向左转弯时，靠路口中心点的右侧转弯（即大转弯）；④遇有停止信号时，应当依次停在路口停止线以外。没有停止线的，停在路口以外；⑤向右转弯遇有同方向前车正在等候放行信号时，在本车道内能够转弯的，可以通行；不能转弯的，依次等候。

非机动车通过没有交通信号灯控制也没有交通警察指挥的交叉路口，除应当遵守上述第①项、第②项和第③项的规定外，还应当遵守下列规定：①有交通标志、标线控制的，让优先通行的一方先行；②没有交通标志、标线控制的，在路口外慢行或者停车瞭望，让右方道路的来车先行；③相对方向行驶的右转弯的非机动车让左转弯的车辆先行。

（二）行人交通秩序管理

1. 行人行走的基本规则。行人应当在人行道内行走，没有人行道的靠路边行走。

2. 路口通行和横穿道路通行的规则。

（1）行人通过路口或者横过道路，应当走人行横道或者过街设施。

（2）通过有交通信号灯的人行横道，应当按照交通信号灯指示通行。

（3）通过没有交通信号灯、人行横道的路口，或者在没有过街设施的路段横过道路，应当在确认安全后通过。

（4）行人横过机动车道，应当从行人过街设施通过；没有行人过街设施的，应当从人行横道通过；没有人行横道的，应当观察来往车辆的情况，确认安全后直行通过，不得在车辆临近时突然加速横穿或者中途倒退、折返。

（5）行人列队在道路上通行，每横列不得超过 2 人，但在已经实行交通管制的路段不受此限制。

3. 行人通行禁止行为包括：①不得跨越、倚坐道路隔离设施。②不得扒车、强行

拦车或者实施妨碍道路交通安全的其他行为。③不得在道路上使用滑板、旱冰鞋等滑行工具。④不得在车行道内坐卧、停留、嬉闹。⑤不得进行追车、抛物击车等妨碍道路交通安全的行为。

（三）乘车人通行规定

作为交通参与者，乘车人在维护交通安全中也具有十分重要的地位和作用。要求乘车人自觉、严格遵守交通规则，不仅是为了保障其自身交通安全，也是为了保障在车辆通行过程中其他人的交通安全。所以，《道路交通安全法》就此作出了相关规定：①机动车行驶时，驾驶人、乘坐人员应当按规定使用安全带；②摩托车驾驶人及乘坐人员应当按规定戴安全头盔；③乘车人不得携带易燃易爆等危险物品，不得向车外抛洒物品；④乘车人不得在机动车道上拦乘机动车；⑤乘车人在机动车道上不得从机动车左侧上下车；⑥乘车人开关车门不得妨碍其他车辆和行人通行；⑦机动车行驶中，不得干扰驾驶，不得将身体任何部分伸出车外，不得跳车；⑧乘坐两轮摩托车应当正向骑坐；⑨不得有影响驾驶人安全驾驶的行为。

**特别提醒**

除以上对机动车、非机动车和行人、乘车人进行交通秩序管理外，交通秩序管理还包括车辆停放秩序管理、非交通性障碍秩序管理、高速公路秩序管理等。

# 项目三　车辆与驾驶人管理

## 一、车辆与驾驶人管理概述

### 【案例9-3】

2012年9月7日，某县发生1起特大道路交通事故，造成3人死亡、1人受伤。23时40分许，蒙某搭乘另外三人，驾驶一辆五菱小型普通客车，沿国道322线行驶至551公里加200米路段时，因越过道路中心线驶入对向车道，与对向驶来的一辆由卢某驾驶的重型半挂牵引车发生正面相撞，造成二车不同程度损坏，小型普通客车上3人当场死亡、1人受伤，重型半挂牵引车上2人受伤的特大道路交通事故。经某县公安局交警大队调查，由某市疾病预防控制中心司法鉴定，小客车驾驶人蒙某血液内乙醇含量为110mg/100ml，属于醉酒后驾驶机动车，且占道行驶是造成交通事故的原因。而卢某驾驶的重型半挂牵引车实际装载83.1吨，行驶证核载32.5吨，超重也是造成交通事故的原因。

### 【问题思考】

1. 导致此次交通事故的主要原因是什么？

2. 新修改的法律为什么要加重对醉酒驾驶的处罚？如何处罚？

车辆与驾驶人管理是指公安交通管理部门依据国家有关法律、法规和政策，对车辆及驾驶人员进行检验、考核、审验、登记、核发牌证和对车辆制造、维修等相关行业进行安全认证、监督以及对驾驶人进行教育管理的一项专门工作。

车辆与驾驶人管理可分为机动车与驾驶人管理和非机动车与驾驶人管理。非机动车与驾驶人管理是对自行车、三轮车、残疾人专用车、畜力车、人力车等纳入非机动车范围的各种非机械动力车辆及其驾驶人的管理。

车辆与驾驶人管理制度包括：①车辆牌证制度；②车辆登记制度；③驾驶证制度；④车辆检验制度。

**特别提醒**

车辆与驾驶人是道路交通的主体，对交通的秩序、效率与安全起着决定性作用。加强车辆与驾驶人管理的目的在于提高运输效率，保证交通安全，预防犯罪分子利用车辆进行犯罪活动，维护社会治安秩序。

### 二、机动车与驾驶人管理

#### （一）机动车管理的含义

机动车管理，是公安交通管理机关依据国家法律、法规和规章，对正在使用的机动车辆进行登记、发牌、检验、审核以及采用技术手段对车辆制造、检验、保修单位进行监督指导的一项专门工作。

机动车管理作为公安交通管理机关的一项基本职能，其目的是确保交通安全，减少交通公害，延长车辆使用寿命，充分发挥运输效能。

#### （二）机动车管理的内容

机动车管理的内容主要有以下几个方面：①对机动车进行安全技术检验监督；②对机动车进行注册登记，核发号牌与行驶证；③对机动车进行变更、抵押、转移、注销等其他登记；④办理号牌与行驶证的补、换发手续；⑤建立、管理机动车档案。

#### （三）机动车驾驶人管理

机动车驾驶人管理是确保驾驶人的技术、业务素质，保证交通安全的重要措施，规定的主要内容有：培训考核、异动登记、年度审验、宣传教育、档案管理。

1. 申请机动车驾驶证的条件。

（1）申请机动车驾驶证的年龄条件。申请小型汽车、小型自动挡汽车、残疾人专用小型自动挡载客汽车、轻便摩托车准驾车型的，在18周岁以上、70周岁以下；申请低速载货汽车、三轮汽车、普通三轮摩托车、普通二轮摩托车或者轮式自行机械车准驾车型的，在18周岁以上、60周岁以下；申请城市公交车、大型货车、无轨电车或者有轨电车准驾车型的，在20周岁以上、50周岁以下；申请中型客车准驾车证的，在21

周岁以上、50 周岁以下；申请牵引车准驾车型的，在 24 周岁以上、50 周岁以下；申请大型客车准驾车型的，在 26 周岁以上、50 周岁以下。接受全日制驾驶职业教育的学生，申请大型客车、索引车准驾车型的，在 20 周岁以上、50 周岁以下。

（2）申请机动车驾驶证的身体条件。

第一，身高：申请大型客车、牵引车、城市公交车、大型货车、无轨电车准驾车型的，身高为 155 厘米以上。申请中型客车准驾车型的，身高为 150 厘米以上。

第二，视力：申请大型客车、牵引车、城市公交车、中型客车、大型货车、无轨电车或者有轨电车准驾车型的，两眼裸视力或者矫正视力达到对数视力表 5.0 以上。申请其他准驾车型的，两眼裸视力或者矫正视力达到对数视力表 4.9 以上。单眼视力障碍，优眼裸视力或者矫正视力达到对数视力表 5.0 以上，且水平视野达到 150 度的，可以申请小型汽车、小型自动挡汽车、低速载货汽车、三轮汽车、残疾人专用小型自动挡载客汽车准驾车型的机动车驾驶证。

第三，辨色力：无红绿色盲。

第四，听力：两耳分别距音叉 50 厘米能辨别声源方向。有听力障碍但佩戴助听设备能够达到以上条件的，可以申请小型汽车、小型自动挡汽车准驾车型的机动车驾驶证。

第五，上肢：双手拇指健全，每只手其他手指必须有三指健全，肢体和手指运动功能正常。但手指末节残缺或者左手有三指健全，且双手手掌完整的，可以申请小型汽车、小型自动挡汽车、低速载货汽车、三轮汽车准驾车型的机动车驾驶证。

第六，下肢：双下肢健全且运动功能正常，不等长度不得大于 5 厘米。但左下肢缺失或者丧失运动功能的，可以申请小型自动挡汽车准驾车型的机动车驾驶证。

第七，躯干、颈部：无运动功能障碍。

第八，右下肢、双下肢缺失或者丧失运动功能但能够自主坐立，且上肢符合本项第 5 目规定的，可以申请残疾人专用小型自动挡载客汽车准驾车型的机动车驾驶证。一只手掌缺失，另一只手拇指健全，其他手指有两指健全，上肢和手指运动功能正常，且下肢符合本项第 6 目规定的，可以申请残疾人专用小型自动挡载客汽车准驾车型的机动车驾驶证。

2. 机动车驾驶人的考试。按照中华人民共和国公安部第 139 号令《机动车驾驶证申领和使用规定》的要求，机动车驾驶人考试科目分为道路交通安全法律、法规和相关知识考试科目（以下简称"科目一"）、场地驾驶技能考试科目（以下简称"科目二"）和道路驾驶技能和安全文明驾驶常识考试科目（以下简称"科目三"）。

公安机关车辆管理所应当按照预约的考场和时间安排考试。申请人科目一考试合格后，可以预约科目二或者科目三道路驾驶技能考试。有条件的地区，申请人可以同时预约科目二、科目三道路驾驶技能考试，预约成功后可以连续进行考试。科目二、科目三道路驾驶技能考试均合格后，申请人可以当日参加科目三安全文明驾驶常识考试。

3. 机动车驾驶证有效期和换证。机动车驾驶证的有效期为 6 年；机动车驾驶人在机动车驾驶证的 6 年有效期内，每个记分周期均未达到 12 分的，换发 10 年有效期的机动车驾驶证；在机动车驾驶证的 10 年有效期内，每个记分周期均达到 12 分的，换发长期有效的机动车驾驶证。

机动车驾驶人应当于机动车驾驶证有效期满前 90 日内，向机动车驾驶证核发地或者核发地以外的车辆管理所申请换证。

4. 机动车驾驶证的注销。机动车驾驶人具有下列情形之一的，车辆管理所应当注销其机动车驾驶证：①死亡的；②提出注销申请的；③丧失民事行为能力，监护人提出注销申请的；④身体条件不适合驾驶机动车的；⑤有器质性心脏病、癫痫病、美尼尔氏症、眩晕症、癔病、震颤麻痹、精神病、痴呆以及影响肢体活动的神经系统疾病等妨碍安全驾驶疾病的；⑥被查获有吸食、注射毒品后驾驶机动车行为，正在执行社区戒毒、强制隔离戒毒、社区康复措施，或者长期服用依赖性精神药品成瘾尚未戒除的；⑦超过机动车驾驶证有效期 1 年以上未换证的；⑧年龄在 70 周岁以上，在 1 个记分周期结束后 1 年内未提交身体条件证明的；或者持有残疾人专用小型自动挡载客汽车准驾车型，在 3 个记分周期结束后 1 年内未提交身体条件证明的；⑨年龄在 60 周岁以上，所持机动车驾驶证只具有无轨电车或者有轨电车准驾车型，或者年龄在 70 周岁以上，所持机动车驾驶证只具有低速载货汽车、三轮汽车、轮式自行机械车准驾车型的；⑩机动车驾驶证依法被吊销或者驾驶许可依法被撤销的。

5. 机动车驾驶证的审验。机动车驾驶人在换领机动车驾驶证时，应当接受公安机关交通管理部门的审验。

机动车驾驶证审验内容包括：①道路交通安全违法行为、交通事故处理情况；②身体条件情况；③道路交通安全违法行为记分及记满 12 分后参加学习和考试情况。

年龄在 70 周岁以上的机动车驾驶人，应当每年进行一次身体检查，在记分周期结束后 30 日内，提交县级或者部队团级以上医疗机构出具的有关身体条件的证明。持有残疾人专用小型自动挡载客汽车驾驶证的机动车驾驶人，应当每 3 年进行一次身体检查，在记分周期结束后 30 日内，提交经省级卫生主管部门指定的专门医疗机构出具的有关身体条件的证明。

机动车驾驶人因服兵役、出国（境）等原因，无法在规定时间内办理驾驶证期满换证、审验、提交身体条件证明的，可以向机动车驾驶证核发地车辆管理所申请延期办理。申请时应当填写申请表，并提交机动车驾驶人的身份证明、机动车驾驶证和延期事由证明。延期期限最长不超过 3 年。延期期间机动车驾驶人不得驾驶机动车。

### 三、非机动车与驾驶人管理

**（一）非机动车管理的概念**

非机动车管理，是指公安车辆管理部门依据道路交通安全法律、法规，对辖区内各单位和个人所拥有的非机动车及其驾驶人进行的各项管理活动。

**（二）非机动车的分类**

非机动车辆是指以人力或者畜力驱动在道路上行驶的交通工具，以及虽有动力装置驱动但设计最高时速、空车质量、外形尺寸符合有关国家标准的残疾人机动轮椅车、电动自行车等交通工具。

**（三）非机动车牌证的申领**

申领非机动车牌证时需要提交车辆证明、车主证明等，残疾人专用车需要由残联出具的残疾人办事证明。

**（四）非机动车驾驶人管理**

驾驶助力自行车、有动力装置的残疾人专用车、营运三轮车时，驾驶人必须持有公安交通管理部门核发的操作证，并按规定接受公安交通管理部门的审验。操作证由市公安交通管理部门统一制作。

申领助力自行车、营运三轮车操作证一般要具备下列条件：①具有当地常住户籍或暂住证；②年满16周岁以上；③无妨碍安全驾驶的生理缺陷；④经公安交通管理部门交通安全常识和操作技能考试合格。

**拓展阅读**

2008年世界卫生组织的事故调查显示，大约50%～60%的交通事故与酒后驾驶有关，酒后驾驶已经被列为车祸致死的主要原因。在中国，每年由于酒后驾车引发的交通事故达数万起；而造成死亡的事故中50%以上都与酒后驾车有关，酒后驾车的危害触目惊心，已经成为交通事故的第一大"杀手"。因此，中国的法律对饮酒驾车加重了处罚力度。

2011年修正后的《道路交通安全法》第91条对饮酒驾驶做了相关修改，规定饮酒后驾驶机动车的，处暂扣6个月机动车驾驶证，并处1000元以上2000元以下罚款。因饮酒后驾驶机动车被处罚，再次饮酒后驾驶机动车的，处10日以下拘留，并处1000元以上2000元以下罚款，吊销机动车驾驶证。醉酒驾驶机动车的，由公安机关交通管理部门约束至酒醒，吊销机动车驾驶证，依法追究刑事责任；5年内不得重新取得机动车驾驶证。饮酒后驾驶营运机动车的，处15日拘留，并处5000元罚款，吊销机动车驾驶证，5年内不得重新取得机动车驾驶证。醉酒驾驶营运机动车的，由公安机关交通管理部门约束至酒醒，吊销机动车驾驶证，依法追究刑事责任；10年内不得重新取得机动车驾驶证，重新取得机动车驾驶证后，不得驾驶营运机动车。饮酒后或者醉酒驾驶机动车发生重大交通事故，构成犯罪的，依法追究刑事责任，并由公安机关交通管理部门吊销机动车驾驶证，终生不得重新取得机动车驾驶证。

2011年5月1日起正式实施的《刑法修正案（八）》规定："在道路上驾驶机动车追逐竞驶，情节恶劣的，或者在道路上醉酒驾驶机动车的，处拘役，并处罚金。"这也意味着，此后凡是在道路上醉酒驾驶机动车的，一旦被查获，将面临最高半年拘役的处罚。其性质也由过去的行政违法行为衍变为刑事犯罪行为。而公务员醉驾几乎等同于砸掉自己的"铁饭碗"。《行政机关公务员处分条例》第17条第2款规定，行政机关公务员依法被判处刑罚的，给予开除处分。

# 项目四　交通事故处理

## 一、道路交通事故的基本概念

**【案例9-4】**

2012年5月23日22时，石某雪驾驶京HF×××松花江号小客车，沿皇庄一村公路由东向西行驶至皇庄农业银行门口时，与对向行驶的郝某驾驶的电动三轮车相撞，肇事后，石某雪为了逃避责任，当场逃逸。

2012年5月23日22时37分，某市公安局交警大队接到报案称：在三河皇庄农业银行附近发生一起重大交通肇事逃逸案件。一辆机动车与一辆电动三轮摩托车相撞，造成三轮摩托车乘车人中孙某彪、王某奎2人经抢救无效死亡，驾驶人郝某、乘坐人马某2人重伤的严重后果，机动车肇事后逃逸。接报后，该交警大队民警立即赶赴现场，进行现场勘查及访问调查工作。经勘查：现场位于三河市皇庄镇农业银行门口，遗留有肇事逃逸车辆保险杠碎片、大灯碎片。经过对现场遗留物分析初步确定，肇事车辆应该为一辆松花江牌小型客车，左前角大灯、保险杠有明显损坏，由于事发突然，夜间能见度低，目击证人无法确定肇事车辆的车牌号码。为了尽快找到肇事车辆，办案民警兵分三路，有条不紊地开展排查工作。5月24日，迫于压力，石某雪到交警大队投案自首。至此，一起致2人死亡、2人重伤的重大交通肇事逃逸案件成功侦破。

**【问题思考】**

1. 什么是道路交通事故？该案例中的事故属于哪种交通事故？

2. 交通事故的现场如何处置？

在我国，根据《道路交通安全法》的规定，道路交通事故是指车辆在道路上因过错或者意外造成的人身伤亡或者财产损失的事件。

构成道路交通事故必须具备以下六个要素：

（一）车辆

车辆是构成交通事故的前提条件。这里的车辆，不仅包括机动车，还应包括非机动车。行人自己在走路过程中发生意外、造成伤亡不属于交通事故。

（二）道路

道路是构成交通事故的基础条件。我国《道路交通安全法》中规定，道路是指公路、城市道路和虽在单位管辖范围但允许社会机动车通行的地方，包括广场、公共停车场等用于公众通行的场所。应以事态发生时车辆所在的位置来判定是否在道路上，而不是事态发生后车辆所在的位置来判定是否在道路上。

（三）在运动中

即车辆在行驶或停放过程中，这里所说的停放过程，应理解为交通单元的停车过程，而交通单元之间的静止状态停放所发生的事故（如停车后装卸货物时发生的伤亡事故）不属于交通事故。停在路边的车辆，被过往车辆碰撞发生事故，由于对方车辆处在运动中，因而也是交通事故，所以关键是车辆是否运动。交通事故涉及的各方当事人中至少一方的车辆处于运动状态。

（四）发生事态

即发生碰撞、碾压、刮擦、翻车、坠车、爆炸、失火等其中的一种现象。如果未发生上述事态，而是由于行人或旅客因其他原因（如心脏病发作）而造成的人身伤亡或者财产损失不属于交通事故。

（五）过错或者意外

过错或者意外是指道路交通事故是由于车辆在道路上因过错或意外造成的。这里的过错是指特定人员针对道路交通事故的主观心理态度，过错既包括过失，也包括故意的心理态度；这里的意外是指地震、台风、山洪、雷击等不可抵挡的自然灾害。利用交通工具自杀不属于交通事故。

（六）人身伤亡或者财产损失

只有车辆在道路上因过错或意外造成了人身伤亡或者财产损失才构成道路交通事故。如没有造成人身伤亡，也没有造成任何财物损失的，不属于道路交通事故。

以上六个要素和一定的违反道路交通安全的行为可作为鉴别是否属于交通事故的依据。

**二、道路交通事故的分类**

按不同的要求，从不同的角度可以对道路交通事故作不同的分类。主要有以下几种：

1. 按道路交通事故的后果不同，可将交通事故分为轻微事故、一般事故、重大事故、特大事故。轻微事故指一次造成轻伤 1~2 人，或者财产损失机动车事故不足 1000 元、非机动车事故不足 200 元的事故。一般事故指一次造成重伤 1~2 人，或者轻伤 3 人以上，或者财产损失不足 30 000 元的事故。重大事故指一次造成死亡 1~2 人，或者重伤 3 人以上 10 人以下，或者财产损失 30 000 元以上不足 60 000 元的事故。特大事故指一次造成死亡 3 人以上，或者重伤 11 人以上，或者死亡 1 人同时重伤 8 人以上，或者死亡 2 人同时重伤 5 人以上，或者财产损失 60 000 元以上的事故。

2. 按交通事故主要责任者，可将道路交通事故分为机动车事故、非机动车事故、行人事故。机动车事故，是指事故当事方中，汽车、摩托车和拖拉机等机动车负主要责任以上的事故。非机动车事故，是指自行车、人力车、三轮车和畜力车等按非机动车管理的车辆负主要责任以上的事故。行人事故，是指在事故当事方中行人负主要责任以上的事故。

3. 按损害后果的表现类型，可分为死亡事故、伤人事故、财产损失事故。死亡事故，指仅有人员死亡或既有人员死亡又有人员受伤和财产损失的事故。伤人事故，指仅有人员受伤或既有人员受伤又有财产损失的事故。财产损失事故，指仅有财产损失的事故。

4. 按交通事故的对象，可分为：车辆间的交通事故、车辆与行人的交通事故、机动车与非机动车的交通事故、车辆自身事故、车辆对固定物的事故。

### 三、道路交通事故的处理

（一）当事人自行协商

1. 道路交通事故发生后，当事人必须立即采取的措施。《道路交通安全法》第 70 条第 1 款规定："在道路上发生交通事故，车辆驾驶人应当立即停车，保护现场；造成人身伤亡的，车辆驾驶人应当立即抢救受伤人员，并迅速报告执勤的交通警察或者公安机关交通管理部门。因抢救受伤人员变动现场的，应当标明位置。乘车人、过往车辆驾驶人、过往行人应当予以协助。"因此，当交通事故发生后，当事人应该立即停车并采取措施保护现场，有人员受伤的必须立即抢救伤者并报警。

2. 当事人自行撤离现场和自行协商处理损害赔偿。

（1）当事人可以即行撤离现场的情形。《道路交通安全法》第 70 条第 2 款规定："在道路上发生交通事故，未造成人身伤亡，当事人对事实及成因无争议的，可以即行撤离现场，恢复交通，自行协商处理损害赔偿事宜；不即行撤离现场的，应当迅速报告执勤的交通警察或者公安机关交通管理部门。"根据本款的规定，对未造成人身伤亡的交通事故，当事人可以即行撤离现场、自行协商处理损害赔偿事宜，也可以报警处理。

（2）当事人应当先行撤离现场的情形。《道路交通安全法》第 70 条第 3 款规定：

"在道路上发生交通事故，仅造成轻微财产损失，并且基本事实清楚的，当事人应当先撤离现场再进行协商处理。"这里指的是"应当"，即必须，对造成轻微财产损失的交通事故，当事人应当先行撤离现场，自行协商处理损害赔偿事宜。车辆可以移动的，当事人应当在确保安全的原则下对现场拍照或者标划事故车辆现场位置后立即撤离现场，将车辆移至不妨碍交通的地方再进行协商。

对应当自行撤离现场而未撤离的，交通警察应当责令当事人撤离现场；造成交通堵塞的，可以对驾驶人处以 200 元罚款。

（二）交通警察处理交通事故的程序

1. 简易程序。

（1）适用简易程序处理的情形。以下道路交通事故可以适用简易程序处理，但有交通肇事、危险驾驶犯罪嫌疑的除外：①财产损失事故；②受伤当事人伤势轻微，各方当事人一致同意适用简易程序处理的伤人事故。适用简易程序的，可以由 1 名交通警察处理。

（2）处理程序。交通警察适用简易程序处理道路交通事故时，应当在固定现场证据后，责令当事人撤离现场，恢复交通。拒不撤离现场的，予以强制撤离；对当事人不能自行移动车辆的，交通警察应当将车辆移至不妨碍交通的地点。

撤离现场后，交通警察应当根据现场固定的证据和当事人、证人叙述等，认定并记录道路交通事故发生的时间、地点、天气、当事人姓名、机动车驾驶证号、联系方式、机动车种类和号牌、保险凭证号、交通事故形态、碰撞部位等，并根据当事人的行为对发生道路交通事故所起的作用以及过错的严重程度，确定当事人的责任，制作道路交通事故认定书，由当事人签名。

当事人共同请求调解的，交通警察应当当场进行调解，并在道路交通事故认定书上记录调解结果，由当事人签名，交付当事人。

有下列情形之一的，不适用调解，交通警察可以在道路交通事故认定书上载明有关情况后，将道路交通事故认定书交付当事人：①当事人对道路交通事故认定有异议的；②当事人拒绝在道路交通事故认定书上签名的；③当事人不同意调解的。

2. 一般程序。

（1）交通事故的现场处置。

第一，交通事故现场的紧急措施。《道路交通安全法》第 72 条第 1 款规定："公安机关交通管理部门接到交通事故报警后，应当立即派交通警察赶赴现场，先组织抢救受伤人员，并采取措施，尽快恢复交通。"

公安机关交通管理部门接到交通事故报警后，应当立即派交通警察赶赴现场，并要注意两点：一是接到报案后，应当做好报案登记工作，详细记录下事故发生的时间、地点、伤亡情况、报案人的姓名、单位、联系方式等，以便进一步核实，防止报假案影响公安机关的正常工作。二是确定事故发生后，立即组织警力及时、迅速出警。实践中，往往是由交通指挥中心确定案发地点后，调派距离现场最近的警察前往处理，如果属于重、特大交通事故，则需要及时派遣技术人员等有关人员前往现场。

第二，交通事故的现场保护。《道路交通事故处理程序规定》第 30 条对交通警察的现场保护义务作了具体规定，交通警察到达事故现场后，应当立即进行下列工作：①按照事故现场安全防护有关标准和规范的要求划定警戒区域，在安全距离位置放置发光或者反光锥筒和警告标志，确定专人负责现场交通指挥和疏导。因道路交通事故导致交通中断或者现场处置、勘查需采取封闭道路等交通管制措施的，还应当视情在事故现场来车方向提前组织分流，放置绕行提示标志。②组织抢救受伤人员。③指挥勘查、救护等车辆停放在便于抢救和勘查的位置，开启警灯，夜间还应当开启危险报警闪光灯和示廓灯。④查找道路交通事故当事人和证人，控制肇事嫌疑人。⑤其他需要立即开展的工作。

（2）交通事故的现场勘查。

第一，交通警察在现场应当查验道路交通事故当事人身份证件、机动车驾驶证及机动车行驶证、保险标志等，并进行登记，依法传唤交通肇事嫌疑人。当事人不在现场的，应当立即查找。

第二，交通警察在现场勘查过程中，可以使用呼气式酒精测试仪或唾液试纸，对车辆驾驶人进行酒精含量检测，检测结果应当在现场勘查笔录中载明。

发现车辆驾驶人有饮酒或者服用国家管制的精神药品、麻醉药品嫌疑的，应当按照《道路交通安全违法行为处理程序规定》的规定及时提取血样或者尿样，送交有检验鉴定资质的机构进行检验。

第三，交通警察应当按照有关法律、法规和《道路交通事故痕迹物证勘验》等标准的规定，客观、全面勘查现场，提取痕迹物证，通过照相、摄像、绘图、制作现场勘查笔录等方式固定证据。

第四，应当按照《道路交通事故现场图绘制》《道路交通事故现场图形符号》等标准，绘制道路交通事故现场图。经核对无误后，由勘查现场的警察、当事人和见证人签名。当事人、见证人拒绝签名或者无法签名以及无见证人的，应当记录在案。

第五，交通警察可以在现场对道路交通事故当事人、现场证人针对事故现场需要确认的问题分别进行询问，并作笔录。现场不具备制作询问笔录条件的，可以通过录音、录像记录询问过程。

（3）检验、鉴定。当事人生理、精神状态、人体损伤、尸体、车辆及其行驶速度、痕迹、物品以及现场的道路状况需要进行检验、鉴定的，公安机关交通管理部门应当自事故现场调查结束之日起 3 日内委托具备资格的鉴定机构进行检验、鉴定。尸体检验应当在死亡之日起 3 日内委托。对交通肇事逃逸车辆的检验、鉴定自查获肇事嫌疑车辆之日起 3 日内委托。对现场调查结束之日起 3 日后需要检验、鉴定的，应当报经上一级公安机关交通管理部门批准。对精神病的鉴定，应当由省级人民政府指定的医院进行。因收集证据的需要，公安机关交通管理部门可以扣留事故车辆，并开具行政强制措施凭证。

（4）清理现场、恢复交通。交通警察勘查事故现场完毕后，应当清点并登记现场遗留物品，迅速组织清理现场，尽快恢复交通。现场遗留物品能够现场发还的，应当现场发还并做记录；现场无法确定所有人的，应当妥善保管，待所有人确定后，及时发还。

（5）交通事故的认定。《道路交通安全法》第73条规定："公安机关交通管理部门应当根据交通事故现场勘验、检查、调查情况和有关的检验、鉴定结论，及时制作交通事故认定书，作为处理交通事故的证据。交通事故认定书应当载明交通事故的基本事实、成因和当事人的责任，并送达当事人。"

第一，交通事故的责任划分。公安机关交通管理部门应当根据当事人的行为对发生道路交通事故所起的作用以及过错的严重程度，确定当事人的责任。①因一方当事人的过错导致道路交通事故的，发生道路交通事故逃逸的，故意破坏、伪造现场、毁灭证据的，承担全部责任；②因两方或者两方以上当事人的过错发生道路交通事故的，根据其行为对事故发生的作用以及过错的严重程度，分别承担主要责任、同等责任和次要责任；③各方均无导致道路交通事故的过错，属于交通意外事故的，各方均无责任。一方当事人故意造成道路交通事故的，他方无责任。

第二，交通事故认定书的内容。道路交通事故认定书应当载明以下内容：①道路交通事故当事人、车辆、道路和交通环境等基本情况；②道路交通事故发生经过；③道路交通事故证据及事故形成原因的分析；④当事人导致道路交通事故的过错及责任或者意外原因；⑤作出道路交通事故认定的公安机关交通管理部门名称和日期。

道路交通事故认定书应当由办案民警签名或者盖章，加盖公安机关交通管理部门道路交通事故处理专用章，道路交通事故认定书应当在制作后3日内分别送达当事人，并告知当事人向公安机关交通管理部门申请复核、调解和直接向人民法院提起民事诉讼的权利、期限。

第三，交通事故认定书的制作期限。公安机关交通管理部门应当自现场调查之日起10日内制作道路交通事故认定书。交通肇事逃逸案件在查获交通肇事车辆和驾驶人后10日内制作道路交通事故认定书。对需要进行检验、鉴定的，应当在检验、鉴定结论确定之日起5日内制作道路交通事故认定书。

发生死亡事故，公安机关交通管理部门应当在制作道路交通事故认定书前，召集各方当事人到场，公开调查取得证据。证人要求保密或者涉及国家秘密、商业秘密以及个人隐私的证据不得公开。当事人不到场的，公安机关交通管理部门应当予以记录。

（6）对交通事故认定的复核。当事人对道路交通事故认定有异议的，可以自道路交通事故认定书送达之日起3日内，向上一级公安机关交通管理部门提出书面复核申请。复核申请应当载明复核请求及其理由和主要证据。

上一级公安机关交通管理部门收到当事人书面复核申请后 5 日内，应当作出是否受理决定。有下列情形之一的，复核申请不予受理，并书面通知当事人：①任何一方当事人向人民法院提起诉讼并经法院受理的；②人民检察院对交通肇事犯罪嫌疑人批准逮捕的；③适用简易程序处理的道路交通事故；④车辆在道路以外通行时发生的事故。

公安机关交通管理部门受理复核申请的，应当书面通知各方当事人。

（7）行政处罚与执行。公安机关交通管理部门应当在作出道路交通事故认定之日起 5 日内，对当事人的道路交通安全违法行为依法作出处罚。

对发生道路交通事故构成犯罪，依法应当吊销驾驶人机动车驾驶证的，应当在人民法院作出有罪判决后，由设区市公安机关交通管理部门依法吊销机动车驾驶证；同时具有逃逸情形的，公安机关交通管理部门应当同时依法作出终生不得重新取得机动车驾驶证的决定。

**特别提醒**

交通警察调查时应当向被调查人员出示《人民警察证》，告知被调查人依法享有的权利和义务，向当事人发送联系卡。联系卡载明交通警察的姓名、办公地址、联系方式、监督电话等内容。交通警察调查道路交通事故时，应当客观、全面、及时、合法地收集证据。

除简易程序外，公安机关交通管理部门对道路交通事故进行调查时，交通警察不得少于 2 人。

# 项目五　技能训练

## 交通事故现场处置

### 一、训练内容

1. 交通事故现场处置的组织和实施；
2. 现场急救的原则、技术；
3. 现场疏散、警戒的范围和方法；
4. 查找目击证人的策略和方法，制作访问笔录；
5. 现场接待的方法和策略；
6. 交通事故现场物证保护、肇事人控制的方法。

## 二、训练目的

交通事故现场处置综合实训，是对学生运用现场处置技术解决实际问题能力的综合测验，是一项操作性较强的实验。交通事故现场处置综合实验要求学生运用现场疏散、现场保护、现场调查、现场警戒和现场急救等处置技术，对交通事故现场进行合法、科学、前期的处置，为事故的最终调查处理创造良好的外部环境和提供一线资料。

## 三、训练前的准备

机动车、自行车，数码摄像机、数码照相机，粉笔，橡皮警棍，警用反光背心，警戒带，警戒柱，三角警告牌，告示牌，喊话器，对讲机，调查纸，调查夹，印泥，现场急救箱，担架，大型遮阳伞，人体模型及其他道具（玻璃、油漆碎片、刹车印痕、红墨水等）。

## 四、训练方法与步骤

1. 担任指挥的学生（3人，总1、副2）带领各组人员赶赴现场，在快速巡视现场后，紧急发布集合、动员令。

要求：指挥人员要有现场角色意识；口令有力，声音洪亮，心理沉稳，控制局面能力好；分工明确，强调纪律和自身安全。

2. 各处置小组在总指挥的带领下，有序、迅速、合理地开展处置工作。

现场疏散、警戒组：4人，适时疏散围观群众，合理划定范围，迅速布置警戒；

现场急救组：3人，正确采取救护措施，合理选择急救地点，适时联系医疗单位；

物证保护组：2人，仔细搜索物品痕迹，妥善保护物证，及时控制肇事司机；

现场调查组：2人，灵活、及时寻找目击证人，合理运用访谈技术（心理安抚，选择访问地点），完整、清楚、快速地制作笔录。

现场接待组（由指挥组兼任）：主要针对受害人及肇事人亲友进行及时的安抚和劝导，对新闻媒体进行合理、有序的新闻发布和管理。

3. 担任指挥学生掌握各组进度，视情况清理现场、结束实训。

## 五、注意事项

1. 模拟现场设计必须根据地理条件、道路、车辆情况，因地制宜地设计事故现场。

2. 实训时，应以实训小组为单位，以14人为一实训小组。按照交通事故现场处置的任务分工，由学生担任不同的角色，在教师的指导下有组织地开展。

## 六、考核方式及标准

### (一) 考核方式

1. 学生之间互相审查操作过程，作出评议，最后由教师总结。

2. 完成实训报告。内容包括：如何组织指挥、现场处置过程是怎样的、处置内容和措施有哪些、你担任的任务是什么。

### (二) 考核标准

四级评分制：

优秀：实训报告内容完整、详实，能根据本人所扮演角色，出色完成实训任务。各处置小组在总指挥的带领下，有序、迅速、合理地开展处置工作。现场疏散、警戒组适时疏散围观群众、合理划定范围，迅速布置警戒；现场急救组正确采取救护措施，合理选择急救地点，适时联系医疗单位；物证保护组搜索物品痕迹仔细，物证保护方法得当，控制肇事司机及时；现场调查组灵活、及时寻找目击证人，合理运用访谈技术，笔录制作完整、清楚、快速。

良好：实训报告内容完整、详实，能根据本人所扮演角色，较好完成实训任务。

及格：实训报告内容基本完整、详实，能根据本人所扮演角色，勉强完成实训任务。

不及格：不能完成各项任务。

## 七、训练案例

**【训练案例】**

某年 6 月 15 日，某交警大队接事故现场人报警称，在某学院西侧的飞翔路发生一起交通事故，有人员受伤。接警后，该大队迅速集合队伍，赶赴现场。

现场所见：现场位于某学院校园西侧的公共环形道路上，一辆本田小轿车与一自行车发生碰撞，本田车左前保险杠已被撞破，司机呆立一旁，不知所措，自行车前轮被撞成 "S" 形，车载 2 人，一男青年倒卧在本田车两前轮之间，已不省人事，一女青年瘫坐一侧，表情痛苦。现场围观群众众多，且有不少进出车辆。

**【训练要求】**

1. 快速、全面地完成交通事故的现场处置工作；

2. 根据现场急救的原则、技术救助受伤人员；

3. 疏散现场围观人员，及时疏导交通；

4. 划定警戒范围，进行交通事故现场证据保护；

5. 控制肇事人员，查找目击证人，制作询问笔录。

# 单 元 十

# 涉外行政警务

📖 **知识目标**

1. 了解出入境的含义和一般内容。

2. 理解护照、签证的基本知识。

3. 掌握中国公民出入境管理的基本内容以及外国人入境出境管理的内容。

📖 **能力目标**

能依据法律基本完成涉外治安案件的处置。

📖 **知识结构图**

涉外行政警务
- 涉外警务概述
  - 涉外警务的概念
  - 涉外行政警务管理的基本原则
  - 出入境管理
- 涉外治安案件处置
  - 涉外治安案件的概念和种类
  - 涉外治安案件处置程序
  - 涉外治安案件处置应注意的问题
- 技能训练

## 项目一 涉外警务概述

当前国家移民管理局加挂中华人民共和国出入境管理局牌子，由公安部管理。国家移民管理局的主要职责是：协调拟订移民政策并组织实施，负责出入境管理、口岸证件查验和边民往来管理，负责外国人停留居留和永久居留管理、难民管理、国籍管理，牵头协调非法入境、非法居留、非法就业外国人治理和非法移民遣返，负责中国公民因私出入国（境）服务管理，承担移民领域国际合作等。原属公安机关的出入境管理工作，虽然看似并入了国家移民管理局，但现实中，人民政府公安机关不可避免地要参与涉外行政警务管理活动，相关的出入境管理知识仍要掌握，要了解、识别相关的出入境证件。

## 一、涉外警务的概念

本教材主要介绍公安机关及其人民警察依照法律法规行使警察职权，对具有涉外因素的事务实施行政管理的活动以及其中涉及的相关基础知识。

涉外警务的执法活动具有以下四方面特征：①构成因素的涉外性。无论何种类型的案件，只要违法犯罪主体、违法犯罪客体和法律事实三个方面中有一个方面具有涉外因素，即构成涉外案件。②法律依据的双重性。当前国际犯罪和跨国犯罪多发，涉外警务工作需要越来越多的国家执法合作，因此，在涉外警务工作中，既要严格遵守我国的法律法规，也要遵守参加或签订的国际条约的规定以及有关国家的法律法规。③国家管辖的双重性。属地管辖和属人管辖是国际法意义上的管辖原则，以属地管辖优先。在涉外警务工作中，所在国在行使属地管辖权的同时也要尊重当事人国籍国的属人管辖权。④案件查处的灵活性。因含有涉外因素的案件已不仅仅是司法问题，还是外交问题和政治问题，所以，查处的灵活性是必然要求。

## 二、涉外行政警务管理的基本原则

### （一）维护国家主权、安全和利益原则

国家主权是一个国家最重要的属性，国家对出入境实行治安行政管理，是行使国家主权的体现。在涉外警务管理中，依照我国相关法律规定，中国公民出境入境，受到我主权国家的保障和保护；外国人入境出境，必须遵守我国的法律规定，不得危害中国国家安全，损害社会公共利益，破坏社会公共秩序。国家安全、利益和国家主权是统一的整体，有了国家主权，才能从各个方面保卫国家安全、维护国家的利益。

### （二）保障相对人合法权益原则

作为涉外警务管理的相对人，无论是中国公民，还是外国人，其所履行的义务和享有的基本权利是一致的。我国政府要求出入境人员必须遵守国家法律，履行法律规定的义务，同时对于他们的合法权益，也从实体到程序上依法给予保障。

### （三）依法管理原则

涉外警务管理是一项公安行政执法活动，必须在法律（包括国际法和国内法）的范围内进行，依法行使行政管理权。

### （四）方便往来，促进开放原则

涉外警务管理活动要在依法管理的基础上，简化程序、手续，对一切有利于国家经济建设和从事友好往来的人员给予尽可能的方便。方便往来的目的在于促进我国同世界各国的友好交往，促进改革开放的深入发展，便于经济往来和友好交流。

### 三、出入境管理

**【案例 10-1】**

某年 3 月 22 日，一名中年妇女带着一男一女两个孩子，企图经美兰国际机场乘坐飞往香港的班机偷渡到国外。原以为事情办得天衣无缝，却没想到被美兰边检人员识破。边防总队刑事侦查大队在审理过程中发现，这是一个 3 人内外勾结以假涉外婚姻组织他人偷越国（边）境团伙。边防民警乘胜追击，一举打掉了这个特大非法组织他人偷渡团伙，抓获偷渡人员 3 人，抓获团伙成员 5 人，缴获护照 60 余本，涉嫌交易金额 100 万元人民币。[1]

**【问题思考】**

目前我国的出入境活动，是否仅指出入我国国境的活动？

（一）出入境管理的概念

出入境是指一国的公民为进入另一国家或从另一国家返回本国而跨越两国或多国国界的活动。简单地说，出入境就是一种跨越国界的人口流动。

出入境活动包括本国公民出入境和外国公民出入境两个方面，表现为三种形态：一是一国的国内公民离开本国前往其他国家，或从目的地国返回本国；二是一国侨民自侨居国返回本国或再次回返侨居国；三是外国公民从其国籍国或其他国家进入另一国家领土或离去。前两者均属于本国公民出入境，后者即是外国人入出境。

出入境活动对于任何人来说，都是必须连续发生的两个行为，即一个出境行为和一个入境行为。对于离开的国家来说是出境，对于进入的国家来说是入境，对于途经的第三国来说是过境。就我国出入境管理工作而言，出入境是指中国或外国人员进出我国国（边）境的行为；中国公民进入前往国和从前往国出境，则属于前往国的出入境管理范围。

从狭义上说，出入境就是出入国境，不仅指国内公民出入我国国境，同时也包括海外华侨返回国内和外国人入出我国国境，因为世界上大多数国家的国境和边境是一致的。但在我国有所不同，我国目前存在香港、澳门及台湾三个比较特殊的地区，中国公民往来这三个地区与内地之间，虽属于国内间旅行，但仍需要办理一定的出入境手续。因此，"出入境"一词在我国有着广义的理解：除了包含狭义出入境的含义外，还包括中国公民往来香港、澳门、台湾地区。公民出入国境，可称为出入国，也可称为出入境；公民往来香港、澳门、台湾与内地之间，只能称为出入境，而不能称之为出入国。这是"一国两制"在我国的具体体现，也是坚持一个中国的基本原则问题。

出入境管理是世界各国普遍实行的一种行政管理制度。这一制度所调整的对象大致相同，但是出入境管理机构的设置、名称、隶属关系等方面不完全相同。从世界多

---

〔1〕 案例来源：中国教育新闻网，2006 年 9 月 5 日。

数国家看，属于移民输入国的国家该机构一般称为移民局，如美国政府主管出入境事务的机构是公民及移民服务局，隶属于司法部；加拿大政府主管出入境事务的机构是移民部；日本政府负责出入境事务的机构是出入国管理局等。属于移民输出国的国家该机构一般称出入国（或出入境）管理局。虽然称谓不完全一样，但其性质和职能基本上是相同的。

（二）中国人出入境

1. 护照。

（1）护照的含义。护照的英文为"Passport"，意为"口岸通行证件"。中华人民共和国护照是中华人民共和国公民出入国境和在国外证明国籍和身份的证件。任何组织或者个人不得伪造、变造、转让、故意损毁或者非法扣押护照。

（2）护照的种类。在国际社会中，各国的护照种类不同，主要有：外交护照、公务护照、官员护照、普通护照、特别护照、海员护照（或海员证）、团体护照和临时护照。一些国家还颁发代用护照的证件，以及为本国公民或外国人颁发通行证、旅行证等。

现行中国护照分为外交护照、公务护照、普通护照和特区护照。

第一，外交护照（Diplomatic Passport），由外交部签发，外交官员、领事官员及其随行配偶、未成年子女和外交信使持用，封面为红色。

第二，公务护照（Service Passport），由外交部、中华人民共和国驻外使馆、领馆或者外交部委托的其他驻外机构以及外交部委托的省、自治区、直辖市和设区的市人民政府外事部门签发。在中华人民共和国驻外使馆、领馆或者联合国、联合国专门机构以及其他政府间国际组织中工作的中国政府派出的职员及其随行配偶、未成年子女持用。封面为墨绿色，有5年多次有效和2年一次有效两种版本。

第三，普通护照（People´s Republic Of China Passport），是公民因私前往外国定居、探亲、学习、就业、旅行、从事商务活动等非公务原因出国的，由本人向户籍所在地的县级以上地方人民政府公安机关出入境管理机构申请的护照。封面为玫瑰红色，目前有10年多次有效的版本。

第四，根据香港和澳门特别行政区基本法规定，中央人民政府分别授权香港和澳门特别行政区政府，给持有香港和澳门特别行政区永久性居民身份证的中国公民分别自1997年7月1日和1999年12月20日起，颁发中华人民共和国香港特别行政区护照和中华人民共和国澳门特别行政区护照。

2. 中国区域证件。

（1）往来港澳地区的证件。

第一，《因公往来香港、澳门特别行政区通行证》，自1999年12月20日起，内地因公赴港澳人员持用该证件。证件分为红皮和蓝皮两种，颁发机关为：国务院港澳事务办公室及被授权的个别地方外办，外交部驻香港、澳门特派员公署。

第二，《前往港澳通行证》，俗称单程证。用粉红色花印纸印制，单页对折，无论成人、儿童均每人一证。发给内地居民前往香港、澳门定居使用的出境证件，由内地居民向户口所在地的市、县级公安机关申请，一次使用有效。持用该证件有通行口岸的限制，往香港是深圳，往澳门是拱北。

第三，《往来港澳通行证》，俗称双程证。发给内地居民前往香港、澳门并需返回内地使用的证件。由内地居民向户口所在地的市、县公安机关申请，同时每次赴港澳须有有效签注。

第四，《港澳居民来往内地通行证》。1999 年 1 月 15 日前，港澳居民往来内地，由公安部委托广东省公安厅向港澳同胞签发《港澳同胞回乡证》。由于该证件设计较早，在防伪性能、使用效率、管理水平等方面已不适应形势发展的需要。为加快口岸验放速度，公安部决定将《港澳同胞回乡证》改为卡片式《港澳居民来往内地通行证》，并于 1999 年 1 月 15 日启用。

（2）往来台湾地区的证件。

第一，《台湾居民来往大陆通行证》。该证是发给台湾居民前来大陆定居、探亲、访友、旅游、接受和处理财产、处理婚丧事宜，参加经济、科技、文化、教育、体育、学术交流等活动使用的通行证件。

第二，《大陆居民往来台湾通行证》。该证是发给大陆居民前往台湾定居、探亲、访友、旅游、接受和处理财产、处理婚丧事宜，参加经济、科技、文化、教育、体育、学术交流等活动使用的通行证件。由大陆居民向户口所在地的市、县级公安机关申请，实行在证件上逐次签注的办法。

（3）其他出入境证件。我国《护照法》规定了其他出入境证件的管理。这些证件包括旅行证、出入境通行证、海员证。

第一，短期出国的公民在国外发生护照遗失、被盗或者损毁不能使用等情形，应当向中华人民共和国驻外使馆、领馆或者外交部委托的其他驻外机构申请《中华人民共和国旅行证》。

第二，公民从事边境贸易、边境旅游服务或者参加边境旅游等情形，可以向公安部委托的县级以上地方人民政府公安机关出入境管理机构申请《中华人民共和国出入境通行证》。

第三，公民以海员身份出入国境和在国外船舶上从事工作的，应当向交通运输部委托的海事管理机构申请《中华人民共和国海员证》。

（三）外国人入出境

【案例 10-2】

一些外国人利用合法签证入境，从事与签证不符活动的情况也成为新趋势。有外国人以来中国留学学习语言的名义来到广州，交了学费后就"消失"，利用签证时间做生意。在一次联合查处行动中，广州市出入境管理部门联合工商部门对设立在广州的17家外企代表处突击检查，发现其中3家代表处存在非法就业的情况。在环市路某大厦某办公室内，工作人员发现一名20多岁的中东籍男子正在工作。经调查，该男子向广州某大学申请了汉语学习留学1年，在学习汉语之际"顺便"做起了贸易生意。

另外在广州某高校还发现了3名外籍人士缴纳了留学学费后就"消失"了，没有来上过一堂课。经过多方查找，广州市出入境管理部门找到了这3名外籍人士，原来他们也是利用留学签证的便利，进入中国后立即变身商人，从事起了贸易生意。最后，该3人被出入境部门缩短停留期。[1]

**【问题思考】**

1. 案例中的外国人利用合法签证入境，从事与签证不符活动的行为是否违法？

2. 案例中从事与签证不符活动的行为该如何处理？

1. 外国人的概念。外国人，一般是指在一国境内，不具有居留国的国籍，而具有其他国家国籍的人，既包括具有其他国家国籍的人，又包括无国籍人。在我国，外国人就是指不具有中国国籍的人。进出我国国境的外国人，因身份不同，而区别为享有外交特权和豁免的外国人和普通外国人。

2. 外国人入出境要素。

（1）护照。外国人进出我国国境，必须持有本国政府或第三国政府颁发的有效的护照或者代替护照的证件。

（2）签证。签证是主权国家准许外国人入出或经过本国国境的一种许可证明，是在申请人的护照或其他护照替代证件上盖印签注的一种法律手续，同时，又是一国主管机关对入出境或居留的外国人，检验其身份和目的的法律依据。根据不同的分类方法，可以将签证分为不同的种类。根据申请人的身份，可以分为外交签证、公务签证、礼遇签证和普通签证四种；根据申请人的目的划分，可以分为出境签证、入境签证、出入境签证和过境签证；根据签证的效力划分，可以分为一次有效签证、二次有效签证和多次有效签证；根据居留的资格划分，可以分为移民签证、观光旅游签证、留学签证、就业签证、投资签证、商务签证和偕行配偶签证；根据签证签发的机构划分，可以分为领事签证、口岸签证等。此外还有团体签证、另纸签证等。

我国签证的种类主要有外交签证、礼遇签证、公务签证和普通签证。在普通签证中，有以下几种常用签证：①定居签证（D字签证），发给来中国定居的人；②职业签证（Z字签证），发给来中国任职或者就业的外国人及其随行家属；③学习签证（X字签证），发给来中国留学、进修、实习的外国人；④访问签证（F字签证），发给应邀来中国访问、考察、讲学、经商、进行科技文化交流及短期进修、实习等活动的人；

---

〔1〕案例来源：南方日报，2008年8月4日。

⑤旅游探亲签证（L字签证），发给来中国旅游、探亲或者因其他私人事务入境的外国人，可以发给团体签证；⑥过境签证（G字签证），发给经过中国国境的外国人；⑦乘务签证（C字签证），发给执行乘务、航空、航运任务的国际列车的乘务员、国际航空器机组人员和国际航行船舶的海员及其随行家属；⑧常驻记者签证（J-1字签证），发给常驻中国的外国记者；⑨临时记者签证（J-2字签证），发给临时来中国采访的外国记者；⑩M字签证，发给入境进行商贸活动的人员。除此之外还有Q字签证、R字签证、S字签证。

（四）边防检查

边防检查，是指在口岸对出入国境人员的证件、行李物品和交通工具实施的检查，由公安机关在口岸设立的边防检查站负责实施。边防检查的目的在于确认持证人的合法出入境资格；查处违反出入境管理的行为；实施出入境控制；维护口岸正常秩序；掌握出入境信息。在出入境管理工作中边防检查有着极其重要的作用。

# 项目二　涉外治安案件处置

### 一、涉外治安案件的概念和种类

【资料10-1】

某年9月18日，某市天河区金帝社区有境外人员近千人，占社区总人口的1/10，他们来自25个国家和地区。以前外国人除了不愿入住登记外，民警登门走访时也常吃闭门羹，"境外人员认为自己没犯法，警察来干吗"。金帝社区的民警通过将入住登记前移至小区物管处、送证上门等服务，实现了社区境外人员登记率达到100%，近4年来未发生一宗涉外案件。

【问题思考】

1. 什么是涉外治安案件？

2. 涉外治安案件的处理要注意哪些问题？

（一）涉外治安案件的概念

涉外治安案件，是指公安机关依法查处的具有涉外因素的违反治安管理案件，这里仅指涉外行政性案件。

发生在中国境内的涉外治安案件主要有三种形态：①违法主体为外国人的案件。这是较为常见的涉外案件，随着入境来华外国人的大量增加，以外国人为违法主体的涉外案件不断发生。②侵害对象为外国人的案件。外国人在我国居留、旅行、经商、留学、就业，其合法权益受到我国的法律保护，发生侵犯外国人合法权益的案件时，要依法追究有关人员的责任。③违法行为地或违法结果在中国境内的案件。违法行为地和违法结果地涉及案件的属地管辖问题，凡是在我国境内发生的具有涉外因素的案件，都应当置于我国的法律管辖下。

（二）涉外治安案件的种类

1. 专属管辖案件，是指某类涉外行政案件，只能由某一部门的主管机关负责处置。从现行法律规定来看，由公安机关主管的涉外治安案件有：违反出入境管理案件、违反治安管理案件、违反枪支弹药管理案件、违反交通管理案件、外国人组织或参与游行示威案件、外国人死亡案件，以及其他由公安机关主管的案件。

2. 共同管辖案件，是指某类涉外行政案件，由公安机关和其他行政机关共同主管。这类案件主要有：违反外国记者管理的案件、违反外国人宗教管理的案件、违反文物管理的案件、违反外汇管理的案件、违反野生动物管理的案件、违反劳动管理的案件。

3. 协助管辖案件，是指某类涉外行政案件，由公安机关配合其他行政机关实施管辖。这类案件主要有：违反艾滋病监测管理案件、违反工商行政管理案件、违反军事设施管理案件。

## 二、涉外治安案件处置程序

涉外治安案件的处置程序主要有两种类型：一般处置程序和特殊处置程序。一般处置程序，又称普通处置程序，是指公安机关对某些违法行为的处理，采取法律规定确立的通常性的处置方法。这些处置方法主要有：调查、传唤、取证、裁决、执行等。特殊处置程序，是指公安机关在涉外案件处理过程中对某些重大案件的查处或某些特定措施的适用，采取法律规定的特定处置方法，它是区别于国内案件处理的特定处置程序。

👆 **特别提醒**

公安机关办理涉外治安案件，应当按照国家有关办理涉外案件的规定，严格执行请示报告、内部通报、对外通知等各项制度。

（一）内部协调程序

考虑到涉外治安案件本身所具有的特殊性，为了提高我国公安机关的执法水平，保证案件处理的公正性和合法性，避免或减少不必要的外交纷争，我国政府对公安机关处理涉外治安案件，设定了严格的内部处置程序。这种特殊性程序包括案件情况的呈报、抄报和通报三种。实际上，这也是一种特定的内部协调制度。对外国人予以行政拘留处置，除了要依照法定程序处罚外，还应当将有关案件情况、处理情况和对外表态等及时呈报上级公安机关，并同时通报当地的外事部门。

（二）外部协调程序

外部协调程序，是指公安机关在涉外治安案件处置过程中，对外国人采取限制其人身自由措施时，将处置的有关情况及时通知给有关国家外交、领事机关的步骤。

按照《维也纳领事关系公约》和我国与有关国家签订的领事条约的规定，有关国家的公民在中国居留期间，如果由于法律原因而被公安机关予以拘留的，应当在条约规定的时间内，及时将有关情况通知相关国家的驻华大使馆或领事馆。正确处理涉外治安案件中的限时通报问题十分重要，它不仅关系到国家的主权和利益，还关系到维护外国人的合法权益，也关系到中国与外国的关系。所以，在办案过程中，既要注重维护我国的管辖权，也要承认和尊重外国的管辖权。这是我国履行国际条约和双边协定所应承担的义务。

**三、涉外治安案件处置应注意的问题**

（一）坚持实事求是，充分取证，严格执法

坚持实事求是，是正确处理涉外治安案件的重要保证。在处理涉外治安案件中，核实案件的起因和具体过程；做到事实清楚，证据确凿，定性准确，处理正确，杜绝产生不良的政治影响和严重后果。

（二）原则性与灵活性相结合

把国家利益摆在优先地位加以考虑，是处理涉外治安案件的根本出发点。在实际工作中，涉外案件是非常复杂的，公安机关在处理时要严格依法办案，坚持原则；要区别事件的性质，在法律允许的范围内区分不同情况，区别对待，灵活处理。把原则性和灵活性有机结合起来，才能最大限度地维护国家利益。

（三）及时迅速，不使事态扩大

及时迅速的反应是为了争取主动，也是案件能否顺利处理的重要条件。处理涉外治安案件，必须做到及时发现情况，及时赶赴现场，及时调查处理，及时汇报情况，及时结案，及时移送起诉或释放。

涉外案件一般影响较大，特别是涉及中外人员纠纷或群众之间矛盾的案件，如不及时采取措施，就可能使事态扩大，矛盾激化。因此，对涉外案件，特别是对那些容易激起人们义愤的案件，决不能掉以轻心，要及时采取果断措施，把问题解决在萌芽状态。

# 项目三　技能训练

## 外国记者非法采访处置模拟训练

**一、训练内容**

涉外治安案件中外国记者非法采访的处置。

## 二、训练目的

通过训练，学生能基本按照涉外治安案件处置的相关程序与要求，进行处理。

## 三、训练前的准备

（一）参考案例

美国某报社记者 Lily（女）、Jonas（男）、Paul（男），未经许可擅自进入限制外国人进入的地区进行大量拍照、记录等非法采访工作，被公安机关依法处置。

（二）相关法律法规

2013 年 7 月开始实施的《出境入境管理法》第 44 条规定："根据维护国家安全、公共安全的需要，公安机关、国家安全机关可以限制外国人、外国机构在某些地区设立居住或者办公场所；对已经设立的，可以限期迁离。未经批准，外国人不得进入限制外国人进入的区域。"

## 四、训练方法与步骤

学生 5~10 人组成小组，交替、轮流进行模拟训练。

1. 涉外治安案件处置人员的分工。根据给定的案例，将小组成员进行分工，包括盘问、检查、警戒等。

2. 制止涉外人员的非法采访活动。

3. 查验涉外人员的身份证件与相关物品。

4. 根据实际情况，向外国人说明其违法行为。一般情况下，可当场没收其文字采访资料、胶片、录音或录像，但不能没收采访设备。

5. 区别不同对象，分别处理。

## 五、注意事项

1. 人身检查时注意"男不查女"；

2. 不可轻易将外国记者采访的相关内容销毁，注意保留证据；

3. 能否控制好事态，避免冲突，并且及时报告情况。

## 六、考核方式及标准

（一）考核方式

1. 教师与未轮到训练的学生一同观察训练小组的模拟涉外治安案件处置过程；

2. 各个模拟训练小组讨论训练中存在的不足、交流训练经验并完成训练作业；

3. 教师总结。

（二）考核标准

四级评分制：

优秀：学生能根据给定案例，处理好涉外治安案件。认真观摩其他小组的模拟操作，积极与同学交流训练经验。

良好：学生能根据给定案例，处理涉外治安案件。积极与同学交流训练经验。

及格：学生能根据给定案例，处理涉外治安案件。

不及格：学生无法完成外国记者非法采访的处置。

## 七、思考题

1. 涉外治安案件处置的程序有哪些？

2. 涉外治安案件处置时应注意的问题有哪些？

3. 外国人入境后，随身携带的证件有哪些？

单元十一

# 治安案件查处

## 知识目标

1. 了解治安案件、治安案件查处的含义及其管辖和回避条件。

2. 理解违反治安管理行为的含义及其构成要件。

3. 掌握治安案件证据收集的方法和原则、治安管理处罚、治安案件的办案程序。

## 能力目标

1. 能按照法律规定准确认定治安案件的性质、收集治安案件的证据。

2. 能按照普通程序查处治安案件。

3. 能按照简易程序查处治安案件。

4. 能按照法律程序对治安案件进行治安调解。

## 知识结构图

```
                           ┌ 治安案件概述
              治安案件与违反 │
              治安管理行为   ┤ 治安案件查处的法律依据
                           │
                           └ 违反治安管理行为

                           ┌ 治安管理处罚概述
                           │
                           │ 治安管理处罚种类
治安案件查处   治安管理处罚  ┤
                           │ 治安管理处罚的相关法律措施
                           │
                           └ 治安案件查处的管辖与回避

                           ┌ 治安案件调查的含义与要求
              治安案件的调查 ┤
                           └ 治安案件调查的方法
```

治安案件查处程序 { 治安案件查处的普通程序 / 治安案件查处的简易程序 / 治安案件查处的听证 }

治安调解程序 { 治安调解的概念 / 治安调解的适用条件 / 治安调解的程序 / 治安调解的法律效力 }

技能训练

# 项目一　治安案件与违反治安管理行为

## 一、治安案件概述

### 【案例 11-1】

王某，某地养殖专业户。由于王某鱼塘内的鱼常在夜间被偷，直接经济损失达5000 余元。2005 年 6 月，王某请来本村电工李某在鱼塘周围设置了电网，每到傍晚便将电网通电。2006 年 4 月某晚，王某和李某正在鱼塘内喝酒，忽然听到一声惨叫，王某连忙拉闸断电。二人出门查看，发现村民赵某被击倒，王某遂找来一辆农用车，将赵某送往医院。因抢救及时，赵某短暂休克之后，即苏醒过来，后恢复正常。公安机关在向赵某调查取证时，赵某称去年五一在此偷过鱼，到市场上卖了 200 元钱，经查证属实。公安机关作出以下处理：王某擅自安装使用电网的行为，违反《治安管理处罚法》第 37 条的规定，依法应予处罚。李某帮助王某在鱼塘周围私设电网，与王某构成共同违反治安管理行为，应按照《治安管理处罚法》第 17 条规定分清责任，分别处罚。王某、李某对电伤赵某的行为应当承担赔偿责任。

### 【问题思考】

1. 针对案例，理解治安案件的含义和治安案件的构成要件。

2. 本案中的赵某，是否应当给予其治安管理处罚？

（一）治安案件的定义

治安案件是指公安机关根据《治安管理处罚法》和国家现行的有关治安管理的法律法规，对违反治安管理的行为决定受理并进行审查，认为应当受到治安管理处罚，而由公安机关或有权调查处理的其他部门依法予以立案的法律事实。

（二）治安案件构成的实质要件

1. 构成治安案件的核心内容是行为人所实施的违反治安管理行为这一法律事实，而不是违反其他行政管理行为。

2. 构成治安案件的依据是《治安管理处罚法》，以及与查处治安案件相关的法律规范。

3. 确认治安案件成立时，必须是行为人所实施的违反治安管理行为依照《治安管理处罚法》和其他相关法律法规规定应当受到治安管理处罚。

4. 治安案件必须是由法律授权的法定主体，即公安机关依法，以立案的方式确认成立，其他任何机关、组织和个人均无权确认治安案件和立案。

**特别提醒**

从治安案件的定义我们可以看出，治安案件的成立必须同时具备以下条件：有治安违法行为的事实产生；公安机关或有关组织通过一定的法律程序受理立案。这两点分别从客观方面和主观方面揭示了构成治安案件的必要和充分条件。

## 二、治安案件查处的法律依据

【案例 11-2】

2006 年中国足球超级联赛于 3 月 11 日揭幕。在重庆力帆队与辽宁队的比赛中，连续 2 年在联赛积分榜垫底的力帆队以 2∶1 击败对手，久违的胜利让球队和球迷狂喜不已。50 岁的重庆知名球迷陈某武在比赛刚结束时冲进球场，想与球队共同庆祝，但 3 名球场保安人员迅速赶来，将他带离现场。陈某武在以前的比赛中曾有冲进赛场推搡裁判的"前科"。这一次 50 岁的重庆球迷陈某武大概没有想到，自己只不过跑进球场庆祝球队比赛胜利，却因此而成为中国足球历史上一个"创造纪录"的人物。《治安管理处罚法》颁布施行后，他成为第一个因此受到法律处罚的球迷。重庆市公安局江北区分局治安支队对 50 岁的重庆球迷陈某武开出了《治安管理处罚法》颁布施行后的第一张"球迷罚单"：依法对陈某武处以拘留 10 天、罚款 500 元的处罚，同时禁止他在 1 年内进入体育场观看同类比赛。

【问题思考】

本案中治安案件查处的法律依据是什么？

公安机关查处治安案件的原则、职责、职权、程序等都由宪法和有关法律、法规规定，查处治安案件必须遵循下列法律法规：

（一）宪法

宪法是国家根本大法，它由国家最高权力机关——全国人民代表大会制定、通过和修改，具有最高的权威和法律效力，是制定和实施一切法律、法规的根本依据。公安机关在办理治安案件的过程中，必须以宪法为根本依据和基本的活动准则。

（二）法律

法律是由全国人民代表大会及其常务委员会制定的，可以设定各种行政处罚，而限制人身自由的行政处罚，只能由法律设定。

公安机关在治安案件查处中常用的法律包括：《治安管理处罚法》《行政处罚法》《行政复议法》《行政诉讼法》《道路交通安全法》《消防法》《居民身份证法》《出境入境管理法》等，其中《治安管理处罚法》是治安案件调查与处理的基本法律。现行的《治安管理处罚法》自 2006 年 3 月 1 日起实施，根据 2012 年 10 月 26 日第十一届全国人民代表大会常务委员会第二十九次会议《关于修改〈中华人民共和国治安管理处罚法〉的决定》修正，自 2013 年 1 月 1 日起实施。

（三）行政法规

行政法规是指国务院以宪法和法律为依据制定的具有普遍约束力的规范性文件，其具体的名称有条例、规定、决定、办法和实施细则等。行政法规可以设定除限制人身自由以外的其他行政处罚，是治安行政执法的重要法律依据。

治安行政执法中常用的行政法规文件主要有：《道路交通安全法实施条例》《公民出境入境管理法实施细则》《出境入境边防检查条例》《旅馆业治安管理办法》《娱乐场所管理条例》等。

（四）地方性法规

地方性法规是指省、自治区、直辖市人民代表大会及其常务委员会，省、自治区人民政府所在地的市、经济特区所在地的市和经国务院批准的较大的市的人民代表大会及其常务委员会制定的在管辖区内有普遍约束力的规范性文件。如重庆市人大常委会制定的《重庆市查禁赌博条例》、广东省人大常委会制定的《广东省流动人口服务管理条例》、深圳市人大常委会正式公布《深圳经济特区警务辅助人员条例》。

（五）自治条例和单行条例

我国五个少数民族自治区的权力机关可依照法定权限和程序制定和颁布适合本自治行政区的特殊性地方法规——自治条例和单行条例。这些条例中有关治安处罚的规定，也是民族自治区公安机关在本自治区内查处治安案件的法律依据。如广西壮族自治区人大常委会制定的《广西壮族自治区禁毒条例》。

（六）规章

规章包括部门规章和政府规章。如公安部制定的《公安机关办理行政案件程序规定》《火灾事故调查规定》《娱乐场所治安管理办法》等。政府规章是由省、自治区、直辖市人民政府以及省、自治区人民政府所在地的市和经国务院批准的较大的市的人民政府根据法律和行政法规，按照规定的程序所制定的普遍适用于本地区行政管理的规范性文件。如重庆市人民政府制定的《重庆市人民警察巡警执勤规定（试行)》、广州市人民政府制定的《广州市房屋使用安全管理规定》等。

📝 **特别提醒**

当调整同一对象的 2 个或 2 个以上的法律规范因规定不同的法律后果而产生冲突

的，一般情况下应当按照上位法优于下位法、后法优于先法以及特别法优于一般法等法律适用规则，判断和选择所应适用的法律规范。

### 三、违反治安管理行为

**【案例11-3】**

2014年4月15日，广州白云警方经细致调查取证，成功抓获1名多次拨打110谎报警情的男子张某（21岁，广东人），并依法对其作出行政拘留10日的处罚。

4月8日8时许，白云警方神山派出所接到群众报警，报警人自称在振华北路某工厂内被殴打。民警到达现场后，却未发现报警人。经调查走访，民警核实到该处没有发生殴打他人的警情，后多次电话联系报警人，但对方或者拒接电话，或者关机，或者谎称已到别处。在此期间，该人还4次拨打110重复报警称被人殴打，民警再次根据对方提供的地点逐一前往寻找均未果。当天下午，民警经缜密侦查，将谎报警情的嫌疑人张某抓获。落网后，张某供述其于今年3月份在振华北路的某工厂宿舍被盗1100元，于是多次向厂方索赔，在厂方先后3次为其解决生活问题支付700元生活费后，其仍不满意，企图通过重复报警、谎报警情等方式以达到向厂方要赔偿的目的。仅3月25日以来，张某已使用2个手机号码拨打110报警55次。[1]

**【问题思考】**

1. 本案中的张某的行为是否构成违反治安管理的行为？

2. 张某的行为符合违反治安管理行为的哪些特征？

**（一）违反治安管理行为的含义**

《治安管理处罚法》第2条规定："扰乱公共秩序，妨害公共安全，侵犯人身权利、财产权利，妨害社会管理，具有社会危害性，依照《中华人民共和国刑法》的规定构成犯罪的，依法追究刑事责任；尚不够刑事处罚的，由公安机关依照本法给予治安管理处罚。"

依据这一法律规定可以看出，违反治安管理行为，是指违反治安管理法律、法规，扰乱公共秩序，妨害公共安全，侵犯人身权利、财产权利，妨害社会管理，对国家、集体、公民造成危害或可能造成危害，尚不够刑事处罚，由公安机关依照有关治安管理的法律、法规给予处罚的行为。

违反治安管理行为具有以下特征：

1. 具有一定的社会危害性。社会危害性，是违反治安管理行为的本质特征。这种社会危害性既可以表现为对一定客体造成实际危害的实害性结果，也可以表现为虽未对一定客体造成实际危害，但对其有相当威胁的危险性结果。

认定违反治安管理行为，除了依据行为是否具有社会危害性来判定外，还要根据

---

〔1〕 案例来源：搜狐新闻，2014年4月16日。

行为对社会的危害程度来认定。违反治安管理行为对社会的危害还没达到构成犯罪的程度。也就是说，违反治安管理行为不具有严重的社会危害性，是具有一定社会危害性的行为。

2. 具有违反治安管理法律规范的违法性。具有违反治安管理法律规范的违法性，是违反治安管理行为的法律特征。行为的违法性是其社会危害性在法律上的表现，只有当某种行为具有一定的社会危害性并应当受法律制裁时，国家才有必要通过立法禁止这种行为，规定其为违法行为。治安违法性是衡量行为是否应受到治安处罚的最直观的外在标准，如果行为不违反治安管理法律规范，就不构成违反治安管理行为。

3. 应受治安处罚性。违反治安管理行为应当受到治安管理处罚这一特征，是由违反治安管理行为的前两个特征派生出来的，它是行为的社会危害性和违反治安管理法律规范必然的法律后果。社会危害性是对违反治安管理行为质的规定，应当受到治安管理处罚则是对其社会危害程度在量上的要求。它表明这种行为的社会危害性达到了需要用国家强制力加以制裁的程度。法律所规定的各种违反治安管理行为，都必然是这种质与量的统一。

（二）违反治安管理行为的构成

【案例11-4】

2012年7月7日上午10：22，成都双流机场，本已延误的国航CA4205航班（成都—西宁）正在登机。"请问您的箱子里面是什么东西？"机组人员向正在摆放行李的一位旅客姚某问道。这名旅客随口答道："是炸弹"，空乘人员当即严正告知该旅客不要乱开玩笑。该旅客听后，随手将行李放置在经济舱第一排行李架上后便向后舱自己的座位走去。面对这一情况，空乘人员立即将这名旅客拦住并带出机舱，同时向机场公安报警。接到报警后，公安民警立即赶往现场将该男子带回候机楼派出所做进一步审理，并取消了其该航班的登机资格，同时按照相关规定，立即组织对该架飞机进行清舱。12：32时，在再次延误2个小时后，CA4205航班终于起飞。据姚某交代，之所以谎称箱子里有炸弹是因为航班延误，登机口更换，再加上携带的箱子又很重，当乘务员询问其箱子内物品时心情不好随口乱说的。因姚某一句无心的玩笑话，造成航班又延误了两个多小时，干扰了航班的运行以及其他旅客的出行，其行为已构成散布谣言扰乱公共秩序。根据《治安管理处罚法》相关规定，四川机场公安局候机楼派出所以散布谣言扰乱公共场所秩序给予姚某行政拘留5天的处罚。[1]

【问题思考】

1. 本案中的姚某的行为侵犯的直接客体是什么？

2. 姚某违反治安管理的行为在其主观方面是什么心态？

1. 违反治安管理行为的客体。违反治安管理行为的客体是指为我国治安管理法律

[1]　案例来源：四川在线，2012年7月8日。

规范所保护的而被违反治安管理的行为所侵犯的社会关系。从法理上，往往把违反治安管理行为的客体分为三种，即一般客体、同类客体和直接客体。

一般客体是指一切违反治安管理的行为所共同侵害的客体。

同类客体是指某一类违反治安管理的行为所共同侵害的客体。根据《治安管理处罚法》的规定，可以把同类客体划分为四类：①扰乱公共秩序的行为，同类客体是社会的公共秩序；②妨害公共安全行为，同类客体是社会的公共安全；③侵犯人身权利、财产权利的行为，同类客体是公民的人身权利和公私财产权利；④妨害社会管理秩序行为，同类客体是社会管理秩序。

直接客体是指某一具体违反治安管理的行为直接侵害的客体，即治安管理法律规范所保护的社会关系的具体部分。直接客体揭示具体违反治安管理的行为所侵害的社会关系的性质，以及行为的社会危害性程度，是区分不同违反治安管理行为界限的依据。

2. 违反治安管理行为的客观方面。违反治安管理行为的客观方面，是指《治安管理处罚法》所规定的，说明主体违反治安管理行为并造成社会危害性的客观事实特征。客观事实特征是多种多样的，其要素包括危害行为，危害结果，危害行为与危害结果之间的因果关系，行为的特定时间、地点、方法等。这些要素有些是违反治安管理行为构成的必备要件，有些是违反治安管理行为构成的选择要件。

危害行为包括作为（行为人的积极行为）、不作为（行为人的消极行为）两种。我国《治安管理处罚法》规定的违反治安管理行为，大多以作为为构成要件，少数以不作为为构成要件，如第31条规定的"未按规定报告的""故意隐瞒不报的"行为等。危害行为是违反治安管理行为构成的必备要件。

危害结果可分为物质性危害结果和非物质性危害结果两类。危害结果是违反治安管理行为构成的选择要件。如《治安管理处罚法》第43条规定的"殴打他人的"和"故意伤害他人身体的"行为，前者不以结果为构成要件，后者以结果为构成要件。危害结果是一个相对的且颇有争议的概念，行为是否造成危害结果要具体情况具体分析。

因果关系，是指行为人的危害行为与危害结果之间的客观、内在、必然的联系，是选择性的事实特征。对于那些必须要有危害结果才能构成的违反治安管理行为，这种因果关系是十分必要的，否则，就不构成该行为，或行为人不负违反治安管理法律责任。

违反治安管理行为的时间、地点、方式，是违反治安管理行为构成客观方面的选择性事实特征。

3. 违反治安管理行为的主体。违反治安管理行为的主体，是指实施了违反治安管理行为，具有责任能力，依法应当负治安行政法律责任的人，包括自然人和单位。

《治安管理处罚法》第18条规定，单位违反治安管理的，对其直接负责的主管人员和其他直接责任人员依照本法的规定处罚。其他法律、行政法规对同一行为规定给予单位处罚的，依照其规定处罚。可见，自然人主体是我国《治安管理处罚法》中最基本的、具有普遍意义的违反治安管理行为的主体。单位主体以其他法律、行政法规明确规定为限，在《治安管理处罚法》中，不具有"主体"普遍意义。

影响自然人主体责任能力的因素有四个方面：责任年龄、精神障碍、生理功能缺陷和生理醉酒。《治安管理处罚法》第 12 条、第 13 条、第 14 条、第 15 条对此分别作出了明确规定。

关于责任年龄，《治安管理处罚法》采用了三分法，即已满 18 周岁的是完全责任年龄，已满 14 周岁不满 18 周岁的是从轻或减轻责任年龄，不满 14 周岁的是完全不负治安行政法律责任年龄。

关于精神障碍，法律规定以行为发生时，行为人"能否辨认或者控制自己的行为"为衡量责任能力的标准。"能辨认或控制"，有责任能力，否则没有责任能力。因此，当精神病人的精神疾病尚未达到不能辨认或者不能控制自己行为的程度，或间歇性精神病人在精神正常时违反治安管理的，都不能视为无责任能力，而应给予处罚。

关于生理功能缺陷，盲人或又聋又哑的人是限制责任能力的人。他们由于生理缺陷，使其辨认事物、接受教育和控制行为的能力都受到某些影响和限制，但毕竟没有达到丧失辨认和控制自己行为的能力。故法律规定，"盲人或者又聋又哑的人违反治安管理的，可以从轻、减轻或者不予处罚"。

生理醉酒，法律规定，"醉酒的人违反治安管理的，应当给予处罚"。

以主体是否要求特殊身份为要件，自然人主体可分为一般主体与特殊主体。《治安管理处罚法》不要求以特殊身份作为主体要件的主体称为一般主体，要求以特殊身份作为主体要件的主体称为特殊主体（也称身份主体）。《治安管理处罚法》规定的违反治安管理行为，其主体构成大多是一般主体。少数行为的构成，要求主体具有特殊身份（法定身份与自然身份），如《治安管理处罚法》第 39 条、第 56 条、第 57 条、第 59 条第 1 项、第 60 条第 4 项、第 74 条所规定的行为，其主体身份要求为特定的"经营管理人员"或"房屋出租人""被依法执行管制、剥夺政治权利或者在缓刑、暂予监外执行中的罪犯或者被依法采取刑事强制措施的人"。第 45 条第 1、2 项所规定的行为，其主体身份要求为"家庭成员"或具有"扶养关系的人"。

在理论上，身份主体还可分为"行为构成要件身份"和"量罚身份"。"行为构成要件身份"，指某种身份是某一具体违反治安管理行为构成的必备要素，如前面所说的"经营管理人员"身份等。"量罚身份"是指影响治安管理处罚程度或执行的身份，如"盲人或者又聋又哑的人""70 周岁以上的人""怀孕或者哺乳自己不满 1 周岁婴儿的妇女"等。

4. 违反治安管理行为的主观方面。违反治安管理行为的主观方面，指行为人实施违反治安管理行为时的主观心态，包括故意或过失。如果行为人主观上没有过错，即使行为客观上违反了治安管理，也不认为构成违反治安管理行为。

《治安管理处罚法》规定的违反治安管理行为，在主观方面构成上大多都是故意。但在法律规范用语上，明确标"故意"二字的很少，这是因为大多违反治安管理行为无需标明"故意"二字，就知道只能由故意才能构成，不可能由过失构成。少数明确标明"故意"的行为，是为了区分违反治安管理行为与一般行为的界限，说明这种行为在主观方面既可以是故意的，也可以是过失的，只有故意才构成违反治安管理行为。如《治安管理处罚法》第 29 条第 4 项中规定的"传播计算机病毒等破坏性程序"行为，第 43 条第 1 款中"伤害他人身体的行为"、第 49 条中"损毁公私财物的"行为等，如果行为人出于过失，则不认为是违法行为或只是一般民事行为。极少数的违反治安管理行为，在主观方面构成上既可以是故意，也可以是过失。如第 31 条规定的"未按规定报告的"行为，第 37 条第 2 项规定的"对沟井坎穴不设覆盖物、防围和警示标志的"行为等。

理论上，行为人故意或过失、行为目的和动机都是行为主观方面所涵盖的基本内容。在《治安管理处罚法》中，行为目的只是个别违反治安管理行为构成所必备的主观要件，被称为主观方面的选择要件，如《治安管理处罚法》第 70 条规定的"为赌博提供条件的"行为，明确要求"以营利为目的"是其构成要件。行为动机不是违反治安管理行为主观方面的构成要件。认定行为人主观方面的故意，要避免与行为动机和行为目的相混淆，如行为人因坐公共汽车坐过了站，要求司机违规停车未被接受而不满（刺激行为人实施行为的内在冲动或内心起因——动机），于是辱骂或殴打司机，以期迫使司机就近停车（行为目的），该行为构成了"扰乱公共汽车上的秩序"行为。对此，我们不能因为行为人辩称"我不是有意扰乱公共汽车上的秩序"，而否认该行为的构成。这里，所谓故意，是指行为人明知自己的行为会扰乱公共汽车上的秩序，而客观上实施了"辱骂或殴打"行为，造成了扰乱公共汽车上的秩序的结果。

**特别提醒**

违反治安管理行为必须是一种以作为或不作为的形式表现出来的行为，任何思想如果未表现为外在的行为，就不可能构成违反治安管理行为。

单位违反治安管理的，对其直接负责的主管人员和其他直接责任人员依照《治安管理处罚法》的规定处罚。其他法律、行政法规对同一行为规定给予单位处罚的，依照其规定处罚。对单位违反治安管理的处罚，在法律有明文规定的情形下，采取双重处罚的原则，既处罚直接负责的主管人员和其他直接责任人员，又处罚违反治安管理的单位。

# 项目二　治安管理处罚

## 一、治安管理处罚概述

**【案例 11-5】**

2016 年 3 月 17 日，罗某驾驶东风卡车正常行驶，通过某交叉路口时，发现申某驾驶摩托车闯红灯，遂紧急制动，申某驾车撞上东风卡车，经抢救无效死亡。经查，申某系酒后无证驾驶。3 月 20 日，某县公安局交警大队作出交通事故认定书，认定申某负全部责任。申某的妻子杨某不服，多次到交警大队办公场所吵闹，严重影响办公秩序。3 月 22 日上午 8 时，杨某又将申某的尸体抬至交警大队门口，要求交警大队重新作出交通事故认定，经处警民警教育劝阻，仍不同意将尸体抬走，致数十人围观。杨某多次在交警大队办公场所吵闹，扰乱交警大队工作秩序，已构成"扰乱单位秩序"；此外，杨某在上班时间将申某的尸体抬至交警大队门口，且不听劝阻，造成数十人围观，影响交警大队工作秩序，已构成"因停放尸体影响他人正常工作秩序，不听劝阻"，对杨某上述两种违反治安管理行为，公安机关根据《治安管理处罚法》第 16 条的规定，分别决定，合并执行，决定对杨某行政拘留 16 日。

**【问题思考】**

1. 本案中公安机关对杨某进行治安管理处罚的依据是什么？

2. 根据本案理解治安管理处罚的基本特征。

治安管理处罚即治安行政处罚，它是指法定的治安管理主体依照法定权限和程序对违反治安管理尚未构成犯罪的行为人予以治安行政裁决的措施。

治安管理处罚是公安机关对违反治安管理的行为人依法适用的一种行政制裁措施，是公安行政管理处罚的重要组成部分。它是国家治安行政管理的一种重要手段。

治安管理处罚具有以下特征：

1. 从处罚主体看，我国治安管理处罚实行"一元制"的处罚体制。我国治安管理处罚权集中由公安机关行使。人民法院只有对治安管理处罚的司法监督权，而没有治安管理处罚的决定权。根据《治安管理处罚法》和其他治安管理法律规范，治安管理处罚的处罚主体是国家公安机关，任何其他国家机关和组织不拥有治安管理处罚权。因此，公安机关是我国行使治安管理处罚权的唯一主体。

2. 从处罚程序看，我国治安管理处罚完全采用行政处理程序。行政处理程序通常规定在行政程序法、有关行政处罚的特别法以及单行法律之中，一般包括当场处罚的简易程序以及事后处罚的普通程序。我国《治安管理处罚法》和《行政处罚法》也规定了简易程序、一般程序（普通程序）和听证程序。与大陆法系国家不同的是，当事人对公安机关依简易程序作出的处罚决定不服，公安机关不再改用一般程序进行调查处理，而是当事人可依法提起行政复议或者行政诉讼。在治安管理处罚的一般程序方面，听证程序不是一般程序的法定必经程序。综上所述，我国治安管理处罚完全采用行政处理程序，且程序的司法化程度相对不高，是现阶段成本较低、效率较高的一种处罚制度。

3. 从制裁的角度看，我国治安管理处罚属于中间制裁。我国《治安管理处罚法》规定的违反治安管理行为和实施的治安管理处罚，都与维护公共秩序与公共安全和保护公民人身、公私财产安全有关。因此，治安管理处罚定位在刑罚和一般行政处罚之间，低于刑罚、高于一般行政处罚，属于较重的一种行政处罚，其中包括限制人身自由的行政拘留。我国《治安管理处罚法》规定的"违反治安管理的行为和处罚"中，适用行政拘留处罚的占98%；适用罚款处罚的占92%；适用警告处罚的仅占13%。因此，我国的治安管理处罚作为较重的一种行政处罚，与刑罚有着密切的关系。在我国法定的制裁手段体系中，治安管理处罚属于中间制裁。

4. 从处罚的强制性看，我国治安管理处罚具有警察强制性。我国的治安管理处罚具有警察强制性主要表现在三个方面：一是治安管理处罚的实施主体是拥有警察权力的公安机关，不需要借助其他司法途径就可以直接强制执行，这是一般行政机关不具有的法定权力；二是治安管理处罚种类中包括其他行政处罚没有的行政拘留，这是体现治安管理处罚警察强制性的一种标志，说明治安管理处罚可以依法短期内限制人身自由；三是公安机关依法决定的罚款、拘留处罚，被处罚者没有正当理由不能拒不接受处罚，公安机关有权直接强制执行。

### 二、治安管理处罚种类

**【案例11-6】**

2016年8月25日14时30分许，越秀警方接群众报警，称在淘金地铁站B出口有城管队员被1名男子用剪刀捅伤。接报后，华乐派出所民警迅速到场，当场将嫌疑人控制，并带回派出所处理。

经了解，受伤的城管队员是华乐街城管中队协管员李某，其在劝导一名躺在地铁出口的流浪乞讨残疾男子时，被该残疾男子突然用剪刀袭击并刺伤手臂，经法医鉴定为轻微伤。经查，伤人者刘某（男，21岁，广西人），对用剪刀刺伤城管协管员李某的行为供认不讳。

越秀警方依法对故意伤害他人身体的刘某处以行政拘留10日的处罚。[1]

**【问题思考】**

1. 本案中公安机关对刘某进行治安管理处罚，适用了哪些种类的处罚？

2. 除本案中适用的处罚种类外，公安机关还有权适用哪些处罚种类？

---

[1] 案例来源：大洋网，2016年8月27日。

《治安管理处罚法》第 10 条规定：治安管理处罚的种类分为：警告；罚款；行政拘留；吊销公安机关发放的许可证。对违反治安管理的外国人，可以附加适用限期出境或者驱逐出境。见表 11-1：

表 11-1　治安管理处罚的种类

| 名　称 | 含　义 | 性　质 | 适　用 |
|---|---|---|---|
| 警告 | 是指公安机关依法对违反治安管理行为人以书面方式作出谴责和告诫，指出其行为违法，教育行为人不得再犯的一种治安管理处罚。 | 申诫罚 | 是治安管理处罚中最轻的一种处罚，主要适用于违反治安管理情节轻微的人。警告应单独适用。 |
| 罚款 | 是指公安机关依法责令违反治安管理行为人在一定期限内向国家缴纳一定数量金钱的治安管理处罚。 | 财产罚 | 是对违法行为人在经济上给予制裁。罚款可单独适用，罚款可与拘留并处适用。 |
| 行政拘留 | 是公安机关对违反治安管理行为人，依法在一定时间内剥夺其人身自由的一种治安管理处罚。 | 人身自由罚 | 是治安管理处罚中最重、最严厉的一种。行政拘留可以单独适用；可以同罚款并处，但不能同警告并处。 |
| 吊销公安机关发放的许可证 | 是指公安机关撤销行为人已获得的由公安机关发放的从事某种活动的资格证书，剥夺行为人从事某种特许活动的权利和资格的一种治安管理处罚。 | 资格罚 | 对法人或其他组织而言，吊销许可证是一种最严厉的行政处罚。因此，当事人可在公安机关决定前，要求举行听证。 |
| 限期出境、驱逐出境 | 是指对在我国境内的外国人由十违反我国法律，在依法追究其法律责任、给予民事制裁或行政处罚或刑事处罚的同时，由公安部依法对其附加限期出境、驱逐出境的行政处罚。 | 人身罚 | 此种处罚只能由公安部依据《出境入境管理法》决定。可单独或附加适用。 |

**特别提醒**

要注意吊销许可证和暂扣许可证的区别。吊销许可证是公安机关对违反治安管理的行为人取消从事某种活动的权利或享有的资格。法律、法规还规定了被吊销许可证、执照后若干年内不能重新申请从事该项活动的许可，违法行为严重的可依法对违法行为人予以终身取消其从事该项活动的资格和权利。而暂扣许可证，则是由公安机关依法暂时中止行为人从事某项活动的资格，待行为人改正以后或经过一定的处罚时期后，再发还许可证，仍可继续从事该项活动的资格和权利。

### 三、治安管理处罚的相关法律措施

**【案例 11-7】**

2016 年 4 月 25 日下午，宜宾市筠连县玉壶公园内有两拨共十余人带着棍棒互相叫骂，摆出了斗殴的架势。附近群众发现这一情况后，立即报警，民警迅速赶到现场控制住局势，当场将聚众打架的十余人抓获。

经民警了解，本次斗殴是由于李某和周某之间的纠纷而酿成的。李某与周某本是朋友，25 日两人和朋友一起在微信群里面玩"10 元抢红包"游戏，几人事先说好谁抢到的红包金额最少，谁就要发 10 元红包供大家抢玩。几局之后，轮到周某发红包时，周某却坚决不发，李某见状后辱骂周某要赖，两人为此发生争吵。

随后李某心生怨恨，便邀约周某到玉壶公园斗殴。当天下午，李某叫来三个朋友，而周某则找来几名同学帮忙，双方在玉壶公园碰面后准备斗殴，幸好被赶来的民警制止，没有造成人员受伤。

李某、谢某、刘某、贾某因聚众斗殴分别被处行政拘留 3 日。周某等人因系未成年人，民警教育后责令家长将他们领回，并要求严格教育。[1]

**【问题思考】**

1. 本案中的李某等人受到的是哪种性质的治安管理处罚？

2. 对本案中的周某等人不予处罚，但责令其监护人严加管教。除此之外，与治安管理处罚相关的法律措施还有哪些？

与治安管理处罚相关的法律措施包括以下内容：

（一）收缴和追缴

收缴是公安机关对公民、法人或其他组织非法生产、储存、运输、买卖、使用、持有、携带的违禁品依法予以查收缴获。包括查获的毒品、淫秽物品等违禁品，赌具、赌资，吸食、注射毒品的用具，以及直接用于实施违反治安管理行为的本人所有的工具。

追缴是指对违反治安管理所得的财物，公安机关依法予以收回缴获。其中，属于被侵害人的物品要依法退还；对于查无被侵害人的，要登记造册，公开拍卖或按国家有关规定处理，所得款项上缴国库。

---

[1] 案例来源：四川新闻网，2016 年 5 月 3 日。

收缴和追缴都属于带有结论性的行政强制措施。

收缴由县级以上公安机关决定。但是，违禁品、吸食、注射毒品的器具，以及非法财物价值在 500 元以下且当事人对财物价值无异议的，公安派出所可以收缴。

追缴由县级以上公安机关决定。但是，追缴违法所得的财物应当退还被侵害人的，公安派出所可以追缴。

（二）约束

约束是指公安机关限制特定行为人人身自由的一种保护性和预防性行政强制措施。约束有两种：一是醉酒的人在醉酒状态中，对本人或对他人有危害的情况下，对其所采取的限制行动到酒醒的一种措施。二是对严重危害公共安全或他人人身安全的精神病人所采取的保护性限制行动的安全措施。

（三）责令监护人严加管教、严加看管和治疗

责令监护人严加管教是指公安机关依法对不满 14 周岁的违反治安管理行为人，作出不予处罚决定的同时，责令其监护人严格进行教育管理的措施。

责令监护人严加看管和治疗，是指公安机关依法对不能辨认或控制自己行为的违反治安管理的精神病人，责令其监护人严加看管和治疗的措施。

这两项措施是公安机关对特定的违反治安管理的行为人依法采取的治安管理处罚的辅助措施。

（四）取缔

取缔，是公安机关对未经批准取得法定许可证、执照或未经依法注册登记而非法开展经营活动、社团活动的单位或组织，依法取消并禁止其开展非法经营活动或社团活动的治安行政强制措施。

（五）禁止进入特定场所

为了有效维护体育场馆的秩序，防止行为过激人员对比赛场馆的危害，《治安管理处罚法》第 24 条第 2 款规定，因扰乱体育比赛秩序被处以拘留处罚的，可以同时责令其 12 个月内不得进入体育场馆观看同类比赛；违反规定进入体育场馆的，强行带离现场。

（六）强制性教育措施

根据《治安管理处罚法》第 76 条的规定，"有本法第 67 条、第 68 条、第 70 条的行为，屡教不改的，可以按照国家规定采取强制性教育措施"。

### 四、治安案件查处的管辖与回避

**【案例 11-8】**

纺织女工林某因与工友袁某发生口角而怀恨在心，回家后将此事告知了丈夫许某，

并要丈夫教训袁某为自己出气。次日晚，许某在厂门口（位于 A 区）拦下袁某，对其拳打脚踢。经医疗诊断，袁某身上多处受伤，伤势轻微。袁某报案后，A 区公安分局派民警肖某负责此案。但袁某以自己住在 B 区为由，提出 A 区公安分局无权管辖；又提出肖某系林某的同学，两人交往甚密，申请肖某回避。

**【问题思考】**

1. 本案中袁某提出的管辖异议是否成立？该如何处理？

2. 本案中袁某提出的回避申请是否成立？该如何处理？

（一）治安案件的管辖

治安案件的管辖，是指公安机关在查处治安案件方面的权限分工。治安案件查处工作中常用的几种管辖原则有：

1. 地域管辖。地域管辖，是指根据公安机关的管理区域，确定其查处治安案件的地域范围，是横向划分同级公安机关之间在各自管辖区内查处治安案件的权限分工。它是确定公安机关之间对治安案件的管辖分工问题。由于公安机关对治安案件实行属地管辖，所以，治安案件由违反治安管理行为发生地的公安机关管辖；就同一公安机关所辖的两个或者两个以上公安派出所而言，治安案件由违反治安管理行为发生地的公安派出所管辖。

2. 级别管辖。级别管辖，是指根据公安机关的级别，确定其查处治安案件的范围，是纵向划分不同级别公安机关之间在各自管辖范围内查处治安案件的权限分工。治安案件的级别管辖，包括两个方面的内容：一是指受案的级别管辖；二是指治安管理处罚权的级别管辖。根据《治安管理处罚法》第 91 条的规定，"治安管理处罚由县级以上人民政府公安机关决定；其中警告、500 元以下的罚款可以由公安派出所决定"。可以看出，治安案件的级别管辖主要有以下几种情况：

（1）县、市公安局、公安分局或者铁道、交通、民航、林业部门相当于县级以上的公安机关，对任何治安案件（包括涉外治安案件）都有管辖权和处罚决定权。其处罚权限为：警告、罚款、行政拘留和吊销公安机关发放的许可证。但对外国人的限期出境和驱逐出境的处罚由办案的公安机关逐级上报公安部或者公安部授权的省级人民政府公安机关决定，由承办案件的公安机关执行。

（2）公安派出所在级别管辖上，应当将案件的受案管辖和处罚决定权区分开。其处罚决定权为警告、500 元以下罚款，而对大多数治安案件（包括可能处 500 元以上罚款或拘留处罚的）拥有管辖权，在具体案件处理上，经过受案、调查，若认为需要给予 500 元以上罚款或拘留处罚的，报县、市公安机关决定。但公安派出所对涉外治安案件不具有管辖权。

3. 指定管辖。指定管辖就是上级公安机关以决定的方式指定下一级公安机关对某一治安案件行使管辖权。当几个公安机关都有权管辖的治安案件，由最初受理的公安机关管辖。若出现管辖争议，即两个或者两个以上公安机关对同一治安案件都认为属于自己管辖或者都认为不属于自己管辖而发生的冲突。对此，应当由有关公安机关协商确定管辖，如协商不成，则应当按照《行政处罚法》第21条和《公安机关办理行政案件程序规定》第15条的规定执行，即：对管辖权发生争议的，报请共同的上级公安机关指定管辖。对于重大、复杂的案件，上级公安机关可以直接办理或者指定管辖。

4. 专门管辖。专门管辖，是指某一治安案件依照规定只能由某一机关内的某一职能部门管辖的制度。即铁路、交通、民航、林业系统的公安机关和海关侦查走私犯罪的公安机构（现为缉私机构）对治安案件的管辖分工，应当按照《公安机关办理行政案件程序规定》第16条和《海关行政处罚实施条例》第6条的规定执行，即：①铁路公安机关管辖列车上，火车站工作区域内，铁路建设施工工地，铁路系统的机关、厂、段、所、队等单位内发生的行政案件，以及在铁路线上放置障碍物或者损毁、移动铁路设施等可能影响铁路运输安全、盗窃铁路设施的行政案件。②交通公安机关管辖港航管理机构管理的轮船上、港口、码头工作区域内和港航系统的机关、厂、所、队等单位内发生的行政案件。③民航公安机关管辖民航管理机构管理的机场工作区域以及民航系统的机关、厂、所、队等单位内和民航飞机上发生的行政案件。④国有林区的森林公安机关管辖林区内发生的行政案件。⑤抗拒、阻碍海关侦查走私犯罪公安机构依法执行职务的，由设在直属海关、隶属海关的海关侦查走私犯罪公安机关依照治安管理处罚的有关规定给予处罚。抗拒、阻碍其他海关工作人员依法执行职务的，应当报告地方公安机关依法处理。即根据相应治安案件的特殊性，本着便于查处的原则，规定由某些特定的机关和部门管辖。

（二）治安案件的回避

1. 治安案件回避的概念。治安案件的回避，是指办理治安案件的人民警察因与所办案件或者案件当事人有利害关系或其他关系，可能影响案件公正处理，而退出或不参加该案件调查、处理工作的制度。

2. 回避的对象。根据《治安管理处罚法》和《公安机关办理行政案件程序规定》，适用回避的对象主要有：①公安机关负责人。尽管他们不一定直接参与办案，但他们同样可以参与到案件调查、审核和审批等工作中，可能影响案件的公正处理。②办案的人民警察。③鉴定人和翻译人员。

3. 回避的条件。《治安管理处罚法》第81条第1款规定：人民警察在办理治安案件过程中，遇有下列情形之一的，应当回避；违反治安管理行为人、被侵害人或者其法定代理人也有权要求他们回避：①是本案当事人或者当事人的近亲属的；②本人或者其近亲属与本案有利害关系的；③与本案当事人有其他关系，可能影响案件公正处理的。

📝 **特别提醒**

人民警察的回避，由其所属的公安机关决定；公安机关负责人的回避，由上一级公安机关决定。在公安机关作出回避决定前，办案民警不停止对行政案件的调查。

# 项目三　治安案件的调查

## 一、治安案件调查的含义与要求

**【案例 11-9】**

王某，男，某村村民，1975 年 8 月出生。某日，王某因怀疑自家的鸡被邻居周某等人偷吃，与周某发生口角。争吵中，王某趁周某不注意，从地上随手捡起一块砖头朝周某头上砸去，造成周某头破血流，经鉴定为轻微伤。民警遂将王某传唤到当地派出所接受询问。王某正在被询问时，突然语无伦次，两眼发呆，精神恍惚。经鉴定，王某系精神分裂症。后经查，王某家族有精神病史，其本人一直精神正常，此次系因受刺激而发病。

**【问题思考】**

针对本案例，理解治安案件调查的含义。

（一）治安案件调查的含义

治安案件的调查，是公安机关依法了解、查证案件事实真相的法律活动，是通过对诸多与案情相关的事实的查证，对整个案件由不知到知的认识过程，也是治安案件受理后的继续和发展。主要包括以下几层含义：①治安案件的调查主体只能是公安机关的人民警察，且人数不得少于 2 人；②治安案件调查的内容是案件客观事实及与案件相关的客观事实；③治安案件的调查目的是查清案件客观事实，取得证据，及时结案，为肯定或否定案情提供充分、准确的依据；④治安案件调查必须坚持依法调查原则。

（二）治安案件调查的基本要求

公安机关对案件进行调查时，应当全面、及时、合法地收集、调取有关证据材料，并予以核实。在进行调查时，公安机关应当做到：

1. 公安机关向有关单位或个人收集、调取证据时，应当告知凡是知道案件情况的人，都有作证的义务，其必须如实提供证据。

2. 公安机关及其人民警察在办理案件时，对涉及国家秘密、商业秘密或个人隐私的应当保密。

3. 公安机关在调查收集证据时，要全面，既要收集行为人有无违法行为的证据，又要收集违法行为情节轻重的证据；要及时，必须尽可能快地收集证据；要合法，禁止以非法手段收集证据。

4. 公安机关在调查期间，需要查清的案件事实包括：违法行为人的基本情况，违法行为是否存在，违法行为是否为违法嫌疑人实施，实施违法行为的时间、地点、手段、后果及其他情节，违法嫌疑人有无法定从重、从轻、减轻或不予处理的情形，与案件有关的其他事实。

5. 公安机关在调查取证时，人民警察不得少于 2 人，并应当向被调查取证人员表明执法身份。

### 二、治安案件调查的方法

【案例 11-10】

某县公安局在某日晚间接到群众举报王某在家中开设了一个地下赌场，从中收取场地费，遂到王某家中进行检查，发现赌资 700 余元，麻将若干，用作输赢的珍贵字画两幅，淫秽书刊和录像带若干。于是公安机关当场扣押了这批物品。王某要求在场的警察李某开具扣押物品的清单，而李某认为王某违法已经是事实，拿了清单也没有用了，东西反正是要不回来的，于是拒绝了王某的请求。后王某就李某的行为向公安机关提出了异议。

【问题思考】

1. 本案例中公安机关应使用哪些治安案件调查的方法？

2. 王某的异议是否成立？为什么？

（一）传唤

传唤是指公安机关依照《治安管理处罚法》的规定，通知违法行为人按指定的时间和地点到案接受询问的措施。

1. 传唤的对象，只能是违反治安管理的行为人。

2. 传唤的地点，既可以是违法行为人的住所、单位，也可以是违法嫌疑人所在市、县的"指定地点"，但严禁借传唤异地抓人。

3. 传唤的方式包括口头传唤、书面传唤和强制传唤三种。口头传唤限于现场发现的违法治安管理行为人，传唤时，人民警察必须出示工作证件，且应当在询问笔录中注明违法行为人到案经过、到案时间和离开时间。书面传唤经公安机关办案部门负责人批准，使用传唤证传唤。而强制传唤则是指公安机关对被传唤人进行合法传唤后，被传唤人无正当理由拒绝接受传唤或者逃避传唤，而由公安机关强制其到案接受询问的一种行政强制措施。

公安机关应当及时将传唤原因和处所通过电话、手机短信、传真等方式通知被传唤人家属。

使用传唤证传唤的，违法行为人被传唤到案后和询问查证结束后，应当由其在传唤证上填写到案时间和询问查证结束时间并签名。

不得以连续传唤的形式变相拘禁违法行为人。

（二）询问违反治安管理行为人

询问违反治安管理行为人是公安机关为了查明和证实治安案件的事实真相，依法对涉嫌违反治安管理的行为人进行询问，以获取其供述和辩解的一种调查方法。

根据《治安管理处罚法》第83条的规定，公安机关在传唤违反治安管理行为人后应及时询问，询问查证的时间不得超过8小时；情况复杂，依照《治安管理处罚法》规定可能适用行政拘留处罚的，询问查证的时间不得超过24小时。

询问时，在文字记录的同时，可以根据需要录音、录像；被询问人要求就被询问事项自行提供书面材料的，应当准许；必要时，人民警察也可以要求被询问人自行书写。

询问不满16周岁的违反治安管理行为人，应履行通知义务，即通知其父母或者其他监护人到场。如果公安机关经多方查找，找不到其监护人或者其监护人拒绝到场的，办案民警应当在询问笔录中注明；询问聋哑人，应当有通晓手语的人参加，并在询问笔录中注明被询问人的聋哑情况以及翻译人的姓名、住址、工作单位和联系方式；对不通晓当地通用的语言文字的被询问人，应当为其配备翻译人员，并在询问笔录中注明翻译人的姓名、住址、工作单位和联系方式。

询问笔录应当交被询问人核对；对没有阅读能力的，应当向其宣读。记载有遗漏或者差错的，被询问人可以提出补充或者更正。被询问人确认笔录无误后，应当签名或者盖章，询问的人民警察也应当在笔录上签名。

（三）询问被侵害人或者其他证人

询问被侵害人或者其他证人，是指公安机关为了查明案件事实情况，收集、核实证据，而向被侵害人或其他证人进行查询的一种调查活动。

1. 询问地点。可以到其所在单位或者住处进行；必要时，也可以通知其到公安机关提供证言。

2. 人民警察在公安机关以外询问被侵害人或者其他证人，应当出示工作证件。

3. 询问规则。根据《治安管理处罚法》第85条的规定，询问被侵害人或者其他证人应注意的问题与询问违反治安管理行为人时应注意的问题相同，在此不再赘述。

（四）勘验、检查

勘验是指公安机关的办案人员为了查明案件事实，依据法律的规定，对案件发生的场所及其物品、痕迹等进行实地勘测、检验，以发现和收集证据，从而达到认定治安案件事实的活动。

根据《公安机关办理行政案件程序规定》，现场勘验参照刑事案件现场勘验的有关规定执行。保护案件现场，及时提取与案件有关的证据材料，判断案件性质，确定调查方向和范围。按照现场勘验规则的要求拍摄现场照片，制作《现场勘验笔录》和《现场图》，必要时可以录像。

检查是指公安机关的办案人员为了证实某种嫌疑，对违法嫌疑人的人身及其随身物品进行检验、查证的活动或者为收集证据、查明案件事实，对特定的场所或住所进行检验查证的活动。

检查时，人民警察不得少于2人，并应当出示工作证件和县级以上公安机关开具的检查证。对确有必要立即进行检查的，人民警察经出示工作证件，可以当场检查。

检查妇女的身体，应当由女性工作人员进行。依法对卖淫、嫖娼人员进行性病检查，应当由医生进行。

（五）鉴定、检测

鉴定、检测，都是公安机关为了查明案情，解决行政案件中有争议性的专门技术性问题，而指派或者聘请具有专门知识的人或者机构进行鉴别、检测、判断并作出结论的一种调查活动。

从办案实践看，公安机关通过鉴定解决的专门性问题主要包括伤情鉴定、价格鉴定、淫秽物品鉴定、精神病鉴定、会计问题鉴定、音像资料鉴定及其他涉及工业、运输、建筑等技术问题鉴定等。

公安机关在治安案件调查取证过程中，主要对两种情形运用检测这种调查方法：①对有吸毒嫌疑的人，公安机关可以对其进行人体毒品成分检测。②对有酒后驾驶机动车辆嫌疑的人，交通民警可以对其进行酒精度检测。一般认为，通过检测，车辆驾驶人员血液中的酒精含量大于或等于20mg/100ml，小于或等于80mg/100ml的驾驶行为为饮酒驾车，车辆驾驶人员血液中的酒精含量大于或等于80mg/100ml的驾驶行为为醉酒驾驶。

鉴定人、检测人进行鉴定、检测后，应当出具书面鉴定意见和检测意见。公安机关应当将鉴定意见和检测意见告知违法嫌疑人和被侵害人。

（六）扣押

扣押是指公安机关在办理治安案件过程中，对发现的可用于证明案件事实的物品和文件依法予以扣留的调查措施。

1. 扣押的范围。根据《治安管理处罚法》第89条的规定，公安机关办理治安案件，对与案件有关的需要作为证据的物品，可以扣押；对被侵害人或者善意第三人合法占有的财产，不得扣押，应当予以登记；对与案件无关的物品，不得扣押。

2. 扣押的法律手续。

（1）对扣押的物品，应当会同在场见证人和被扣押物品持有人查点清楚，当场开列清单一式二份，写明扣押的理由，被扣押物品的名称、规格、数量、特征，由办案人民警察和被扣押物品的持有人签名后，一份交给被扣押物品的持有人，一份附卷。有见证人的，还应当由见证人签名；对可以作为证据使用的录音带、录像带、电子数据存储介质，在扣押时应当予以检查，记明案由、内容以及录取和复制的时间、地点等，并妥为保管。

（2）人民警察扣押物品，应当在扣押后的 12 小时内向所属公安机关办案部门或者公安派出所负责人报告；公安机关办案部门或者公安派出所负责人认为不宜扣押的，应当立即解除扣押；属于违禁品的，可以当场收缴。

（3）扣押期限。根据《公安机关办理行政案件程序规定》第 112 条的规定，"扣押、扣留、查封期限为 30 日，案情重大、复杂的，经公安机关负责人批准可以延长 30 日；法律、行政法规另有规定的除外。"逾期不作出处理决定的，公安机关应当将被扣押物品退还当事人。对扣押物品需要进行鉴定、检测、检验的，鉴定、检测、检验期间不计入扣押期间，但应当将鉴定、检测、检验时间告知当事人。

👌 **特别提醒** ⌐

对精神病的鉴定，由省级人民政府指定的医院、公安机关的安康医院或者其他有鉴定资格的精神病医院进行。对人身伤害的鉴定由法医进行。卫生行政主管部门许可的医疗机构具有执业资格的医生出具的诊断证明，可以作为公安机关认定人身伤害程度的依据。

违法嫌疑人或者被侵害人对鉴定意见有异议的，可以在 3 日内提出重新鉴定的申请，经公安机关审查批准后，进行重新鉴定。申请重新鉴定以 1 次为限。

# 项目四　治安案件查处程序

## 一、治安案件查处的普通程序

### （一）受案

**【案例 11-11】**

某日，某派出所接到了一起发生在本辖区内的受害人报案的治安案件，民警王某在填写了《报警情况登记表》后，经审查发现案件的一方当事人涉外。按法律规定不属于公安机关派出所的受案范围，于是将该案件的相关材料移送至区公安分局，并将这一情况告知报案人。

**【问题思考】**

1. 本案中的派出所民警是否需要填写《报警情况登记表》？

2. 民警王某的做法是否正确？

1. 治安案件受案的含义。《治安管理处罚法》第 77 条规定："公安机关对报案、控告、举报或者违反治安管理行为人主动投案，以及其他行政主管部门、司法机关移送的违反治安管理案件，应当及时受理，并进行登记。"

治安案件的受案，是指公安机关对单位或个人的报案、控告、举报或者违反治安管理行为人主动投案，不管是否属于自己管辖的范围，都接受并作登记及审查的活动。

治安案件的受理，是指公安机关对在业务过程中发现的或群众和单位控告、检举、揭发、自首的违反治安管理法律法规行为，以及其他行政主管部门、司法机关移送的违反治安管理案件，表示接受，并拟立案调查的法律活动。

要注意区分治安案件受案与受理的区别。受案仅仅是对案件材料的接受。受理则是确定了案件的成立，这种确认行为，是一种带有羁束性的行政行为，一经确定之后，即发生法律效力，必须认真进行查处，不得随意撤销或更改，要履行审批手续的整个过程。

2. 治安案件受理的条件。

（1）有违反治安管理行为的事实或嫌疑存在。

（2）符合治安案件受案标准，需要给予行为人治安管理处罚。

（3）必须属于公安机关治安管理的职权、职责管辖范围。

3. 治安案件受理的程序。

（1）认真接待，填写《报警情况登记表》，注意是否需要采取相关处置措施；审查受理材料，确定是否属于违反治安管理行为。公安机关接受案件时，应当制作《受案回执》，一式二份，一份交报案人、控告人、举报人、扭送人，一份附卷。

（2）对属于本单位管辖范围的应予以治安处罚的违反治安管理的行为，填制行政案件《受案登记表》，履行审批手续；并且应及时指派专人查处，负责案件的查破。行政案件受案审查期限原则上不超过24小时，疑难复杂案件受案审查期限不超过3日。

（3）对属于公安机关职责范围，但不属于本单位管辖的，应当在受理后24小时内移送有管辖权的单位处理，并告知报案人。

（4）对不属于公安机关职责范围内的事项，告知当事人向其他有关主管机关报案或投案。

🖐 **特别提醒**

2015年11月4日公安部公布的《公安部关于改革完善受案立案制度的意见》规定各省级公安机关依托警务信息综合应用平台，建立完善省区市统一的接报案、受案立案功能模块。对于群众报案、控告、举报、扭送，违法犯罪嫌疑人投案，以及上级机关交办案件或者其他机关移送的案件，属于公安机关管辖的，各办案警种、部门都必须接受并依照有关规定办理，不得推诿。对于上述接受的案件以及工作中发现的案件，除性质和事实涉及国家秘密的以外，都必须进行网上登记。

（二）调查

本章项目三有详细介绍，不再赘述。

（三）告知

【案例11-12】

2015年3月25日15时18分，太原南开往北京西站的G××次列车从石家庄站开出，坐在3号车厢8A的一名醉酒旅客取下车上配备的安全锤，对3号车厢一个车窗玻璃猛击，致车窗玻璃粉碎。此破坏行为对行车安全及公共安全造成严重隐患。

情况发生后，列车工作人员立即赶到现场，将该名醉酒旅客控制。16时37分，列车到达北京西站，肇事旅客被铁路公安部门带走。

经调查，该名旅客姓李，河北省平山县人。鉴于其上述行为，铁路公安部门给予李某行政拘留10天并罚款300元的处罚。[1]

【问题思考】

1. 本案中，公安机关作出处罚决定前应当告知李某哪些事项？

2. 李某是否有权申请听证？为什么？

1. 治安案件查处中的告知。告知是指公安机关在作出治安管理处罚决定之前，将拟作出治安管理处罚决定的事实、理由和依据，以及当事人依法享有的权利，告知当事人的法律活动。

2. 告知成立的条件。

（1）告知的对象是当事人；

（2）告知的实质内容，是拟作出治安管理处罚决定的事实、理由和依据以及当事人依法享有的权利；

（3）必须在作出治安管理处罚决定前告知。

3. 制作《公安行政处罚告知笔录》。《公安行政处罚告知笔录》是记载公安机关作出行政处罚决定，告知被处罚人拟作出行政处罚决定的事实、理由和法律依据以及被处罚人享有的权利等内容的法律文书。

其内容包括：告知单位名称、告知人姓名、被告知人姓名（个人）或名称（单位）、被告知单位法定代表人姓名。"告知内容"第一栏填写时应当写明对违反治安管理行为人拟作出行政处罚决定的事实、理由及依据。按要求填写清楚，但不要求写明拟作出处罚的种类和幅度。"告知内容"第二栏仅在公安机关拟作出符合听证范围的行政处罚决定之前，向违法嫌疑人告知有要求听证的权利时填写。"拟作出的行政处罚"后面的横线上填写处罚的种类和幅度。"提出"前面的横线上填写受理听证申请的具体部门。最后由被告知人签名并注明具体日期。

（四）听取陈述和申辩

它是指公安机关在作出治安管理处罚决定之前，违反治安管理行为人有权陈述和

---

〔1〕 案例来源：找法网，2015年3月26日。

申辩，公安机关应当充分听取核实，理由成立的，应当采纳。

根据《治安管理处罚法》第94条第2款的规定，"违反治安管理行为人有权陈述和申辩。公安机关必须充分听取违反治安管理行为人的意见，对违反治安管理行为人提出的事实、理由和证据，应当进行复核；违反治安管理行为人提出的事实、理由或者证据成立的，公安机关应当采纳"。

**特别提醒**

在公安机关在作出治安管理处罚决定之前，违法行为人对自己的行为进行陈述或申辩是法律规定的一项法定权利，公安机关应当保障当事人这一权利的充分行使，并且不得因违反治安管理行为人的陈述、申辩而加重处罚。

（五）决定

**【案例11-13】**

2012年5月8日下午，李某（男，1995年10月生）因宅基地纠纷与邻居郑某发生争吵，李某殴打了郑某。郑某报案后，民警前往调查处理。民警甲于当晚19时口头将李某传唤到派出所后，对李某进行了询问，李某对自己殴打郑某的行为供认不讳，并表示愿意悔改。此外，李某还向公安机关提供了其邻居杨某制造假冒伪劣产品的情况。（后经调查，认定李某的揭发属实，并根据李某所提供线索成功侦破了杨某制造假冒伪劣产品案。）公安机关认为李某属于未满18周岁的未成年人，应当从轻或减轻处罚；且李某有立功表现，应当减轻或不予处罚。最终，公安机关作出对李某不予处罚的决定。

**【问题思考】**

1. 本案中公安机关的处理决定是否合理？为什么？

2. 除本案中的处理决定外，还有哪些处理方式？

1. 治安管理处罚的审核。治安管理处罚的审核，是指公安机关就违反治安管理行为的事实、证据、认定依据、程序和处理意见进行审查核实，提出处理结论的过程。

治安管理处罚审核的内容包括以下几个方面：

（1）审核违反治安管理行为人的基本情况是否清楚；

（2）审核案件事实是否清楚，证据是否确实充分；

（3）审核案件处理的程序是否合法；

（4）审核案件定性和适用法律是否准确；

（5）审查量罚是否适当；

（6）审查法律文书是否规范、完备。

2. 治安案件的处理决定。在对调查结束的治安案件进行审核后，公安机关依据《治安管理处罚法》第95条和《公安机关办理行政案件程序规定》第172条的规定，对不同的案件可以作出以下处理决定：

（1）决定治安管理处罚。公安机关在对治安案件进行调查后，认为确有应当给予治安管理处罚的违法行为，就应当根据违法行为的情节轻重及具体情况，依照法律法规相关规定，给予相应的治安管理处罚。

（2）决定不予处罚。公安机关对当事人作出不予处罚的决定，有两种情况：一是当事人的行为已经构成违法，但情节特别轻微，依法可以不予治安管理处罚的，决定不予处罚；二是公安机关对违法事实不能成立的案件，作出不予处罚的决定。违法事实不能成立，通常包括三种情形：①有充足证据证明违反治安管理的事实不存在；②没有充分的证据证明违法事实成立；③没有证据证明当事人实施了违法治安管理行为。

（3）决定给予其他处理。公安机关对吸毒行为人等需要给予强制戒毒等其他处理的，依法作出决定。

（4）决定移送司法机关。对于违法行为涉嫌构成犯罪的案件，公安机关应转为刑事案件办理或移送有权处理的主管机关、部门办理。

（5）发现违反治安管理行为人有其他违法行为的，在对违反治安管理行为作出处罚决定的同时，通知有关行政主管部门处理。

（六）执行

【案例 11-14】

2006 年 8 月的一天，张某与家人从益阳到长沙办完公事后，前往长沙烈士公园游玩。当他们乘坐的出租车刚在公园南门停下，两名妇女就跑过来，一前一后拉开出租车前后门，用身体挡在门口，一边念叨着听不懂的话，一边伸手索要钱物。当遭到拒绝后，两名乞讨妇女又扯衣服又拦路，跟着张某纠缠了十几米，直到附近巡逻的民警上前制止，张某才得以脱身。根据《治安管理处罚法》第 26 条的规定，"追逐、拦截他人""强拿硬要"私人财物，均属扰乱公共秩序的行为，可以处 5 日以上 10 日以下拘留，可以并处 500 元以下罚款。该两名职业乞讨的妇女被长沙市城市管理警察支队处以 3 日的行政拘留，并处 200 元罚款。

【问题思考】

1. 本案例中的罚款处罚能否当场执行？

2. 本案例中的拘留处罚应由哪个部门执行？

1. 治安管理处罚决定的执行的含义。治安管理处罚决定的执行，是指公安机关依照法定程序，根据治安管理处罚决定，依靠行政强制力量实现治安管理处罚及其相关法律措施的一种行政执法活动。

2. 治安管理处罚决定执行的种类。

（1）罚款的执行。罚款是公安机关对违反治安管理行为人处以经济制裁的行政处罚。实践中，罚款有以下三种执行方式：

第一，罚款处罚的自动履行。受到罚款处罚的人自收到处罚决定书之日起 15 日内，到指定的银行缴纳罚款。但是，有下列情形之一的，人民警察可以当场收缴罚款：①对违法治安管理行为和违反交通管理行为的行为人处以 50 元以下罚款，被处罚人对罚款无异议的；②在边远、水上、交通不便地区，公安机关及其人民警察依照《治安管理处罚法》的规定作出罚款决定后，被处罚人向指定的银行缴纳罚款确有困难，经被处罚人提出的；③被处罚人在当地没有固定住所，不当场收缴事后难以执行的。执行人员当场收缴罚款的，必须向被处罚人出具省、自治区、直辖市财政部门统一制发的罚款收据，不能出具的，被处罚人有权拒绝缴纳罚款。

第二，罚款的强制执行。被处罚人无正当理由逾期不交纳罚款或拒不交纳罚款的，公安机关可以采取强制措施执行：①到期不缴纳罚款的，每日按罚款数额的 3% 加罚罚款；②依法查封、扣押被处罚人的财物予以拍卖或变卖抵缴罚款；③对法律没有规定由公安机关强制执行的，申请人民法院强制执行。

第三，罚款处罚的延期执行。被处罚人如果确有经济困难，需要延期或分期缴纳罚款的，经被处罚人申请和作出治安管理处罚决定的公安机关批准，可以暂缓或分期缴纳。

（2）行政拘留的执行。行政拘留应当在县级以上拘留所内执行。作为治安管理处罚中对人身自由最严厉的处罚方法，包括以下执行方式：

第一，常规执行。对被决定行政拘留的人，由作出决定的公安机关送拘留所执行。

第二，强制执行。如果被处罚人无正当理由拒绝执行行政拘留，应当予以强制执行，其强制性以能够将被拘留人送达拘留所执行为限。

第三，暂缓执行。适用行政拘留暂缓执行应当同时符合下列四个条件：①被处罚人不服行政拘留处罚决定，依法申请行政复议或提起行政诉讼；②被拘留人本人提出了暂缓行政拘留执行的申请；③公安机关认为对被拘留人暂缓执行行政拘留不致发生社会危险；④被拘留人或其近亲属依法找到担保人或交纳保证金。

（3）其他治安管理处罚的执行。

第一，警告的执行。公安机关对行为人作出警告决定，要制作处罚决定书，向行为人宣布并送达决定书，同时将决定书副本要交给违反治安管理行为人所在单位或常住地公安派出所。认为警告无需执行的认识是不正确的。

第二，吊销公安机关发放的许可证的执行。吊销公安机关发放的许可证的执行，剥夺了被处罚人的行为能力和资格，是一种较为严厉的资格罚的治安管理处罚，故《治安管理处罚法》规定吊销许可证必须经过听证程序。

公安机关作出吊销许可证处罚的，应当在被吊销的许可证上加盖吊销印章后收缴。被处罚人拒不缴销证件的，公安机关可以公告宣布作废。

第三，附加限期出境或驱逐出境处罚的执行。依法对外国人或无国籍人适用限期出境或驱逐出境处罚的，由承办案件的公安机关逐级上报公安部或者公安部授权的省级人民政府公安机关决定，由承办案件的公安机关执行。被决定限期出境、缩短在华停留期限或者取消在华居留资格的外国人，未在指定期限内自动离境的，公安机关可以遣送出境。

**特别提醒**

对外国人的限期出境或驱逐出境只能附加适用，不能独立适用。即对违法治安管理的外国人，依法决定警告、罚款或行政拘留，再视需要决定是否附加限期出境或驱逐出境。注意，应当在警告、罚款、行政拘留执行完毕后，再执行限期出境或驱逐出境。

### 二、治安案件查处的简易程序

（一）简易程序的概念与适用条件

**【案例11-15】**

2017年7月5日晚上7点半，丰庄派出所到辖区内的蓝天宾馆检查治安工作，检查完旅客登记表后，到房间进行核对。在检查过程中警察发现623和625房间的客人没有登记。警察找到值班服务员小王，小王承认由于疏忽，忘记了这两个房间的登记。警察根据《治安管理处罚法》第56条的规定，当场对小王处以150元罚款。

**【问题思考】**

本案中公安机关适用治安案件简易程序的做法是否正确？为什么？

1. 简易程序的概念。简易程序也叫当场处罚，是指公安机关依照法律的规定，对在执行公务中发现的部分轻微违反治安管理行为，当场进行处罚的办案程序。

2. 简易程序的适用条件。

（1）简易程序的适用范围。《治安管理处罚法》第100条规定："违反治安管理行为事实清楚，证据确凿，处警告或者200元以下罚款的，可以当场作出治安管理处罚决定。"

《公安机关办理行政案件程序规定》第37条第1款规定："违法事实确凿，且具有下列情形之一的，人民警察可以当场作出处罚决定，有违禁品的，可以当场收缴：①对违反治安管理行为人或者道路交通违法行为人处200元以下罚款或者警告的；②出入境边防检查机关对违反出境入境管理行为人处500元以下罚款或者警告的；③对有其他违法行为的个人处50元以下罚款或者警告、对单位处1000元以下或者警告的；④法律规定可以当场处罚的其他情形。"

（2）简易程序的适用条件。因为简易程序的局限性，《行政处罚法》《治安管理处罚法》等法律法规都对简易程序的适用作出了严格的规定：

第一，必须是公安人员在执行公务时当场发现的违反治安管理的行为。

第二，必须是情节轻微的违反治安管理行为。

第三，必须是案情简单、因果关系明确的违反治安管理行为。凡是案件涉及需要使用扣押财物、检验、检测、法医鉴定等调查取证措施的，不能适用简易程序作出治安管理处罚。

第四，必须符合法律规定的处罚幅度和处罚种类。根据上述法律法规中关于简易程序适用范围的规定可以看出，简易程序仅限于数额较小的罚款和警告。除此之外的治安管理处罚，因为较严厉，涉及的案件较为复杂，对当事人影响较大，故而要慎重而不适用简易程序。

第五，不属于法律法规规定的不能适用简易程序的案件。公安部规定，卖淫嫖娼案件，引诱、容留、介绍卖淫的案件，拉客、招嫖案件和赌博案件，不适用当场处罚程序。

（二）简易程序的程序

【案例11-16】

2011年8月9日晚上，张某与女朋友在湖边散步，由于其行为过于亲热，被某市公安局值勤警察以卖淫嫖娼为由带回派出所询问。因为张某及其女朋友非常反感警察的行为，和警察发生了激烈的争吵。公安局认为虽然二人卖淫嫖娼的事实不成立，但其态度极其恶劣，当场决定对二人处以罚款200元。事后，张某以罚款没有事实根据为由，向法院起诉要求撤销罚款决定并且赔偿其损失。

【问题思考】

1. 张某的诉求是否合理？为什么？

2. 公安机关作出的处罚决定违反了什么程序？

根据《治安管理处罚法》第101条和《公安机关办理行政案件程序规定》第38、39条的规定，公安机关当场作出治安管理处罚决定的，应当履行下列程序：

1. 表明执法身份。执法人员向当事人出示其执法身份证件，用以证明其行为属于公务行为而非个人行为，具有合法性和正当性；同时，执法身份证件也用于确定执法人员执法的范围和职权。

2. 告知。公安机关人员在作出治安管理处罚决定之前，应当告知当事人作出治安管理处罚决定的事实、理由和依据。无论是适用一般程序还是简易程序，告知程序都是执法人员的法定义务。

3. 听取陈述和辩解。执法人员在履行告知之后，应当充分听取违法行为人的陈述和申辩。这是当事人的一项法定权利，不得因当事人的申辩而加重处罚。同样，对于不应当处罚的当事人，也不能因为申辩而给予处罚。如案例11-16中，当事人不存在卖淫嫖娼的事实，就应当立刻释放，而不能因其态度不好而给予处罚。

4. 制作当场处罚决定书并交付被处罚人。执法人员制作当场处罚决定书并将决定书交付给被处罚人，是当场处罚的主要标志，也是当场处罚的唯一书面证据材料。因此，应当有被处罚人在决定书备案联上签名。决定书一式两份，一份交被处罚人，一份留公安机关备案。如果有被侵害人的，应将处理结果当场抄告被侵害人。当场收缴罚款的，同时填写罚款收据，交付被处罚人；不当场收缴罚款的，应当告知被处罚人在规定期限内到指定的银行缴纳罚款。

5. 向所属行政机关备案。《治安管理处罚法》第 101 条第 3 款规定："当场作出治安管理处罚决定的，经办的人民警察应当在 24 小时内报所属公安机关备案。"其具体形式是：由经办民警上交治安管理处罚决定书的存根和副本，或者在所属机关就基本事项进行登记。

**特别提醒**

人民警察当场作出治安管理处罚决定时，是由 1 名警察直接作出决定，还是需要 2 名或者 2 名以上警察才能作出？《治安管理处罚法》并未作出具体规定。根据《公安机关办理行政案件程序规定》第 39 条第 1 款规定，适用简易程序处罚的，可由办案人员 1 人作出行政处罚决定。

### 三、治安案件查处的听证

**【案例 11-17】**

某日晚，典当行马上要闭店时，一青年男子到店内要求典当几件白金镶钻首饰。店员觉得男子提供的首饰与近日电视新闻中展示的珠宝行特大盗窃案中的被盗首饰十分相似，于是向典当行老板申某报告此事。申某也有所怀疑，但因男子开价很低，申某在高额利润的诱惑下，将首饰收下。后被公安机关查获。公安机关对申某处以 5 日拘留，1000 元罚款，并吊销申某所开典当行的许可证。申某以自己当时确实不知是赃物要求听证，而公安机关认为有店员为证人，申某的违法事实确凿，拒绝了其听证的要求，直接对其进行了处罚。对此，申某向公安机关提起了行政复议。

**【问题思考】**

1. 本案中申某是否有权要求听证？为什么？

2. 公安机关的做法对不对？为什么？

（一）听证的含义

听证是指公安机关办理治安案件，在拟作出特定的治安管理处罚决定前，依法由非本案调查人员主持，召开听证会，听取当事人对拟作出治安管理处罚决定的事实、理由、依据的申辩、质证的法律程序。

（二）听证的适用条件

《治安管理处罚法》第 98 条规定，公安机关作出吊销许可证以及处 2000 元以上罚款的治安管理处罚决定前，应当告知违反治安管理行为人有权要求举行听证；违反治安管理行为人要求听证的，公安机关应当及时依法举行听证。《公安机关办理行政案件程序规定》第123条规定，公安机关在作出下列行政处罚决定之前，应当告知违法嫌疑人有要求举行听证的权利：①责令停产停业；②吊销许可证或者执照；③较大数额罚款；④法律、法规和规章规定违法嫌疑人可以要求举行听证的其他情形。上述第3项所称"较大数额罚款"，是指对个人处以2000元以上罚款，对单位处以1万元以上罚款，对违反边防出境入境管理法律、法规和规章的个人处以6000元以上罚款。对依据地方性法规或者地方政府规章作出的罚款处罚，适用听证的罚款数额按照地方规定执行。

通过上述法律法规，可以看出在下列情况下应当举行听证：

1. 属于法定处罚范围。处罚决定属于《治安管理处罚法》第98条和《公安机关办理行政案件程序规定》第123条中规定的处罚决定类型的，当事人可以要求听证。

2. 当事人要求听证。被处罚人对公安机关违反治安管理事实的认定，如案情轻重环节、证据真实程度、量罚幅度大小等有异议。当事人要求听证，且符合法定处罚范围，公安机关应当组织听证。

3. 由法律确认的具有治安管理处罚决定权的公安机关组织进行。根据《公安机关办理行政案件程序规定》第124条规定，听证由公安机关法制部门组织实施；公安机关内设机构依法以自己的名义作出行政处罚决定的，由该机构非本案调查人员组织听证。

（三）听证的告知、申请和受理

1. 听证的告知。根据《公安机关办理行政案件程序规定》第132条规定，对适用听证程序的行政案件，办案部门在提出处罚意见后，应当告知违法嫌疑人拟作出的行政处罚和有要求举行听证的权利。

2. 听证的申请。根据《公安机关办理行政案件程序规定》第133条规定，违法嫌疑人要求听证的，应当在公安机关告知后3日内提出申请，如在3日内不提出申请，则视为当事人放弃要求听证的权利，公安机关可依法作出处罚决定。

3. 听证的受理。根据《公安机关办理行政案件程序规定》第135条规定，公安机关收到听证申请后，应当在2日内决定是否受理。认为听证申请人的要求不符合听证条件，决定不予受理的，应当制作不予受理听证通知书，告知听证申请人。逾期不通知听证申请人的，视为受理。

公安机关受理听证后，应当在举行听证的7日前将举行听证通知书送达听证申请人，并将举行听证的时间、地点通知其他听证参加人。

4. 听证主持人与听证参加人。

（1）听证主持人。听证主持人是负责听证活动组织工作的调节和控制，使听证活动按法定程序合法完成的工作人员。它是听证人员中的最主要成员，整个听证会举行的质量和效率如何直接决定于听证主持人的工作。

根据《公安机关办理行政案件程序规定》第127条规定，听证设听证主持人1名，负责组织听证；记录员 1 名，负责制作听证笔录。必要时，可以设听证员 1~2 名，协助听证主持人进行听证。听证主持人由公安机关负责人指定。本案调查人员不得担任听证主持人、听证员或者记录员。

（2）听证参加人。根据《公安机关办理行政案件程序规定》第 129 条规定，听证参加人包括四类人：当事人及其代理人；本案办案人民警察；证人、鉴定人、翻译人员；其他有关人员。

（四）听证的举行

1. 听证的组织。听证由公安机关法制部门组织实施。公安机关内设业务部门依法以自己名义作出处罚决定的，由该机构非本案调查人员组织听证。除涉及国家秘密、商业秘密和个人隐私的案件外，听证公开举行。听证应在公安机关收到听证申请之日起 10 日内举行。

2. 听证的步骤。

（1）听证开始阶段。听证开始时，主持人应当做好以下工作：核对听证参加人；宣布案由；宣布听证员、记录员、翻译人员名单；告知当事人在听证过程中的权利和义务；询问当事人是否提出回避；对不公开听证的案件，说明理由。

（2）听证调查阶段。①由办案民警提出听证申请人违法的事实、证据和法律依据及治安管理处罚意见。②听证申请人可以就办案民警提出的违法事实、证据和法律依据以及治安管理处罚意见进行陈述、申辩和质证，并可以提出新证据。③第三人可以陈述事实，提出新证据证实自己的陈述。

（3）听证辩论阶段。①听证申请人、第三人、办案民警各方进行综合性发言；②听证主持人明确各方争议；③各方就事实、证据、程序、法律适用、处罚种类和幅度等问题进行辩论；④听证主持人听取各方最后陈述意见。

3. 听证的中止与终止。

（1）中止听证。听证过程中，遇有下列情形之一，听证主持人可以中止听证：①需要通知新的证人到会、调取新的证据或者需要重新鉴定或者勘验的；②因当事人提出回避申请，致使听证不能继续进行的；③其他需要中止听证的。

中止听证的情形消除后，听证主持人应当及时恢复听证。

（2）终止听证。听证过程中，遇有下列情形之一，应当终止听证：①听证申请人撤回听证申请的；②听证申请人及其代理人无正当理由拒不出席或者未经听证主持人许可中途退出听证的；③听证申请人死亡或者作为听证申请人的法人或者其他组织被撤销、解散的；④听证过程中，听证申请人或者其代理人扰乱听证秩序，不听劝阻，致使听证不能正常进行的；⑤其他需要终止听证的。

4. 审查决定。听证结束后，听证主持人应当书写听证报告书，连同《听证笔录》一并报送公安机关负责人。公安机关负责人应当根据听证情况及查证的事实，进一步确认违法行为的性质、行为的具体种类和名称，审查违法行为人的责任能力以及违法行为是否具有《治安管理处罚法》规定的从轻、减轻、不予处罚或者从重处罚的情节，作出处罚决定。

💦 **特别提醒**

违法嫌疑人放弃听证或者撤回听证要求后，如果在处罚决定作出前，又提出听证要求的，只要在听证申请有效期限内，应当允许其要求。

# 项目五　治安调解程序

## 一、治安调解的概念

### 【案例 11-18】

2011 年 7 月 10 日中午，李某在家里喝了半斤白酒，想到和隔壁饭店老板刘某素来不和，就跑到刘某的饭店闹事。李某不顾刘某和多位服务员的阻拦，将饭店内的许多桌椅、餐具和门窗玻璃打坏，共造成直接损失 1000 余元。派出所警察接到报警后赶到饭店，制止了李某的行为并且批评了李某，对二人进行了调解。李某同意赔偿刘某损失 1100 元，警察没有处罚李某。但第二天李某反悔了，拒绝赔偿。

### 【问题思考】

1. 本案是否可以适用调解？

2. 本案中，李某在调解后反悔，拒绝赔偿。公安机关应当作何处理？

治安调解是指对于因民间纠纷引起的殴打他人、故意伤害、侮辱、诽谤、诬告陷害、故意损毁财物、干扰他人正常生活、侵犯隐私等情节较轻的治安案件，在公安机关主持下由各方当事人协商，并以书面形式达成解决争议的协议，而可以不予治安管理处罚的一种处理方法。

## 二、治安调解的适用条件

1. 行为的性质必须是因民间纠纷而引起的违反治安管理的行为。包括：亲友、邻里、同事、在校学生之间因琐事发生纠纷引起的；行为人的侵害行为系由被侵害人事前的过错行为引起的；其他适用调解处理更易化解矛盾的。

2. 行为的主要方式限于殴打他人、故意伤害、侮辱、诽谤、诬告陷害、故意损毁财物、干扰他人正常生活、侵犯隐私等。

3. 行为的结果是已构成违反治安管理行为，且情节较轻。对不构成违反治安管理行为的民间纠纷，应当告知当事人向人民法院或人民调解组织申请处理。

4. 当事人双方或多方自愿。实践中，只要有当事人一方不同意对案件作治安调解处理，公安机关就不能强制适用治安调解。

5. 案件不属于不能适用治安调解案件的范畴。根据《公安机关办理行政案件程序规定》第179条，具有下列情形之一的，不适用调解处理：①雇凶伤害他人的；②结伙斗殴或者其他寻衅滋事的；③多次实施违反治安管理行为的；④当事人明确表示不愿意调解处理的；⑤其他不宜调解处理的。

### 三、治安调解的程序

（一）全面进行深入细致的调查取证

这是做好治安调解工作的前提和基础。公安机关办案人员在进行调解前，首先应当查明案情，全面调查并获取相关证据，在此基础上开展治安调解工作。这既有利于分清当事人各方是非对错大小，也便于在调解不成后迅速转入法定处罚程序作出治安管理处罚决定。

（二）公安机关依法决定是否适用治安调解方式结案

公安机关可根据案件实际情况，从是否有利于妥善解决民间纠纷；是否有利于促进人民群众间的团结及社会安定；是否有利于减少处罚面及诉累；是否有利于增进警民鱼水关系，多方面考虑作出相应决定。实践中，由公安机关主动调解的方式占了大多数。

（三）治安调解的方式

公安机关调解治安案件，通常采取公开进行的方式。有两种情况除外：一是涉及各方当事人个人隐私的；二是各方当事人都要求不公开调解的。

（四）治安调解由公安民警主持

在调解过程中，要有针对性地对各方当事人进行法制教育。对于主动承认违法错误的当事人，公安民警应当进行鼓励；对于态度蛮横、无理取闹的当事人，则应当进行严肃的批评教育，为达成治安调解协议打下良好的思想认识基础。当事人中有不满16周岁未成年人的，调解时应通知其监护人到场；对因邻里纠纷引起的治安案件调解时，可邀请当事人居住地的居（村）委会的人员或各方当事人熟悉的人员参加帮助调解。

（五）经调解协商达成治安调解协议

调解一般为1次，必要时可以增加1次。在公安民警的主持下，讲清案情，阐明法律，推动各方的沟通与协商，最后在公安民警的指导下达成治安调解，并制作《治安调解协议书》，作为履行协议、结案处理的依据。

### 四、治安调解的法律效力

通过治安调解达成协议并履行的，公安机关不再予以违反治安管理行为人治安管理处罚。对虽然经过治安调解，但是最终未达成治安调解协议或者达成治安调解协议后当事人在履行之前反悔的，公安机关应当对违反治安管理行为人依法予以治安管理处罚。

对违法行为造成的损害赔偿纠纷，应当告知纠纷各方当事人依法向人民法院提起民事诉讼，由法院对财产损害、负担医疗费用等民事争议依法裁定。

# 项目六　技能训练

## 治安案件调查取证

### 一、训练内容

1. 口头传唤。

2. 使用《传唤证》传唤，规范填写《呈请传唤审批表》《传唤证》。

3. 强制传唤，依法履行相关手续。

4. 现场询问证人、行为人，规范制作《询问笔录》。

5. 现场勘验。对治安案件现场进行勘验、检查，规范填写《呈请检查审批表》《检查证》，规范制作《勘验/检查笔录》，规范填写《呈请扣押审批表》《扣押物品清单》。

### 二、训练目的

通过训练，使参训学生掌握治安案件调查取证的基本方法，正确传唤行为人、嫌疑人，掌握询问、现场检查及搜集证据的方法。要求参训学生能够规范填写《呈请传唤审批表》《传唤证》；询问时，规范制作《询问笔录》，依法履行相关法律手续；对需要勘验、检查的现场，进行勘验、检查，能够规范填写《呈请检查审批表》《检查证》，规范制作《勘验/检查笔录》；对需扣押的物品，规范填写《呈请扣押审批表》《扣押物品清单》。

### 三、训练前的准备

1. 《呈请传唤审批表》《传唤证》《询问笔录》《呈请检查审批表》《检查证》《勘验/检查笔录》《呈请扣押审批表》《扣押物品清单》等相关法律文书、钢笔、印泥。

2. 手铐、警绳等约束性警械。

### 四、训练方法与步骤

（一）对治安案件嫌疑人进行传唤训练

1. 对现场的治安案件嫌疑人进行口头传唤。

2. 使用《传唤证》传唤离开现场的治安案件嫌疑人。传唤时应注意：

（1）《传唤证》中指定的询问查证地点应当是违法嫌疑人所在市县内的某个地点，可以是违法嫌疑人所在市县的公安机关办公场所，也可以是该市县的其他地点。

（2）严格把握使用对象和方式，《传唤证》只能针对治安案件的违法嫌疑人，不得针对其他人员。

（3）填写《呈请传唤审批表》《传唤证》。

3. 强制传唤训练。强制传唤的对象是无正当理由不接受传唤或者逃避传唤的违反治安管理嫌疑人，强制传唤应慎重使用手铐、警绳等约束性警械。当嫌疑人表示愿意配合传唤时，可以不使用手铐、警绳等警械。

（二）询问训练

对违反治安管理嫌疑人进行询问，制作《询问笔录》。注意事项有：

1. 询问必须由办案人员进行；

2. 同一案件有 2 人以上嫌疑人的，必须分开进行单独询问；

3. 询问未成年的违法嫌疑人的，应当通知其监护人或教师到场，确实无法通知的，应当记录在案；

4. 必须依法履行法律手续。

（三）现场询问训练

对案件现场的知情人、受害人和其他见证人进行询问，规范制作《询问笔录》。

1. 询问不得少于 2 人，并应当出示工作证件；

2. 询问前，应当了解证人、受害人的身份，证人、受害人、违法嫌疑人之间的关系，并告知其如实提供证据；

3. 询问证人应当个别进行；

4. 办案人员不得向证人、受害人透露案情，不能表示自己对案件的倾向性意见，不能引导、暗示证人或受害人陈述，严禁使用威胁、引诱和其他非法方法询问证人、受害人；

5. 询问内容如果涉及国家秘密、商业秘密及个人隐私的，办案人员应当保密。

（四）治安案件现场勘验、检查训练

依据案情对现场进行勘验和检查，规范制作《呈请检查审批表》《勘验/检查笔录》《检查证》。

1. 检查时，办案人员不得少于 2 人，并应当出示工作证件；

2. 对违法嫌疑人的人身和随身携带的物品进行检查，不需要检查证；

3. 检查公民处所应当出示县级以上公安机关开具的检查证；

4. 对违法嫌疑人进行人身检查时，必须尊重被检查人的人格尊严，对卖淫、嫖娼人员的性病检查，应当由医生进行；

5. 检查时，应当有被检查人或其家属或其他见证人在场；

6. 规范填写《呈请检查审批表》《勘验/检查笔录》《检查证》。检查证 1 次有效，不得多次重复使用。

（五）对现场勘验中需要处理的有关证据进行处理训练

规范填写《呈请扣押审批表》《扣押物品清单》。

在案件调查中发现的可用以证明案件事实的物品和文件，适用先行登记保存不足以防止当事人销毁或转移证据的，可以予以扣押。扣押时应注意：

1. 扣押必须遵循法定程序；

2. 与案件无关的物品，不得扣押；

3. 对扣押物品，应当会同被扣押物品的持有人查点清楚，当场开列扣押清单一式两份，写明被扣押的物品名称、规格、数量、特征，由办案人员和被扣押物品的持有人或见证人签名后，一份交被扣押物品的持有人，一份附卷备查。

（六）教师指导

教师充当派出所所长，对学生填写制作的《呈请传唤审批表》《传唤证》《询问笔录》《呈请检查审批表》《检查证》《勘验/检查笔录》《呈请扣押审批表》《扣押物品清单》等进行审批、检查，检查学生的填写、制作情况，及时对学生进行指导。

### 五、注意事项

1. 参训学生要按照自己的角色办事，并互换角色进行训练。

2. 慎用强制传唤。

3. 对人和场所检查的程序。

4. 扣押的使用和相关规定。

### 六、相关法律文书写作格式规范

在训练中，各类相关法律文书的规范填写十分重要，参与训练的同学必须依据法律的相关规定和指导老师的指导，正确填写、制作。

（一）《询问笔录》

## 询 问 笔 录

第　次询问

第　页共　页

询问时间_____年____月____日____时____分至_____年____月____日____时____分

询问地点_____

询问人（签名）_____工作单位_____

记录员（签名）_____工作单位_____

被询问人_____性别_____出生日期_____

户籍所在地_____

现住址_____

被询问人员身份证件种类及号码_____

联系方式_____

（口头传唤的被询问人　月　日　时____分到达，____月____日____时____分离开，本人签名确认：_____）

（①询问时，人民警察要告知被询问人依法享有的权利和承担的义务。②首次询问违法嫌疑人时要询问是否受过刑事处罚、行政拘留或劳动教养、收容教育、强制戒毒、收容教养等情况，必要时，还应当问明其家庭主要成员、工作单位、文化程度等情况。询问外国违法嫌疑人的，还应当问明其国籍、出入境证件种类及号码、签证种类、入境时间和事由等有关情况，必要时，还应当问明其在华关系人等情况。③笔录末尾应当由被询问人写明"以上笔录我看过，与我说的相符"，并签名或捺指印，注明日期。④可加附页，并标明页码。）

问：_____

答：_____

问：_____

答：_____

问：_____

答：_____

问：_____

答：_____

（二）《呈请传唤审批表》

**呈请传唤审批表**

| 领导<br>批示 | |
|---|---|
| 审核部<br>门意见 | |
| 承办单<br>位意见 | |

呈请　　　传唤　　　审批表

（正文叙写传唤的事由和传唤的法律依据）

（三）《传唤证》

<table>
<tr><td>

××公安局

传唤证

×公（ ）行传字【××】第　号

被传唤人_____性别____

出生日期_____

身份证件种类及号码_____

现住址_____

工作单位_____

传唤理由_____

指定到达时间_____

承办人_____

批准人_____

填发人_____

填发日期_____

（存根）

</td><td>

××公安局

传唤证

×公（ ）行传字【××】第　号

_____

因你涉嫌_____，根据_____

_____，

限你于_____年___月___日___时___分前到_____

_____接受询问。

（公安机关印章）

年　月　日

被传唤人到达时间___年___月___日___时___分

询问查证结束时间___年___月___日___时___分

被传唤人（签名）：_____

（一式两份，一份交被传唤人，一份附卷）

</td></tr>
</table>

（四）《呈请检查审批表》

呈请检查审批表

<table>
<tr><td>领导<br>批示</td><td></td></tr>
<tr><td>审核部<br>门意见</td><td></td></tr>
<tr><td>承办单<br>位意见</td><td></td></tr>
<tr><td colspan="2">呈请　　检查　　审批表<br>（正文主要叙写检查的事由）<br><br><br><br><br><br><br></td></tr>
</table>

（五）《检查证》

| ××公安局 | ××公安局 |
|---|---|
| 检查证 | 检查证 |

**××公安局**

**检查证**

×公（　）检字【××】第　　号

案由＿＿＿＿＿＿＿＿＿＿＿＿＿＿＿＿

检查对象＿＿＿＿＿＿＿＿＿＿＿＿＿＿

检查原因＿＿＿＿＿＿＿＿＿＿＿＿＿＿

检查人＿＿＿＿＿＿＿＿＿＿＿＿＿＿＿

批准人＿＿＿＿＿＿＿＿＿＿＿＿＿＿＿

批准时间＿＿＿＿＿＿＿＿＿＿＿＿＿＿

指定到达时间＿＿＿＿＿＿＿＿＿＿＿

填发人＿＿＿＿＿＿＿＿＿＿＿＿＿＿＿

填发日期＿＿＿＿＿＿＿＿＿＿＿＿＿＿

（存根）

**××公安局**

**检查证**

×公（　）检字【××】第　　号

根据＿＿＿＿＿＿＿＿＿＿＿＿＿＿＿＿＿

＿＿＿＿＿＿，兹派我局＿＿＿＿＿对＿＿＿＿＿＿＿＿＿＿＿

＿＿＿＿＿＿＿＿＿＿＿＿＿＿＿＿＿＿＿＿＿

进行检查。

（公安机关印章）

年　　月　　日

被检查人确认（签名）：＿＿＿＿＿＿

（检查完毕后附卷）

（六）《勘验/检查笔录》

**××公安局**

**勘验/检查笔录**

时间＿＿年＿＿月＿＿日＿＿时＿＿分至＿＿＿＿年＿＿月＿＿日＿＿时＿＿分

勘验地点/检查对象＿＿＿＿＿＿＿＿＿＿＿＿＿＿＿＿＿＿＿＿＿＿＿＿＿＿

检查证或工作证件号码＿＿＿＿＿＿＿＿＿＿＿＿＿＿＿＿＿＿＿＿＿＿＿＿

勘验/检查人员姓名、工作单位、职务（职称）＿＿＿＿＿＿＿＿＿＿＿＿＿＿＿＿

过程及结果（检查笔录要首先表明是否当场检查）＿＿＿＿＿＿＿＿＿＿＿＿＿＿

＿＿＿＿＿＿＿＿＿＿＿＿＿＿＿＿＿＿＿＿＿＿＿＿＿＿＿＿＿＿＿＿＿＿＿＿

＿＿＿＿＿＿＿＿＿＿＿＿＿＿＿＿＿＿＿＿＿＿＿＿＿＿＿＿＿＿＿＿＿＿＿＿

＿＿＿＿＿＿＿＿＿＿＿＿＿＿＿＿＿＿＿＿＿＿＿＿＿＿＿＿＿＿＿＿＿＿＿＿

勘验/检查人（签名）：＿＿＿＿＿＿＿＿＿＿＿＿＿＿＿＿＿＿＿＿＿＿＿＿＿

记录人（签名）：＿＿＿＿＿＿＿＿＿＿＿＿＿＿＿＿＿＿＿＿＿＿＿＿＿＿＿

被检查人或者见证人（签名）：＿＿＿＿＿＿＿＿＿＿＿＿＿＿＿＿＿＿＿＿＿

（七）《扣押物品清单》

| （此处加盖公安机关印章） |
| :--- |

××公安局

扣押物品清单

物品持有人_____（性别____年龄_____单位法定代表人_____现住址及联系方式_____）持有的下列物品与_____案件有关，需要作为证据，依法予以扣押。

| 编号 | 名称 | 规格 | 数量 | 特征 | 发还情况<br>（接收人签收） |
| :---: | :---: | :---: | :---: | :---: | :---: |
| 1 | | | | | |
| | | | | | |
| | | | | | |
| | | | | | |
| | | | | | |

| 物品持有人、见证人（签名）：<br><br>年 月 日 | 承办人（签名）：<br><br>年 月 日 |
| :--- | :--- |

## 七、考核方式及标准

（一）考核方式

指导老师1名，学生3人一组，考核学生传唤过程、询问过程、勘验检查过程，并制作《呈请传唤审批表》《传唤证》《询问笔录》《呈请检查审批表》《检查证》《勘验/检查笔录》《呈请扣押审批表》《扣押物品清单》等相关法律文书。

（二）考核标准

四级评分制：

优秀：准备充分，操作熟练，文书格式合法规范，记录内容清晰完整，证据材料收集齐全，法律手续完善。

良好：准备较充分，操作较熟练，文书格式合法规范，记录内容清晰，证据材料收集比较齐全，法律手续完善。

合格：准备基本充分，操作基本熟练，文书格式基本合法，规范记录内容基本清晰，证据材料收集基本齐全，法律手续完善。

不合格：未达合格标准。

## 八、训练案例

**【训练案例】**

某市东区个体摊贩王某与另一个体摊贩李某在某地段因为争地盘、招揽生意颇有"宿怨"，双方均为当地的"土霸王"，通过打斗，各自摆平了不少对手，人们敢怒不敢言。某日，个体摊贩王某事先前往预约个体摊贩李某于一茶社饮茶，言下之意是找一个安静的地方，坐下来解决矛盾，一起合作，李某随即呼应，说他早就有这个打算。当晚9时，王某带上文某、史某共3人先到该茶社，并事先约定谈不成"划界"问题时，就揍李某一顿，煞煞李某的威风。十多分钟后，李某带上秦某、单某共3人来到该茶社，李某事先也与死党秦某约定谈不成"划界"，就带上棍棒好好收拾王某，摆摆我们的威风。双方共同饮茶半小时左右，在谈及"划界"问题时，双方发生口角争吵，继而发生双方多人斗殴，引来群众围观，地段巡警闻讯赶到，将双方带至派出所。该案造成茶社物品损失价值200余元。

**【训练提示】**

1. 办案人员口头传唤6名嫌疑人到公安派出所接受询问，不接受传唤的，使用强制传唤，并制作《询问笔录》。

2. 办案人员进行现场检查，填写《勘验/检查笔录》。

3. 办案人员对围观群众徐某、茶社老板赵某进行现场询问，调查取证，制作《询问笔录》。

4. 对涉案物品进行处理，填写《扣押物品清单》

5. 按办案程序对6名违法嫌疑人作出具体处罚。

# 群体性事件的预防和处置

📋 **知识目标**

1. 了解群体性事件的含义、分类、发展态势及特点。

2. 理解群体性事件的成因及预防。

3. 掌握群体性事件处置的原则和方法。

📋 **能力目标**

1. 能按照有关法律规定准确认定群体性事件的性质。

2. 能按照有关规定对群体性事件进行分类。

3. 能按照法律规定和有关要求，掌握常见的群体性事件的处置方法。

📋 **知识结构图**

```
                                    ┌ 群体性事件的概念
                                    │ 群体性治安事件的分类
                        群体性事件概述┤
                                    │ 当前我国群体性治安事件的
                                    └   发展态势与特点

                        群体性事件的成因与预防┤群体性事件的成因
                                           └群体性事件的预防
群体性事件的预防和处置┤
                    群体性事件处置的指┤群体性事件处置的指导思想
                     导思想与原则     └群体性事件处置的原则

                    群体性事件的处置┤群体性事件的处置机制
                     机制与方法     └群体性事件的一般处置方法

                    技能训练
```

# 项目一　群体性事件概述

## 一、群体性事件的概念

在不同年代，对"群体性事件"的称谓不尽相同，从 20 世纪 50 到 70 年代的"群众闹事"，到 80 年代的"治安事件、突发事件、治安突发事件"，90 年代的"紧急治安事件"，再到 2000 年之后的"群体性治安事件"。2004 年，中共中央办公厅、国务院办公厅转发的《关于积极预防妥善处置群体性事件的通知》称"群体性事件"之后，群体性事件的名称沿用至今。

群体性事件是指具有某些共同利益的群体，为了实现某一目的，采取静坐、冲击、游行、集合等方式，违反国家法律，扰乱社会秩序，危害公共安全，侵犯公民人身安全、公私财产安全，具有一定的规模，造成一定的社会影响，干扰社会正常秩序的事件。

## 二、群体性治安事件的分类

### （一）群体性事件的法定种类

依据相关法律法规，我国现阶段群体性事件的种类主要有以下几种：

1. 人数较多的非法集会、游行、示威；

2. 集会、游行、示威和集体上访活动中出现的严重扰乱社会秩序或者危害公共安全的行为；

3. 严重影响社会稳定的罢工、罢课、罢市；

4. 非法组织和邪教等组织的较大规模聚集活动；

5. 聚众围堵、冲击党政机关、司法机关、军事机关、重要警卫目标、广播电台、电视台、通信枢纽、外国驻华使馆、领事馆以及其他要害部门或者单位；

6. 聚众堵塞公共交通枢纽、交通干线、破坏公共交通秩序或者非法占据公共场所；

7. 在大型体育比赛、文娱、商贸、庆典等活动中出现的聚众滋事或者骚乱；

8. 聚众哄抢国家仓库、重点工程物质以及其他公私财产；

9. 较大规模的聚众械斗；

10. 严重危害公共安全、社会秩序的其他群体性行为。

### （二）群体性治安事件的法理分类

【案例 12-1】

2006 年 12 月 30 日凌晨 4 时许，四川省大竹县竹阳镇莱仕德酒店一名女员工杨某莉不明原因死亡。在公安机关调查侦破期间，死者亲属与酒店方发生争执，矛盾激化。2007 年 1 月 15 日下午，死者亲属及数百名群众到莱仕德酒店门前聚集，要求尽快查明死因。到了 2007 年 1 月 17 日下午 4 时左右，近万名围观者到莱仕德酒店门前聚集，其中的少数人员冲入酒店打、砸、烧，晚上 8 点左右，火被扑灭时，莱仕德商务酒店已被烧得面目全非。酒店的损失估计是几千万。但事后一些劫掠者慑于法律主动将所抢物品送回，使损失有所减少。

**【问题思考】**

本案例中的行为属于群体性事件分类中的哪一种？

根据目的、特征和行动指向，中国的群体性事件可以划分为以下五种类型：

1. 维权事件，包括农民维权、工人维权和市民维权。农民维权中，土地问题约占 65% 以上，村民自治、税费等方面都占一定的比例；工人维权的主要问题是国有企业改制、拖欠工资、社会保险、破产安置、劳动时间、殴打工人等方面；市民维权中房屋拆迁是主要问题。无论是农民，还是工人及市民，都把具体的利益诉求作为行动的目标，没有明确的政治目的。

2. 泄愤事件。这类群体性事件主要是因偶然事件引起，一般都没有个人上访、行政诉讼等过程，突发性极强，从意外事件升级到一定规模的冲突过程非常短。绝大多数参与者与最初引发的事件并没有直接利益关系，主要是路见不平或借题发挥，表达对社会不公的不满、以发泄为主。这种所谓的"无直接利益冲突"或"泄愤性冲突"是泄愤事件区别于维权事件和其他事件的最主要特点。

3. 骚乱事件。这类群体性事件在形式上和上面提到的泄愤事件有很多共同之处，但是其性质已经出现了变化，它们不同于泄愤事件，也不同于维权事件。怎样界定泄愤和骚乱，有一个最重要的指标就是参与群体性治安事件的人员与攻击的目标是否具有相关性。

4. 社会纠纷。这类群体性事件往往是因利益纠纷引起的，如，某省金兰交界地的"汤瓶州"，由于历史遗留问题及大水的不断冲刷，造成界线不明确，过去由于沙石不值钱，也未发生大矛盾，而如今沙石行情一路上扬，故当地不同村镇的群众不停地发生冲突，引发群体性治安事件。

5. 有组织犯罪。如，某两个不同的黑社会性质组织为了争夺势力范围而组织的聚众斗殴事件。

由于社会纠纷和有组织犯罪特征比较明显，也不是转型社会特有的现象，比较容易进行区分；而维权事件、泄愤事件和骚乱事件这三类群体性事件在表现形式上存在相似之处，也有本质上的区别，因此要注意区分。

### 三、当前我国群体性治安事件的发展态势与特点

**【案例 12-2】**

湖南省吉首市在 2000 年出台了旧城改造计划，急速扩张的城市建设，催生了民间借贷的活跃。吉首市大规模的非法民间集资始于 2002 年，到 2004 年形成了全民集资局面。自 2008 年 8 月底开始，随着福大、三馆、荣昌等吉首市主要融资大户资金链断裂，一系列群体事件随之发生。从 2008 年 9 月 3 日开始，吉首市因非法集资问题多次引发群体性事件。9 月 4 日，2000 余名集资人员冲击火车站、阻拦火车，造成枝柳线中断 6 个小时。事件随后逐步升级。2008 年 9 月 9 日，因担心政府冻结非法集资者账户，大量集资者蜂拥至吉首市内的各家银行，支取以前集资公司向集资者账户中发放的利息，一时之间各家银行人满为患。9 月 20 日、24 日、25 日，湘西再次爆发大规模群体性事件，数万群众涌上街头，打砸商店，公安武警遭袭，湘西州政府也遭遇冲击。

**【问题思考】**

1. 结合本案例理解当前群体性治安事件的发展态势。

2. 结合本案例理解当前群体性治安事件有哪些特征。

（一）当前群体性治安事件的发展态势

1. 数量大幅度上升。近年来，全国频繁发生因人民内部矛盾引发的上访、集会、请愿、游行、示威、罢工等群体性事件，从发生数量看，呈现出阶段性高发频发的趋势。有关部门提供的数据表明，从 1993 年到 2003 年间，我国群体性事件数量已由 1 万起增加到 6 万起，2004 年已增至 74 000 起，2005 年上升至 87 000 起，2006 年超过 9 万起，2009 年突破 10 万起，2013 年 16.6 万起，2013～2018 年呈现平稳增长。当前我国群体性事件发生的频率在加快，已经进入了群体性事件的高发期和多发期，这意味着社会矛盾多头叠加，社会风险因素增多，社会安全形势日益复杂严峻。

2. 参与主体日益多元化。在传统的群体性事件中，参加的主体主要是弱势群体，他们往往具有受教育程度低、法律知识缺乏、相对剥夺感较强等特点，处于社会的底层。目前，在一些群体性事件中，参加主体已经渐渐超越了其本身作为"弱者的武器"这一范畴。当前群体性事件参与主体的特征表现：一是出现了知识性、跨阶层性等特点。群体性事件参加的主体不再集中于某一阶层，而是涉及多个阶层。二是"无直接利益冲突"现象明显，群体性事件的许多参与者既与事件本身无关，也没有切身的利益关联，他们参与其中，只是借机表达和宣泄某种情绪。

3. 对抗程度加剧、软性损失变大。从近期爆发的群体性事件的冲突形式看，对抗性程度逐渐加剧。有些公众抱着"不闹不解决、小闹小解决、大闹大解决"的心态，采取了诸如冲击党政机关、堵塞公共交通、群体上访、示威游行等偏激行为，甚至采取打砸抢烧等暴力手段，向政府和有关部门施压，造成了恶劣的社会影响和重大人员

伤亡及财产损失。

4. 波及范围、社会影响更为广泛。随着社会新媒体的普遍应用，群体性事件的传播方式发生了显著变化，通过线上与线下的互动，群体性事件传播的速度更快，不仅使群体性事件的策动者更容易操持言论的宣传和散布，能够以最快的速度找到具有共同诉求的集合体，并迅速建立起一种新型关系，而且还大大降低了参与主体因非理性行为而可能承担的风险成本，使之更加积极而踊跃地参与其中。现在看来，网络、手机极大地颠覆了传统的社会动员方式，拓宽了群体性事件的表达平台，现实矛盾网络化、个别问题社会化已成为群体性事件研究中必须正视的新问题。

（二）群体性事件的特点

不同的群体性事件，尽管其引发的诱因不同，参与主体不同，表现形式不一，规模大小不一，危害程度不同，但从其发生、发展变化的过程来分析，一般都具有相类似的几个特点。

1. 事件的引发具有突然性。群体性事件的起因，往往是复杂而有层次的，由量变到质变的演化过程十分短促，在人们毫无准备的情况下猝然发生，出乎意料、突然爆发是群体性治安事件的显著特点。

2. 事件的诉求指向明确性。纵观各类群体性事件，事件主体的诉求指向都非常明确，即选择社会较敏感的地区、以公开的形式、引起社会关注，形成社会舆论，给政府施压，从而力求使自己的各种要求得到满足。

3. 事件目的的演化性。群体性事件一般都有一定的目的指向性，这也是整个群体的凝结点。随着事态的发展，这种目的性逐渐暴露出来，但这时的群体成员往往已经丧失自我，处于盲从阶段，这些失控的群体往往成为别有用心者的操纵对象，致使原有目的发生根本性改变。

4. 事件的参与者的层次性。群体性事件初始，人员混杂无序，难以区别，随着事件的发生、发展、变化，不同的层次便显现出来，包括核心层、附和层、围观层、缓流层。而在特定情况下，这些不同层次还会发生相互变化。

5. 事态的发展具有扩张性。群体性事件往往是由一定的社会矛盾引起的。大多数群体性治安事件在发生之初，并非是大规模的群体行为，而是在各种消极因素相互作用中对群体性治安事件的爆发起催化作用，从而使更多的人卷入事件当中，致使事态扩大。

6. 事件的后果具有严重性。群体性事件一旦发生，往往出现群体性过激行为：打、砸、抢；挟持、扣压人质；杀人、放火、爆炸等，严重危害了人民的生命财产安全和社会的稳定，较一般性的刑事案件、治安案件等后果更为严重。

# 项目二　群体性事件的成因与预防

## 一、群体性事件的成因

新时期群体性事件的表现形式多种多样，诱发因素也不尽相同，但大多与群众的现实利益和需要有关。

### （一）群体性事件产生的经济原因

当前，我国的政治和经济体制改革正处在整体推进与重点突破的攻坚阶段，利益格局的调整，思想观念的深刻变化，社会利益主体日益多元化，社会财富的再分配，在一定时期内，损害了一部分人的利益，由此产生不满情绪，特别是一些长期积存的深层次矛盾由于没有得到及时疏导而集中释放，新的社会矛盾和问题不断涌现，受侵害利益群体提起诉求的愿望日渐强烈，易引发群体性治安事件。征地拆迁、劳资纠纷、房地产纠纷引发的群体性事件，占群体性事件的相当大的比重。

### （二）群体性事件产生的社会原因

随着我国产业结构的升级、生产技术的革新以及市场经济的转型，社会财富的再分配，加速了社会阶级阶层的分化，不同社会阶层和利益群体的贫富差距越来越大。失业人口、失地农民、城市低收入人群这些弱势群体和边缘群体规模不断扩大，他们的生活水平长期处于贫困线以下，巨大的贫富差距使得弱势群体和贫困阶层产生了被剥夺感，在抱怨社会分配不公的同时，不满和怨恨持续积累，一旦有了发泄机会，极易采取过激行为。这些都是群体性事件的隐形诱因。

### （三）群体性事件产生的机制原因

社会冲突化解机制不健全，在社会急剧变革时期，尤其要畅通民意表达渠道。特别是群众的切身利益受到损害，当诉求无人理会，实际问题长期得不到解决时，民怨积累到一定程度，就会以某一件小冲突为导火线，继而发展成为群体性事件。群众之所以闹事，甚至把事态扩大化，是想通过这种极端的方式反映和表达民情民意，以引起高层领导的关注，实现自己的利益诉求。

### （四）群体性事件产生的民族、宗教原因

民族与宗教问题，是世界范围内影响社会稳定的突出因素。由于历史原因，民族之间、各宗教教派之间的矛盾和对立是群体性治安事件的诱因，另外，因落实民族与宗教政策的某些失误，涉及个别民族或宗教的敏感问题，也极易引发群体性治安事件。我国民族地区的民族关系总体上是和谐的，但由于各民族间存在的宗教信仰、文化传统、思想观念、风俗习惯、语言及民族心理等方面的差异，现实生活中影响民族关系

的一些不和谐因素依然存在，容易诱发一些群体性事件。加之西方敌对势力肆意插手我国民族宗教事务，境内外民族分裂分子借机兴风作浪。

（五）群体性事件产生的观念原因

随着我国民主与法治进程的推进，公民个人的权利意识也在不断加强，但法制观念并没有上升，为了维护合法权利，采取过激的、非法的抗争形式，是当前大多数群体性事件的模式。再加上在"大闹大解决，小闹小解决""法不责众"的不正确心理的支配下就容易采用过激方式来表达自己的诉求。

👆 **特别提醒**

明确群体性事件形成的原因，有助于我们更好地认识群体性治安事件形成、发展、变化的过程，从而使我们能针对群体性事件不同的主体、不同的原因，采取有针对性的预防措施和更加有效的处置策略和方法。

## 二、群体性事件的预防

【案例 12-3】

2009 年兰州某国有公司分离破产重新组合后，部分公司职工被剥离新公司，在公司引起极大震动。在新公司成立前，被剥离的职工有 300 余人，围堵公司领导办公大楼，并打出横幅"同是公司人，我们要吃饭，生存要平等，要和谐"，要求重回公司上班，并扬言如果不能回总公司上班，就将在新公司成立大会上砸新公司的牌子。市公安局及时掌握相关情报，并在协助做好大量宣传疏导工作的同时，建议有关市领导和厂方采取调整会议地点，缩小会议规模，对参加会议人员进行精选，统一组织入场，防止被剥离人员混入等应急措施并得到了认可；并且投入了警力千余人，分别控制了所有要害部位和重要场所，对闹事组织者逐个进行控制，使得新公司成立大会顺利进行。

【问题思考】

结合本案例理解群体性事件预防的基本方针。

世界上任何事物的发生发展都有一个过程，都有其发展变化的内在规律可循。群体性治安事件作为社会各种矛盾在一定历史条件下相互作用的产物，当然也有其内在的发展变化过程，如果我们能够把握住群体性治安事件的内在规律、特点，及时分析、研究和预测引发群体性治安事件的原因和趋势，从政治、经济等各个方面采取积极有效的防治措施，就能及时预防或减少群体性治安事件的发生。

（一）坚持党委、政府领导，与有关部门密切合作，落实领导责任制

落实维稳领导责任制是预防和处置群体性事件的基本保证。首先，要落实和完善地方党政领导责任制。各地党政领导统管本地区工作，是维护本地区稳定的第一责任人，各级党政领导要从上到下层层签订领导责任状，把维护社会稳定、预防和处置群

体性事件作为干部考核的一项重要内容。其次，要完善和落实"谁主管，谁负责"的部门责任制。明确各部门的责任，对于有效预防和妥善解决群体性事件至关重要，因为各部门对其内部的事务最易掌握。最后，要完善领导责任制的具体内容，明确规定党政领导和各部门领导在预防和处置群体性事件中的责任类别和责任大小。

（二）建立和完善社会保障体系，切实解决社会弱势群体问题

在社会转型期，由于利益结构变动而出现的社会弱势群体是社会不稳定的因素之一。因而世界各国普遍重视社会保障体系的建立和完善，以保护低收入者和有特殊困难者。为了减少利益结构变动对社会稳定的影响，解决社会边缘群体和弱势群体存在的生存危机，避免利益结构失调引发的群际利益冲突，以维护社会稳定，应建立和不断完善符合中国国情的社会保障制度。

（三）疏通民意表达渠道，建立社会冲突的化解机制

研究实现宪法赋予公民民主权利的具体形式，通过一定的机制及时释放社会中的不满情绪，严格禁止违法的释放渠道和途径，使正常的化解机制越来越健全、越来越完善，已成为当前治理群体性事件的一个重要突破口。当前我国建立社会冲突的化解机制主要应加强以下两方面的工作：一是建立矛盾预警与化解机制；二是加强信访工作。

（四）建立反应准确及时的社会监控和预警机制

群体性事件虽具有突发性，事件发生一般都比较紧急，但任何群体性事件的爆发，大都有一个较长时间的酝酿过程。如果我们对此做到有效监控，及时反应，作出科学正确的判断，就能及早地预防和纠偏，为解决、防范社会问题提供解决条件，防患于未然。因而，社会预警机制是防范和解决社会矛盾的基础，是社会稳定和发展的指示器，是科学决策的可靠手段。要建立健全重大问题预警排查机制，严格落实重大信息报告制度，集中时间和精力定期排查和及时掌握本地区、本系统、本单位的不稳定性因素，超前预测可能发生的群体性治安事件，有针对性地采取防范和控制措施。因此，要强化各级领导的预警意识，建立社会稳定预警系统的科学指针体系，对可能出现的群体性矛盾或群体性治安事件作出科学预测，提前预警，超前预防。

（五）进一步加强公安机关预防群体性事件的能力

公安机关作为处置群体性治安事件的重要角色，同样应当在预防此类事件发生上发挥自己应有的作用。公安机关要进一步加强预防群体性事件发生的能力，应着重做好以下几方面的工作：①加强基层工作和信息情报工作，排查不安定因素，密切掌握社情舆情；②加强治安管理，做好各项防范工作；③加强技术监控，增强预警能力；④加强法制宣传教育，提高公民的法制观念。

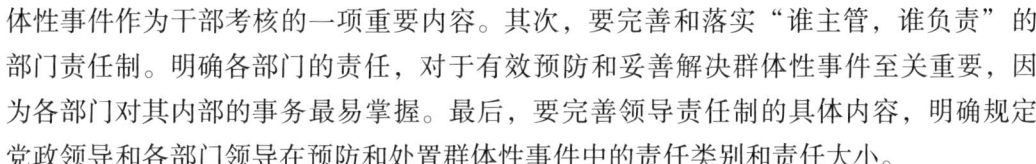 特别提醒

正确区分敌我矛盾和人民内部矛盾，积极预防妥善处置因人民内部矛盾引发的群

体性治安事件，是摆在各级党委、政府及有关职能部门面前的一项极为重要的政治任务，是公安工作的重中之重。公安机关在群体性事件的预防工作中，应当充分发挥情报信息的预警作用，当好党委、政府的参谋和助手，协助有关部门化解矛盾，积极预防群体性治安事件的发生，促进社会和谐发展，维护社会稳定。

# 项目三　群体性事件处置的指导思想与原则

**【案例 12-4】**

2008 年 6 月 15 日早上 6 点，贵州省德江县公安局接到群众报警，称在德江县城郊灌木林中发现一具男尸。该局刑侦大队民警迅速赶到现场，确认死者系德江一中 6 月 7 日高考前失踪的高三学生魏某杰，便通知其亲属等人员到现场。在征得死者亲属同意后，将尸体移至县医院太平间进行了尸检，次日，由其亲属将尸体运回煎茶安葬。6 月 18 日，德江县公安局作出了不予立案的决定，死者母亲张某秀签字认可。6 月 25 日，受个别人的唆使煽动，张某秀到德江县城街上举牌喊冤，短时间引来上千不明真相的群众围观。

德江县公安局获悉后，在迅速向县委、县政府和铜仁地区公安局汇报的同时，立即启动处置突发事件工作预案，局长魏某松带领 70 余名民警赶赴现场，宣传疏散围观群众，将张某秀劝至公安局解释疏导，有效控制了事态。为更广泛地澄清事实真相，引导社会舆论，防止事件反弹，6 月 27 日，德江县公安局在德江一中多媒体教室召开了由县直部门负责人、新闻单位、城区中小学校长、一中全体教师学生代表、社区居民和死者亲属参加的案情通报会，通过播放幻灯片和文字、口述的方式，对魏某杰自缢死亡情况作了详尽的讲解和分析，说明了公安机关不予立案的充分理由和法律依据。之后，又通过当地报纸、电视等媒体作了广泛报道，让更多群众及时了解真相，消除了负面影响，事件得以成功处置。

**【问题思考】**

1. 本案例中这一群体性事件处置的指导思想是什么？

2. 本案例中事件的成功处置使用了哪些方法？

**一、群体性事件处置的指导思想**

当前群体性事件的预防和处置要求高、难度大，是公安机关面临的重大课题，预防和处置群体性事件是对公安机关提高执法能力的重大考验，因此必须坚持以下指导思想。

**（一）抓住一个"防"字，防患于未然**

群体性事件都有酝酿、发生、发展三个过程，一般是可以预防的。而预防群体性事件主要分为基础性预防、机制性预防和针对性预防三种。

基础性预防主要做好两个方面的工作：一是抓好矛盾纠纷的排查调处工作。随着经济和社会各项事业的快速发展，社会各个领域、各个阶层的矛盾愈来愈突出，解决不好就可能造成局部动荡。因此矛盾纠纷的排查和调处工作十分重要，它是预防群体性事件发生的首要任务。二是要抓住一些典型案例对群众进行宣传教育，以提高群众的思想觉悟和抵制违法犯罪的能力。

机制性预防主要抓好三个方面的工作：一是责任倒查追究机制。发生群体性事件之后，必须严肃地进行责任倒查。倒查事件发生有关单位对引发事件的矛盾纠纷是否排查调处到位，是否存在渎职失责现象，对有责任的单位和个人坚决进行责任追究，以切实提高相关单位领导及民警的责任心。二是建立预警机制。要切实加强情报信息的收集反馈工作，充分发挥各有关单位的职能作用，及时收集一些深层次的情报信息。真正做到发现得了、控制得住，从而掌握处置群体性事件的主动权。同时还要认真做好群体性事件处置预案，周密部署处置群体性事件的各项准备工作。三是要密切警民关系，努力提升民警的亲和力。实践表明，良好的警民关系既有助于我们及时发现一些群体性事件的苗头，从而达到预防的目的，又可以在处置群体性事件中发挥积极的作用。

针对性预防主要注意两个方面：一是要及时做好聚众斗殴、故意伤害、凶杀等类的刑事案件及一些因矛盾纠纷引发的非正常死亡等事件的善后工作。二是要慎重处理党政干部和行政执法部门与群众因土地征用、房屋拆迁、税费征收等问题发生的治安纠纷，一定要依法办事，文明执法，切忌在处理这类治安纠纷中因不恰当的言语、行为而引起民愤，导致群体性事件的发生。

（二）立足于一个"理"字，以理服人

群体性事件中群众所提出的要求都存在合理不合理的问题。而在处理群体性事件中就要立足于讲理，分清群众的要求有理还是无理，做到以理服人。对于群众有理的要求，要报告党委、政府或协调相关部门及时解决，一时解决不了的也要向群众说清楚，取得群众的理解。对于群众无理的要求要向群众讲道理，指出其为什么无理，错在什么地方，不能无原则地迁就，做出错误的承诺。应该相信大多数群众是讲理的，聚众闹事不是他们的目的，而是要求解决问题的手段。某些时候群体性事件中一些群众表现出言辞过激、不讲道理的现象，一般要么是不明真相被人挑拨煽动，要么是对某项政策法律有误解，要么是不懂政策法律所致。对待这种情况，更要认真地做好说服教育工作，耐心向群众讲清道理。使大多数群众明白自己的行为可能带来的严重后果，从而自觉地遵守法律，依靠党委政府解决问题。

（三）突出一个"法"字，依法处置

群体性事件中无论群众的要求合理不合理，都存在违法的问题，严重的还有犯罪行为的发生。因此，处理群体性事件时既要依法处置，同时又要充分运用法律这个强有力的武器，去震慑那些为首分子和违法犯罪分子，达到迫使参与闹事者遵守法律，依据法律和政策解决问题的目的。具体来说：一是要做到依法办事，文明执法，防止授人以柄，激化矛盾。二是要向群众讲法。指出其行为的违法性质及可能造成的后果和应承担的法律责任，使大多数群众能认识自己的错误及可能给自己带来的后果，从而达到控制事态，平息事态的目的。三是对于群体性事件中发生的违法犯罪行为要坚决依法处理，该追究刑事责任的一律追究刑事责任，该按治安管理处罚法进行处罚的就要坚决处罚。不能姑息迁就，更不能拿闹事群众的法律责任作为平息事态的条件进行交换。否则就会后患无穷，会引发更多的群体性事件。

（四）讲求一个"策"字，掌握主动、因势利导

群体性事件一般都属于人民内部矛盾，应该说都是可以处理得好的，关键是看能不能运用好策略。实践中通常有如下几种：

1. 晓以利害、因势施压策略。使用该策略就是要集中优势警力，形成强大的攻势对闹事者形成巨大心理压力；然后对为首分子和积极参与者晓以利害，使其明白如果坚持下去，严重的后果正在等着他。

2. 借机造势、因势利导策略。在群体性事件的处置过程中，为首人物和积极参与者往往会在语言、行为中出现错误，有时也会发生一些意外情况。在这种情势下，要抓住机会，大造舆论，把群众的注意力引向对我方有利的方向，从而扭转局面。

3. "擒贼先擒王"策略。在参与闹事的人不多或大多数人的情绪不是很激烈，而警力够用的情势下，要果断决策抓捕有违法犯罪行为的为首分子和积极参与者，驱散聚集的群众，达到迅速控制局面平息事态的目的。

4. 分化瓦解、各个击破策略。有的群体性事件情况非常复杂，比较好的策略是对为首分子和积极参与者分化瓦解，各个击破。实施这一策略既可采用"抓把柄"的方法，也可运用迂回战略。

（五）把握一个"机"字，选准时机、果断处置

群体性事件的处置关键是把握好处置时机。一般来说群体性事件的处置可以分为四个阶段：群众起哄阶段，处置人员做群众工作进行说服教育讲理阶段，双方相峙阶段，平息阶段。双方相峙阶段是寻找处置机会的最好时机，因为群众的不满情绪已有不同程度的发泄，对群众的说服教育工作也会产生一定的效果，大部分群众的情绪不会再和初始阶段一样那么激烈，此时可能强烈对抗的只是少数甚至个别的为首分子和顽固分子。这个时候只要态度坚决，对为首分子和顽固分子采取果断措施，整个事件就会迅速平息。如果抓不住这个最好时机，势必会出现反复，事态不但得不到及时平息，反而会进一步恶化，造成更严重的后果。

## 二、群体性事件处置的原则

**【案例 12-5】**

某日上午 10 时，某乡政府前聚集百余名粮农，手持卖粮白条，要求兑付现金。并在乡政府门前静坐、围堵，不让乡政府工作人员出入，致使某国道交通堵塞。接到报警后，某公安局迅速向县委、县政府报告，并组织警力赶到现场，配合乡政府领导做疏导、劝解工作。县委、县政府接报后，当即发款 9 万元兑换粮农手中的白条。下午 3 时，聚集的群众全部散去，交通恢复。

**【问题思考】**

本案例中这一群体性事件处置的原则是什么？

（一）坚持党委、政府领导下"谁主管、谁负责"的原则

群体性事件是社会问题，也需要社会力量共同解决。处置群体性事件是一项系统工程，仅靠公安一家是难以奏效的，必须在党委、政府的统一领导下，组织、协调各部门统一行动。一是各级党委、政府领导要始终保持清醒头脑，做到"稳定压倒一切"，注意发现和善于发现各种潜在的社会不安定因素。二是对一些企事业单位不顾群众利益、制造不安定因素，甚至鼓动群众闹事的领导要严肃处理。三是建议各级党政领导要对影响发展和稳定的群体性事件及时妥善地处置。四是坚持矛盾就地化解不上交，并将此作为考核所在单位领导的重要内容。

（二）坚持抓早抓小的预警原则

群体性事件的最初表现形式一般为群体无秩序的集会、游行、请愿，事态发展到一定程度会出现哄闹、哄抢、打砸等暴力抗拒执法的行为。群体性事件的诱发原因也往往具有一定的征兆，一般事先都有迹象，并非临时集结在一起。公安机关如果能够及时获取信息，反应敏锐，抓住良机，及时向党委、政府汇报，就有可能把事件控制或制止在初始阶段。公安机关处置群体性事件必须在拓宽情报信息渠道、提高情报信息质量上下功夫。对倾向性、苗头性或热点问题，要组织专门力量深入调查研究，查清原因，制定对策，妥善处理。只有这样，才能把握处置工作的主动权。

（三）慎用警力和强制措施原则

近年来，一些地方发生群体性事件，将民警推到前面，要求公安机关出动警力解决问题，这是不对的。因为公安机关不可能了解所有群体性事件的起因，无法向群众解释、做群众的思想工作。这种简单化的做法不仅解决不了群体性上访问题，还可能将事态扩大，更重要的是会造成警民关系紧张。对待群体性事件，公安机关必须慎用警力，规范警力调动。上级公安机关应制定有关处置群体性事件使用警力的规定，经党委、政府批准，防止滥用警力问题的发生。在处置群体性事件过程中，公安机关必须依据准确及时的情报信息，正确地分析判断矛盾的性质，对于属于人民内部矛盾的

群体性事件，应运用说服教育的方法加以解决，绝不能动辄抓人，采取压制的方法，造成非对抗性矛盾转化为对抗性矛盾，非政治问题转化为政治问题。

（四）坚持可散不可聚、可顺不可激、可解不可结的原则

中央曾多次指出"对人民内部矛盾要区别不同情况，正确运用经济、行政和法律等手段加以处理，防止矛盾激化"。因此，公安机关在处置这类事件中，应积极配合党委、政府采取疏导的工作方法，缓解群众的情绪，规劝群众离开现场，并掌握现场态势的主动权。对群众提出的符合法律法规和政策规定的要求，要当场表明解决问题的态度，无法当场表态解决的，要责成相关部门限期解决，对确因决策失误或者工作不力而损害群众利益的，要实事求是地向群众讲明情况，公开承认失误，尽快予以纠正；对群众提出的过分要求，要讲清道理，耐心细致地做好说服教育工作。

（五）坚持体恤民情的思想原则

群体性事件中往往是合理与不合理的要求交织在一起，既然群众的要求和意见有合理的成分，虽然这种反映要求的方式是非法的，公安机关在处置中要心中装着老百姓，体谅群众的难处，体察群众的疾苦，维护群众的利益，不能一味地压制、推诿，否则，只能加剧事态的发展。有关领导要抓住主要症结，实事求是地解决群众提出的问题或引起群众不满而应予解决的问题。对应当解决而暂时解决不了的问题，要向群众说明原因，明确答复解决的时间、办法和措施，要取信于民；对于工作失误造成的问题，要诚恳检讨，争取群众的谅解，只有这样，才能起到降"温"消"火"的作用。做到以人为本，从民众角度出发解决根本问题。

（六）坚持严格执法、不枉不纵的处理原则

在处置中，公安机关要正确区分两类不同性质的矛盾，对事件中的绝大多数群众要做团结争取工作；对事件煽动者、首要分子要进行严格的控制，使其立即放弃非法组织行为，而且在事件中要设法将其和参与事件的群众分离开来，使其失去"龙头"的作用。对那些插手事件的敌对分子、敌对势力和具有犯罪行为的个别人员，要在矛盾基本缓和、绝大多数群众醒悟，并征得上级有关领导同意的基础上，以事实为依据，以法律为准绳，依法严肃处理，并造成声势，以儆效尤。

（七）依法果断处置的原则

依法果断处置是指公安机关在处置群体性治安事件过程中，要抓住时机，坚决依法果断处置，防止事态扩大和蔓延。具体应用的条件有：一是有利于稳定大局；二是处置的时机和条件成熟；三是已处于危险关头；四是既可能彻底解决治安事件，又不会留下严重的后遗症；五是不会产生较大的负面影响。要求对非法暴力活动以及严重扰乱社会秩序的行为应予以制止，果断处置。

👆 **特别提醒**

公安机关在处置群体性事件时，必须正确掌握和灵活运用这些原则，增强自觉性，

克服盲目性，杜绝简单粗暴，防止事态升级，从有利于社会稳定，有利于尽快制止和平息事件这一前提出发，迅速制止事态的扩展，以最小的代价，获取最大的社会效益。

# 项目四 群体性事件的处置机制与方法

## 一、群体性事件的处置机制

### 【案例 12-6】

2011 年 10 月重庆万盛区和綦江县合并为綦江区，当地群众向有关部门反映了一些担心和具体问题，但一直未得到解决。当地群众反映的问题主要有三个方面：一是担心区县合并后经济会萧条，尤其是第三产业滑坡；二是由于原万盛区执行的医保标准较高，现在按照市统一要求，必须纳入全市统筹，执行同一政策，一些原万盛区群众每月医保费少了二三十元；三是在区县合并后产生失落感，认为区县合并是错误的，希望"复区"。

因当地群众利益诉求未能有效解决，2012 年 4 月 10 日，从中午开始，万盛经开区子如广场、高速公路路口、万盛公安分局等地先后出现人群聚集。这期间，部分聚集者向维护秩序的执勤警察和武警投掷石块和砖头，并有 12 辆警车被砸、4 辆警车被烧。4 月 11 日，聚集人群封堵了綦万高速路万盛路口。这次聚集事件发生后，市长黄奇帆、市委副书记张轩等市领导迅速赶到现场，召开紧急会议，指导进行现场处置和疏导劝返工作。11 日上午 10 时许，现场执勤的武警、民警开始对聚集人群进行清场，并施放了催泪弹。经警方介入后，万盛城区聚集人群散去，社会秩序基本恢复正常，城区内各主次干道全部恢复通行。

参加此次聚集的人数最多在一万人左右，事件造成 12 辆警车被砸、4 辆警车被烧，在冲突中并无人员死亡。有个别民警和群众受轻微伤，也均得到及时有效治疗。

事件发生后，2012 年 4 月 13 日，市政府新闻发言人接受记者采访，并叙述了事件起因、经过，及市政府对该事件的态度和处理方法。新闻发言人称，对于群众的合理诉求，市政府都应重视，并积极予以解决。为解决聚集群众的利益诉求，市委市政府 4 月 11 日出台了《关于促进万盛经开区当前经济社会平稳发展的政策意见》，该文件已经通过媒体予以公布。群众情绪逐渐稳定。[1]

### 【问题思考】

1. 结合本案例思考处置群体性事件要做好哪些组织准备？

2. 结合本案例思考处置群体性事件要做好哪些器材准备？

---

〔1〕 案例来源：搜狐新闻，2012 年 4 月 13 日。

（一）处置群体性事件组织准备机制

组织准备阶段主要是指现场处置队伍赶到现场前的各项准备工作。现场指挥员在此阶段要以处置队伍能否适应现场处置需要为前提，着重从以下程序迅速开展准备工作：

1. 领受任务，展开工作。公安机关处置群体性治安事件的任务来自上级公安机关或当地党政领导机关的处置命令。在接受任务时，必须了解任务的具体内容，明确上级的任务和意图，获取事件的一切有关情报信息，本级的任务及其在上级处置任务中的地位和作用，相关警种的任务与本级任务的关系以及明确完成处置任务的时限等内容。

2. 正确判断，下定决心，制定方案。判断的正确性和准确性是指挥员定下决心的基础，也是实施组织指挥的先决条件，它关系到行动的成败。指挥员和指挥机关在组织准备阶段，要尽可能了解情况，集中各方面获取的事件所有情报信息，采取定性、定量分析相结合的方法，正确估计有利条件和不利因素的作用，形成正确判断，制定应急处置方案。

3. 检查落实各类保障。处置群体性事件常常是多警种合成作战，出动警力成百上千人，所以离不开灵活机动的运输工具、高质量的现代化通信设备和精良的武器警械等后勤保障。如有可能造成人员伤亡或处置时间较长，还要考虑医疗救护和饮食保证，这是处置群体性事件所必备的物质条件。因此，现场指挥员必须针对处置事件的特点，周密计划，认真检查落实各类保障工作。

（二）处置群体性事件预案制作机制

群体性事件处置预案是指公安机关根据已发生过的群体性事件的成因、特点、规模及处置经验，针对未来可能发生的群体性事件所制定出的科学的处置方案。

1. 根据领受和承担的任务确定预案目的。确定预案目的是制定预案的前提。不论制定何种预案，都有着特定的目的。预案目的的正确与否，对以后的处置工作成败得失有着重要的影响。因而，预案的制定者必须根据上级的部署，明确所承担的任务，并以此确定预案的目的。

2. 依据所收集情报信息拟制预案。要围绕预案的目标，广泛收集历史的、现实的各种相关资料、情报信息，尤其是以往处置群体性治安事件的经验教训，掌握第一手材料，并通过科学分析找出影响预案目标实现的各种因素和问题，从而有针对性地制定具体措施，使制定出的预案具有可靠性和可操作性。

3. 预案的基本内容。预案的主要内容包括：指导思想和目的、基本情况分析、处置的基本原则和基本任务、组织指挥、职责分工、警力部署以及警械装备的配备。

（三）处置群体性事件器材装备保障机制

器材装备保障是公安机关处置群体性治安事件的必要物质基础，是民警战斗力的重要组成部分。充分的器材保障对于武力威慑、提高民警安全防护能力、克服行动障碍、发展完善战术手段、实施有效心理打击等方面具有重要意义：

武器，特指人民警察按规定装备的枪支、弹药等致命性警用武器。

警械，特指人民警察按规定装备的警棍、催泪弹、高压水枪、特种防暴枪、手铐、脚镣、警绳等警用器械。警械按不同的功能，可分为约束性警械、驱逐性警械、制服性警械。

装携用具，用于行动中随身装携武器弹药、通信器材及其他装备。科学设计的装携用具可为警察行动提供可靠保障，增强民警行动能力。

防护装具，用于人体或物体的防护，起防爆、防火、防刺、防弹等作用，如各种防弹（刺）衣、防暴盔甲、防弹（暴）头盔、防弹（暴）盾牌、防护手套等。

破拆器材，用于破门、破障等，如各种破门工具组、液压破门千斤顶、强力剪等。

拦阻器材，一般用于强行拦截交通工具或拦阻人群以设置缓冲区。如各种阻车排钉、栅栏等。

攀登垂降器材，用于攀越高障或从高处降下。

照明器材，用于低光照环境，包括大功率照明灯、战术手电、枪用战术灯等。

观察监视器材，用于事件处置中的观察监视、情报搜集、证据记录等。

检查器材，用于对可疑物品、车辆、人身的检查，以发现违禁物品、危险品、相关证据等。

排爆器材，用于对爆炸物的转移、排除等，包括各种防爆罐、专用排爆工具以及排爆机器人等。

通信器材，用于行动中通信联络。

特种交通工具，现场处置所需的空中、地面、水上等各种交通工具，如警用直升机、飞艇、警用装甲防暴车、紧急勤务车等。同时确保充足的燃料、有效的维护措施、科学便捷的运输方式等，用于人员机动、通信指挥、防暴等活动有效实施。

其他战术辅助性器材，用于在战术行动中欺骗、驱赶、干扰目标及牵制、分散、转移目标注意力等，对攻击、机动等战术行动起辅助作用。还包括饮食、医疗救护和其他器材装备，如各种食品、服装、用水给养、医疗和救护勤务组织、各种取证器材、宣传车、大功率播音器材以及用于特定场所紧急疏散闹事人群的大型交通车等。

### 二、群体性事件的一般处置方法

**【案例 12-7】**

某年某月 26 日，某矿务局 2000 余名闹事者和上访群众，将参与维护现场秩序的 800 余名民警及其百余台警车封堵在矿务局院内达 20 多小时。事件发生后，某公安厅紧急调集警力 2000 名，分为两路纵队，以 500 名武警为先导突破，呈锥形向前推进，在中心现场以人墙打开和封闭了近 800 平方米的真空地带；同时，又有 500 名武警冲进大院，同被围困的 800 名民警、武警一起行动。很快形成了一个高压态势，威慑了闹事者，使解围和处置工作得以顺利进行。

**【问题思考】**

结合本案例谈谈群体性事件处置的基本手段方法有哪些？

（一）群体性事件处置的基本手段方法

群体性事件处置的基本手段方法是指为及早平息群体性事件，根据群体性事件的发展状况而制定的行动思路和行动方式、方法。常见的处置群体性治安事件的策略与方法主要有以下几种：

1. 扬威造势，政策攻心。"扬威造势，政策攻心"是指运用各种手段展示人民警察的强大威力，辅助以政策的宣传教育，使闹事群体心理畏惧，信心动摇，不敢贸然行事，被迫停止闹事行为的一种行动方法。

（1）扬威造势。接到命令后，当某些事件尚未发展到特别严重的程度时，调集警力以最快速度赶赴事发现场，当接近事发地域时，可调整成密集开进队形，以警车开道，警灯长闪，警笛长鸣，警察全副武装，以威武不可阻挡的气势向事发地域集结，陈兵耀武，从精神和心理上震慑闹事人群，使闹事人群不敢轻举妄动。同时，在对闹事区域实施封控的前提下，选择适当时机，实施武装巡逻。以严明的纪律，高昂的士气，威武的警容，形成坚不可摧的态势，以产生威慑效应。

（2）政策攻心。孙子兵法讲："是故百战百胜，非善之善者也；不战而屈人之兵，善之善者也。"在形成强大的警力威慑后，不要急于动武，要积极配合政府有关部门，使用车载或便携式扩音器材等宣传工具，或通过新闻媒介，讲明党和国家的有关政策法律，讲清闹事的违法性和危害性，用事实揭露事件真相和组织者的阴谋，开展政治攻势，消除事件主体的不正常主体意识和激情反应，劝导人群离开现场，不要受坏人的欺骗，表明政府的立场和态度，以此达到从心理上威慑闹事骨干分子，使闹事人群不敢轻举妄动的目的。运用攻心战法的前提是要明确攻心对象的需求、欲望等；具体形式有情感攻心、政策攻心、武力攻心、惩治攻心等；最佳时机是在事件始发时、闹事群体内部分裂时、犹豫不定时、彷徨动摇时等。

2. 周边封控，卡口控制。"周边封控，卡口控制"是指在事发地域的周边布警设卡，将闹事群体封控在一定范围内，切断其与外界的联系，遏制事态扩大蔓延的一种行动方法。

（1）周边封控。对已经形成一定规模的群体性治安事件，要在各级指挥部的统一指挥下，将参与处置事件的警力编成一个或若干个封控分队，采取人障结合的方法，在事发地域周边的道路、通道设置警戒，划定警戒区域，设置临时警戒线，实施区域性交通管制，阻止无关人员、车辆进入封控区。力量部署一般是机动警察在外线，武警在二线，处置警察和政府工作人员在一线。把闹事人群隔离在一定范围内，阻止其扩大蔓延，遏制事态发展。

（2）卡口控制。在执法现场（闹事区）周围选择有利的地形地物，进行设卡布哨，加强对人员、车辆的检查、控制和疏导，阻止无关人员进入执法现场（闹事区），堵截企图逃离封控区的闹事组织者或闹事骨干分子。切断执法现场（闹事区）与外界群众的联系。若目标区域较大，既要控制有重要意义的桥梁、路口和制高点，也要采取定点拦阻与机动拦阻相结合的方式，卡口、堵路、控面，对闹事群体实施立体封控。

3. 多道拦阻，抗击冲击。"多道拦阻，抗击冲击"是指在闹事人群必经之路或重要目标周边设置多道拦阻线，拦阻闹事人群向预定区域（目标）聚集或抗击闹事人群冲击重要目标的一种行动方法。

（1）多道拦阻。根据参与群体性治安事件的人数、事件的规模、闹事人群的情绪、执法现场（闹事区）的地形地物特征以及参加执法的警察的数量等因素，在拦截地域设置一道或多道拦阻线，在拦截部署上可实行点面结合，在拦截手段上可实行人障结合，在拦截方法上可实行拦劝结合，坚决阻止闹事群体的行动。

（2）抗击冲击。在闹事人群冲击重要目标时，负责拦截的警察应在重要目标通道（出入口）和要害部位设置多道拦阻线，采取纵深梯次配置，坚决阻止闹事人群冲击。同时在抗击闹事人群的冲击过程中，指挥员应组织人员进行劝说，对群众的过激言行，要尽量保持克制，以免激化矛盾。当以队形抗击冲击的方式不能奏效时，可使用警棍和催泪弹驱散冲击人群，坚决阻止人群通过。对企图从我方队形侧翼迂回绕过我方阻截线的人群，指挥员应适时使用预备队进行阻截。对向我方使用暴力的极端分子，可根据上级指示将其抓捕带离现场。

4. 缉捕首恶，震慑犯罪。"缉捕首恶，震慑犯罪"是指为制止暴力犯罪行为，采取强行措施，突然行动，抓捕闹事骨干分子或犯罪首要分子的一种行动方法。参加执法的警察应根据上级命令、指示，配合参与执法的武警等相关部门或单位，在及时组织现场取证的同时，组织若干行动小组，对正在实施打、砸、抢、烧、杀等行为的闹事骨干分子或犯罪分子，采取诱捕、候捕、化装缉捕、穿插缉捕、突击缉捕和分割缉捕等方法，制止其犯罪行为。若闹事人员众多，可根据现场情况，先行施放催泪弹，乘闹事人群混乱之机，开展缉捕行动，打击违法犯罪气焰，平息事态。在抓捕中，对使用器械、武器或者危险品等拒捕的，可以按照法律规定使用警械或者使用枪支。在使用武器警械时，应严格按照批准使用的警械武器的种类、范围、程度和要求使用。特别是在使用手枪等杀伤性武器时，要切实遵守法律法规，不到万不得已，不得轻易开枪，并一定注意不要误伤无辜。与此同时，对抓到的闹事骨干分子或犯罪分子及时加强审讯工作，弄清事情真相，依法打击处理违法犯罪分子，以达到震慑犯罪，教育群众的目的。

**（二）群体性事件的分阶段处置方法**

在处置群体性事件的过程中，应根据事态的性质、规模及其发展的不同阶段，采取相应的处置方法和手段。

1. 事件初期的防范性处置方法。采取防范性战术手段是为了防止事态的进一步发展变化，并保护重点单位和要害部位免受冲击和危害。把事件制止在萌芽或初期阶段，这比等事件发展到大规模剧烈冲突的程度再去处置要容易得多。具体处置手段有：教育疏导，缓解矛盾；拦截阻隔，重点布防；威严震慑，引而不发。

2. 事件中期的处置战术。中期处置是公安民警在初步控制局势的前提下，所采取的疏散闹事群众、平息事态的各种战术手段。这是群体性治安事件得以解决的关键阶段。中期处置时，在警员的调度上，应事先准备好后备机动人员，以应付紧急情况的发生。一般来讲，后备机动人员应占总体人员的25%左右。机动人员待命的位置多隐蔽在事件现场附近，以便于快速进入现场。必要时也可设若干机动点，从不同方向进入现场。中期处置的战术主要有：

（1）驱散闹事人群。当命令解散无效时，经批准可采用强行驱散，主要方法有：队形冲击；使用警械驱散等。

（2）抓捕首要分子。对于群体性治安事件的首要分子的抓捕，首先应注意罪证的搜集工作，判明情况，做到师出有据，防止授人以柄，导致闹事群众与处置民警之间的矛盾进一步激化。其次应把握好抓捕时机，不动则已，动则必胜，力求一举成功。抓捕的方法可视抓捕对象的众寡，采取楔入、包抄、分割等直接抓捕方法，一经抓获立即带离现场，审查处理、调查取证等工作也应同步进行。

（3）调查取证，收缴闹事工具。在群体性治安事件处置中期，通过调查获取证据材料，为后期事件处置打下基础。

3. 事件后期的处置方法。后期的工作主要是消除危害后果，恢复正常的社会秩序，防止闹事群众重新集结。后期处置的战术方法主要有：

（1）协同有关部门处置事件参与人。

（2）在事件现场保留适当警力，防止闹事群众重新集结。事件初步平息后，公安民警不应立即撤走，而要保持事件处置工作在时空上的适当延伸，保留适当警力进行观察巡视，发现闹事群众重新集合的苗头要及时疏导平息，以免使前期处置工作成果付之东流。具体做法有，在可能发生再集结的地区、场所留有适当警力驻守，使闹事者知难而退，另外还可以在相关区域进行巡逻，并适当增加巡逻密度，巡逻时应注重对可能再集结的场所地区实施必要的搜索检查以及对过往的行人的盘查。

（3）消除危害后果，稳定社会秩序。群体性治安事件一般都会给社会造成严重的危害后果，消除事件造成的危害后果是后期处置中难度较大的工作。公安民警应主动配合有关部门，积极做好抢救伤员的工作，并及时清理整修由于事件造成的物质损害，排除路障，疏导交通。配合有关部门稳定群众情绪，恢复正常的工作、生产、教学科研秩序。

**特别提醒**

处置群体性事件应根据群体性治安事件所具有的不同的性质、规模和特点、发生的场所、危害程度、引发主体，表现形态的不同，有针对性地采取相应的、切实有效的处置方法。

# 项目五　技能训练

## 群体性事件处置训练

### 一、训练内容

1. 处置群体性事件预案制作。
2. 群体性事件初期的防范性处置方法。
3. 群体性事件中期的处置战术。
4. 群体性事件后期的处置方法。

### 二、训练目的

通过模拟对群体性事件处置的实战演练，再现群体性事件产生和发展的实际情景，使参训学生掌握群体性事件不同阶段的处置方法，用较为真实的情景锻炼和提高处置群体性治安事件的动手能力。

### 三、训练前的准备

手铐、警绳、警棍、盾牌等警械，扩音喇叭等大功率播音器材。

### 四、训练方法与步骤

1. 以班为单位在校内空旷处组织模拟演练，2/3 的学生扮演群体性事件当事人；1/3 的学生扮演处置群体性事件的警察。

2. 由扮演警察的学生自行设计事件处置预案。预案的内容应当包括指导思想和目的，基本情况分析，处置的基本原则和基本任务，组织指挥，职责分工，警力部署以及警械装备、后勤保障的配备。

3. 模拟群体性事件的初期、中期、后期不同阶段的冲突状态，由学生根据不同阶段的不同性质、规模和特点、发生的场所、危害程度、引发主体、表现形态，有针对性地采取相应的、切实有效的处置方法。并实际操作人墙式封锁线和人障结合式封锁线，演练驱散队形，演练围堵、分割与抓捕队形。

4. 教师指导。教师充当群体性事件的总指挥，对学生制作的群体性事件预案进行审批、检查，指导学生在演练中对群体性事件不同阶段的状态进行不同侧重的处置，及时对学生的行进队形进行纠正、指导。

## 五、注意事项

1. 参训学生要按照自己的角色办事，并互换角色进行训练。

2. 慎用警力和强制措施。

3. 在学生模拟演练中，扮演群体性事件的当事人和警察的学生要注意安全，不要在冲撞中发生受伤。

## 六、考核方式及标准

### （一）考核方式

指导老师 1 名，学生分为 3 组，轮流模拟处置群体性事件的警察，考核学生的群体性治安事件预案制作情况和在事件不同阶段的不同处置方式。

### （二）考核标准

四级评分制：

优秀：准备充分，队形操作熟练，文书格式合法规范，文书内容完整清晰，事件处置方式合理有效，法律手续完善。

良好：准备较充分，队形操作较熟练，文书格式合法规范，文书内容完整，事件处置方式比较合理有效，法律手续完善。

合格：准备基本充分，队形操作基本熟练，文书格式基本合法，文书内容基本清晰，事件处置方法基本合理，法律手续完善。

不合格：未达合格标准。

## 七、训练案例

**【训练案例】**

某市某出租车公司与其下属的出租车司机因收入分配不公发生矛盾。该公司的司机 300 余人围攻封锁了公司大楼，禁止大楼内工作人员出入，并要求将公司的董事长、总经理等重要领导全部交出来，否则就焚烧大楼。公安机关接到报警后立刻出警，处置这一突发性群体治安事件。

**【训练提示】**

1. 出警前制作预案，并根据预案准备必需的装备。

2. 警察到达现场后进行群体性事件发生初期的处置。

3. 在群体性事件发生的中期分别建立起警戒封控队形，驱散队形，围堵、分割与抓捕队形，对事件进行处置。

4. 在群体性事件的后期，进行恢复正常社会秩序的处置。

5. 对本次群体性事件的处置效果进行总结。

单元十三

# 治安危机管理

**知识目标**

1. 了解危机的含义、特征、分类。
2. 理解治安危机管理的含义、周期、组织。
3. 理解治安危机的预警。
4. 掌握治安突发事件的应急处置。

**能力目标**

能按照法律、法规规定进行治安突发事件的处置。

**知识结构图**

治安危机管理
- 治安危机管理概述
  - 危机概述
  - 治安危机管理概述
- 治安危机预警
  - 治安危机预警的概念
  - 治安危机预警的实施
  - 治安预警后的应对措施
- 治安危机事件应急处置
  - 治安危机事件应急处置的原则
  - 治安危机事件处置流程
  - 治安突发事件应急处置措施
  - 公安机关在应急处置中的职责
- 技能训练

# 项目一 治安危机管理概述

## 一、危机概述

### （一）危机的概念

危机的概念最初来源于希腊语，并被普遍用于医学领域，用来表达一些至关重要的需要立即作出决断的状况。到了 18～19 世纪，危机的概念被引入政治领域，表明政府或政治体制处于紧急状态。随着社会的发展，在不同的领域危机问题越来越被重视。

国外学者从不同的角度定义危机。赫尔曼（Hermann）认为"危机是指一种情景状态，在这种形势中，其决策主体的根本目标受到威胁且作出决策的反应时间很有限，其发生也出乎决策主体的意料之外"。罗森塔尔和皮恩伯格（Rosterhal and Pijnenburg）认为"危机是对一个社会系统的基本价值和行为架构产生严重威胁，且在时间性和不确定性很强的情况下必须对其作出关键性决策的事件"。

危机事件的发生有着千变万化的现实场景，实则难以一言蔽之。有人认为，中国汉字能圆满地表达出危机的内涵，即"危险与机遇"，是组织命运"转机与恶化的分水岭"。国内有学者从决策形势的角度出发，将危机定义为："决策者（政府）认定的社会基本价值和行为准则框架结构面临严重威胁，突发紧急事件以及不确定前景造成高度紧张和压力，为使组织在危机中生存，并将危机造成的损害降至最低，决策者必须在相当有限的时间内做出关键性决策和采取具体的应对措施。"

危机影响的不仅是个人、家庭，也可以是某个群体、组织、地区，甚至是国家。本教材谈论的危机特指在治安工作中，涉及公共安全领域的，或者发生后能够危害社会治安的危机。公共安全是危及绝大多数人生命健康、公私财产安全的问题。治安工作中涉及公共安全的危机，会影响社会治安，危及绝大多数公民生命健康、公私财产安全，需要公安机关立即决策并采取应对措施把损失降到最低。

### （二）危机的特性

1. 突发性和紧迫性。危机具有一定的隐蔽性，不易被发觉，危机事态及状态的发生是不能预测或者难以预测的。由此，危机往往是在意想不到、没有准备的情况下突然爆发。在危机发生之前，很少有人意识到会发生。危机的隐蔽和不确定，使得危机爆发具有突发性强的特点。危机往往有很强的冲击力和破坏力，此时可供判断危机、选择对策的时间有限，若不及时处置，将导致其恶化，产生组织崩溃，甚至社会混乱的危险，因而面对危机要迅速开展救援、采取恢复策略等紧急措施加以应对，需要有关管理部门和社会公众在相当短的时间内作出决策，化解危机，消除影响，减少损失。由此危机又具有紧迫性。

2. 偶然性和必然性。必然性是事物发展、变化中的不可避免和一定不移的趋势，是由事物本质决定的。偶然性是事物的非本质联系和发展过程中的不稳定现象，由事物外部原因决定。必然性在事物发展过程中居于支配地位，决定着事物发展变化的方向。偶然性则在事物发展过程中居于从属地位，只能对事物的发展过程起加速或延缓的作用。危机是各种矛盾积累的爆发，其发生存在必然因素，因偶然的契机，偶然发生，难以预料。

3. 公共性和破坏性。治安工作中的危机都是公共安全范畴的危机，影响和涉及的主体具有公共性。虽然并不是所有危机的涉及范围一定在公共领域，但危机事件会因为迅速传播引起公众关注，形成涟漪效应，造成公众恐慌和社会秩序混乱。随着经济全球化进程的加速，转轨时期的公共安全危机还具有全球化的特征。

不论什么性质和规模的危机，都会在不同程度上给国家政治、经济、文化等，给政府或组织的形象和公信力，给民众生命、健康、财产、精神等带来破坏和损失。危机都是负面事件，不带来任何损失和破坏的事件不能称之为危机。

4. 可预测性和可控性。危机虽以偶然形式表现，但存有发生必然性，可被预测；危机反应的内容也具有必然性，可被控制。从人类社会发展来看，危机从没有停止过，任何国家，虽然社会制度不同、经济与社会发展状况不同，但都不可完全避免危机。然而随着科学、技术的发展，危机已能通过预警被预测：对于自然类危机，已能够把损失控制在最低点；对于人为类危机，危机管理者可以影响危机是否发生、发生规模大小、持续时间、危害损失和负面影响等。

（三）危机的分类

参考《国家突发公共事件总体应急预案》与《突发事件应对法》的相关规定，根据引发危机因素的性质和机理，将危机类型归纳为自然灾害、事故灾难、公共卫生事件和社会安全事件四个类目。其中，自然灾害类，主要包括水旱灾害、气象灾害、地震灾害、地质灾害、海洋灾害、生物灾害和森林草原火灾等。事故灾难类，主要包括工矿商贸等企业的各类安全事故、交通运输事故、公共设施和设备事故、环境污染和生态破坏事件等。公共卫生事件类，主要包括传染病疫情、群体性不明原因疾病、食品安全和职业危害、动物疫情以及其他严重影响公众健康和生命安全的事件。社会安全事件类，主要包括恐怖袭击事件、经济安全事件和涉外突发事件等。本教材从涉及或可能发生危及治安问题的角度出发，进而细化为以下几种：

1. 自然灾害危机。自然灾害危机主要包括地震、泥石流、台风、洪水、海啸、火山喷发等突发性灾害，也有地面沉降、土地沙漠化、干旱、臭氧层变化、水体污染、水土流失、酸雨等人类活动导致的环境灾害。自然灾害危机是人类赖以生存的自然界中所发生的异常现象，这些自然灾害和环境破坏之间又有着复杂的相互联系。在自然界运动、自然界与人类之间运动中，人类违背自然规律、破坏自然环境的行为改变了其所依存的条件和环境，严重的还造成公共安全危机。

2. 公共事故灾难危机。公共事故灾难危机事件是指人们在从事生产和管理工作中，由于不服从管理或管理不善，违反自然规律，违反安全规章制度和操作程序，不负责任，致使民众的生命遭受严重威胁或严重伤害，国家、集体和个人的财产遭受巨大损失的治安危机事件。

3. 恐怖袭击危机。恐怖袭击危机是指个人或集团，为实现某种目标或改变某些政治进程的结局，运用暴力或威胁手段，蓄意制造恐慌气氛的危机。自20世纪90年代以来，恐怖袭击发生并发展成当前的国际恐怖袭击，恐袭危机愈演愈烈，出现了一种令人更加忧虑的现象，即将无辜人群作为恐怖袭击的对象。恐怖主义浪潮开始向暴虐、非理性、惨无人道、难以预见的方向演化。恐怖袭击给人类社会、国际社会、国家政治、经济乃至公共安全方面造成极大的威胁和危害。

4. 群体性危机。群体性危机是指人民的利益或相关诉求得不到有效满足而引发的，部分群众参与的，有一定组织和目的，采取围堵党政机关、静坐、聚众闹事、群体上访等方法，对社会秩序和政府管理造成影响，甚至使社会在一定范围内陷入对峙状态的危机。该类危机事件一般属于人民内部矛盾。

5. 突发公共卫生危机。突发公共卫生危机事件是指突然发生，造成或者可能造成社会公众健康严重损害的传染病疫情、群体性不明原因疾病、重大食物和职业中毒以及其他严重影响公众健康的公共安全危机。突发公共卫生事件是针对群体而言，而不是个体。公共卫生是卫生事业的重要组成部分，是政府通过公共政策和保障措施，创造公共健康环境，改善广大人民群众健康状况的一项基本管理和服务职责。在当今经济全球化的背景条件下，公共卫生不仅关系到国家的长治久安和兴旺发达，严重的公共卫生危机甚至可能跨越国界，对全人类安全造成不利后果，成为影响政治、经济、外交和国家安全的重大问题。

### 二、治安危机管理概述

【案例13—1】

2014年12月31日23时35分，正值跨年夜活动，因很多游客、市民聚集在上海外滩迎接新年，上海市黄浦区外滩陈毅广场东南角通往黄浦江观景平台的人行通道阶梯处底部有人失衡跌倒，继而引发多人摔倒、叠压，致使拥挤踩踏事件发生，造成36人死亡、49人受伤。

2015年1月21日，上海市公布"12·31"外滩拥挤踩踏事件调查报告，认定这是一起对群众性活动预防准备不足、现场管理不力、应对处置不当而引发的拥挤踩踏并造成重大伤亡和严重后果的公共安全责任事件。黄浦区政府和相关部门对这起事件负有不可推卸的责任。调查报告建议，对包括黄浦区区委书记周伟、黄浦区区长彭崧在内的11名党政干部进行处分。

2015 年 1 月 21 日，上海市公布上海外滩踩踏事件遇难者家属将获 80 万抚慰金。[1]

（一）治安危机管理的含义

本教材所讨论的治安危机管理，是以公安机关和其他政府部门、公共部门为管理主体的治安危机管理。公安机关和政府其他部门或其他社会公共组织一起，通过监测、预警、预防、应急处置、评估、恢复等措施，预防可能发生的危机，处理已经发生的危机，以减少损失，甚至将危险转化为机遇，以维护良好的社会治安秩序，保护公民的人身和财产安全，从而确保社会和国家的安全。

（二）治安危机管理的周期

治安危机管理一般涉及危机发生前、危机发生中、危机发生后的全过程管理。治安危机具有周期性是指危机在其产生和结束的过程中，可以划分为不同的阶段，每个阶段表现出具体的特征。治安危机在整个周期里，危害性不断发展变化，与之对应的管理方法和措施也须有所不同。一般情况下，可以将危机的生命周期划分为五个发展阶段，即潜伏期、爆发期、蔓延期、恢复期和消除期。该发展阶段是危机生命周期的一般状态，但并不是所有危机的必经阶段。有些危机的爆发可能没有任何征兆，或者危机征兆的持续时间短暂，跳过了潜伏期；有些危机在潜伏期就被管理主体所觉察并迅速采取应对措施，被遏止在萌芽状态，不再进入爆发期；有些危机不能得到妥善解决而没有恢复期。

潜伏期是一些能诱发危机发生的因素积聚的过程。危机在潜伏期阶段会出现一些征兆，但是，这些征兆具有很强的隐秘性，人们不容易觉察到，也难以进行识别和预测；或觉察到危机征兆，却又忽视它们。当危机因素相互作用，破坏性和毁灭性能量不断积累，达到一定程度，危机随之爆发。因此，危机的爆发常常使人们措手不及。假如人们能够在危机的潜伏期内就发现这些征兆，并对它们进行正确的判断和评估，及时采取措施，就可以化解和遏制危机的爆发。

当潜伏期的危机征兆不能被察觉或消除，危害能量集聚到一定程度，危机就会突然爆发，进入爆发期。危机往往使组织的正常工作秩序完全被打乱，给整个社会系统或组织系统造成很大冲击与破坏，使社会生产和生活偏离正常轨道。危机爆发时会给政府、社会、组织以及公众都带来特别强烈的震撼和巨大的压力，使人们产生恐慌。

危机一旦爆发，状况仍会继续恶化。这时，危机进入蔓延期，产生一系列的连锁反应，其影响会延伸到社会的方方面面，并继续产生危害，甚至危害性可能比爆发阶段更严重。蔓延期的长短与危机所产生危害的程度有直接关系；也取决于危机管理主体的处理情况；同时，还与科学技术发展水平密切相关。科学技术的发展可以使人类

---

［1］ 案例来源：百度百科，"12·31"上海外滩踩踏事件。

控制危机的手段及物质条件不断得到改善，从而更有效地遏制危机的蔓延。

在恢复期，危机事态已经得到控制，危机爆发后所引发的各种显性化问题基本得到解决，危机风暴已经过去，危机管理主体、组织管理层所承受的压力减弱。这个时期，危机管理主体要通过危机的现象，寻找危机发生的本质原因，并提出改进措施，防止危机可能引起的各种后遗症或危机卷土重来。

在消除期（善后期），危机状况已经基本被平息，是危机管理主体在危机解除之后自我分析、自我检讨的疗伤止痛期。危机管理者应睿智地利用这段时间，进一步分析问题出在什么地方，并尽可能采取补救措施，防止出现新危机。

现代学者们提出了危机管理模型，普遍接受的是四阶段模型：预防 Prevention/减除（缓和）Mitigation→准备 Preparedness→应对 Response→恢复 Recovery，简称为危机管理 PPRR 模型，或者 MPRR 模型。学者们认为，实际操作中，四个阶段并没有明显的界限，各阶段间的内容相互关联、相互渗透，常常有交叉重叠的地方。

（三）治安危机管理的组织

治安危机管理是社会化的工作，需要在政府（包括公安机关）的主导下，各种类型组织共同发挥作用。这些组织包括政府、企事业单位、社会组织、武装力量、国际援助组织等。

（四）公安机关在治安危机管理中的职责

公安机关在众多共同承担治安危机管理的政府职能部门中，是一个关键且重要的部门，是维护社会稳定和从事治安危机管理的重要力量。在治安危机的不同阶段，根据管理目标的不同，公安机关承担着不同的责任。公安机关承担的责任可以根据社会是否处在稳定状态，简单分为危机发生前的常态和危机发生后的非常态两个方面。

危机发生前，公安机关的主要职责包括：能够识别治安风险、评估风险、消除风险或控制减少风险；监测风险，研判形势，进行预警；在职责范围内进行治安监督管理，使全社会严格遵守安全法律法规，避免或减少危害公共安全和社会治安的事件发生；为处置治安危机做好准备，包括制定应急预案，进行应急演练，从思想、物质、人员方面为应对危机做准备。

危机发生后，公安机关依据法定职责积极参与危机的应急处置，维护社会秩序，减少人员伤亡、财产损失；做好善后工作，参与或组织调查、恢复、重建等。

# 项目二　治安危机预警

## 一、治安危机预警的概念

治安危机预警是根据已发生的各类治安危机过去和现在的数据、情报、资料，运用逻辑推理和科学预测的方法和技术，对潜伏期的危机现象，及其出现的约束性条件、未来发展趋势和演变规律等作出研判，并发出确切的警示信号或信息，使政府和民众提前了解危机状况，以便及时采取应对措施，防止或消除不利后果的一系列程序、标准和原则。

治安危机预警是治安危机管理的第一步，也是治安危机管理的关键所在，是治安危机管理信息系统具有的功能。治安危机预警能及时捕捉到治安危机发生前的信号，加以分析处理，及时采取得力措施，最终将危机带来的损失降至最低，甚至避免危机的产生。

**二、治安危机预警的实施**

（一）信息监测

治安危机信息是危机发生前后，所产生的与危机事件原因、性质、状况、程度以及应对方法相关的信息，贯穿于危机管理的预防、准备、应对、恢复整个周期。危机信息可以来自个人、社会组织、政府或者媒体，涉及政治、经济、社会、地理、自然等多个方面。

国家建立健全危机突发事件监测制度。县级以上人民政府及其有关部门应当根据自然灾害、事故灾难和公共卫生事件的种类和特点，建立健全基础信息数据库，完善监测网络，划分监测区域，确定监测点，明确监测项目，提供必要的设备、设施，配备专职或者兼职人员，对可能发生的突发事件进行监测。

根据《突发事件应对法》，对于信息监测，国务院建立全国统一的危机事件信息系统。县级以上地方各级人民政府应当建立或者确定本地区统一的危机事件信息系统，汇集、储存、分析、传输有关危机事件的信息，并与上级人民政府及其有关部门、下级人民政府及其有关部门、专业机构和监测网点的危机事件信息系统实现互联互通，加强跨部门、跨地区的信息交流与情报合作。县级以上人民政府及其有关部门、专业机构应当通过多种途径收集危机事件信息。县级人民政府应当在居民委员会、村民委员会和有关单位建立专职或者兼职信息报告员制度。

获悉危机事件信息的公民、法人或者其他组织，应当立即向所在地人民政府、有关主管部门或者指定的专业机构报告。地方各级人民政府应当按照国家有关规定向上级人民政府报送危机事件信息。县级以上人民政府有关主管部门应当向本级人民政府相关部门通报危机事件信息。专业机构、监测网点和信息报告员应当及时向所在地人民政府及其有关主管部门报告危机事件信息。有关单位和人员报送、报告危机事件信息，应当做到及时、客观、真实，不得迟报、谎报、瞒报、漏报。

（二）预测

县级以上地方各级人民政府应当及时汇总分析危机事件隐患和预警信息，必要时组织相关部门、专业技术人员、专家学者进行会商，对发生突发事件的可能性及其可能造成的影响进行评估。根据危机的分类，我国有许多专业的自然灾害预测机构；社会安全事件预测由党委、政府和公安机关进行。预测应及时、准确、全面。

（三）预警

根据预测结果，危机事件即将发生或者发生的可能性增大时，县级以上地方各级人民政府应当根据有关法律、行政法规和国务院规定的权限和程序，发布相应级别的警报，决定并宣布有关地区进入预警期，同时向上一级人民政府报告，必要时可以越级上报，并向当地驻军和可能受到危害的毗邻或者相关地区的人民政府通报。危机突发事件的预警级别，按照事件发生的紧急程度、发展势态和可能危害程度分为一级、二级、三级和四级，分别用红色、橙色、黄色和蓝色标示，一级为最高级别。发布突发事件警报的人民政府应当根据事态的发展，按照有关规定调整预警级别并重新发布。

### 三、治安预警后的应对措施

发布三级、四级警报，宣布进入预警期后，县级以上地方各级人民政府应当根据即将发生的危机事件的特点和可能造成的危害，采取相关措施：启动应急预案；责令有关部门、专业机构、监测网点和负有特定职责的人员及时收集、报告有关信息，向社会公布反映突发事件信息的渠道，加强对突发事件发生、发展情况的监测、预报和预警工作；组织有关部门和机构、专业技术人员、有关专家学者，随时对突发事件信息进行分析评估，预测发生突发事件可能性的大小、影响范围和强度以及可能发生的突发事件的级别；定时向社会发布与公众有关的突发事件预测信息和分析评估结果，并对相关信息的报道工作进行管理；及时按照有关规定向社会发布可能受到突发事件危害的警告，宣传避免、减轻危害的常识，公布咨询电话。

发布一级、二级警报，宣布进入预警期后，县级以上地方各级人民政府除采取应对三级、四级警报的措施外，还应当针对即将发生的危机事件的特点和可能造成的危害，采取下列一项或者多项措施：①责令应急救援队伍、负有特定职责的人员进入待命状态，并动员后备人员做好参加应急救援和处置工作的准备。②调集应急救援所需物资、设备、工具，准备应急设施和避难场所，并确保其处于良好状态、随时可以投入正常使用。③加强对重点单位、重要部位和重要基础设施的安全保卫，维护社会治安秩序。④采取必要措施，确保交通、通信、供水、排水、供电、供气、供热等公共设施的安全和正常运行。⑤及时向社会发布有关采取特定措施避免或者减轻危害的建议、劝告。⑥转移、疏散或者撤离易受突发事件危害的人员并予以妥善安置，转移重要财产。⑦关闭或者限制使用易受突发事件危害的场所，控制或者限制容易导致危害扩大的公共场所的活动。⑧法律、法规、规章规定的其他必要的防范性、保护性措施。

# 项目三　治安危机事件应急处置

## 一、治安危机事件应急处置的原则

### （一）以人为本，安全第一

虽然治安危机事件一旦爆发，必定造成多种损失，但仍应坚持把保护人的生命安全放在第一位，坚持"以人为本，安全第一"。这里所指的安全应该既包括公众的安全，也包括应急处置人员的安全。

### （二）积极主动，快速反应

治安危机事件的突发性和紧迫性、公共性和破坏性，要求应急处置和救援必须快速、及时，避免灾害事故扩大蔓延甚至产生次生灾害和衍生灾害，造成更大的损失。发生危机事件的单位应立即组织救援、采取措施，防止危机危害的扩大，同时向所在地县级人民政府（公安机关）报告。危机事件发生后，政府部门应积极主动承担应急处置责任，快速决策、处置，并掌握事件的舆论引导主动权。

### （三）依法处置

危机事件发生后政府需要快速决策，以迅速控制事态，减少损失。为了提高处置效率，行使应急管理权，甚至会简化程序，采取一些必要的应急措施。为了保障公民的合法权益，防止滥用或误用应急管理权力，我国制定并实施了适用于危机管理的法律法规。应急管理部门应明确应急管理中的权力、责任和义务，必须遵守法律法规行使应急管理权。

## 二、治安危机事件处置流程

### （一）警情信息研判

治安危机事件发生后，公众或单位应在第一时间报告给政府（公安机关）。各级政府的应急管理部门以及工作人员在接到报告后应详细询问清楚危机事件的时间、地点、性质、规模、人员伤亡和财产损失情况，对事件的严重性和管辖进行研判。

### （二）先期处置

危机事件发生后，履行统一领导职责或者组织处置危机事件的人民政府应当针对其性质、特点和危害程度，立即组织有关部门，调动应急救援队伍和社会力量，开展应急救援和处置工作，采取措施控制事态发展。并及时把最新的信息传递给应急管理部门。

（三）信息报告

危机事件发生后，发生地县级人民政府应当立即采取措施控制事态发展，组织开展应急救援和处置工作，并立即向上一级人民政府报告，必要时可以越级上报。突发事件发生地县级人民政府不能消除或者不能有效控制突发事件引起的严重社会危害的，应当及时向上级人民政府报告。Ⅰ级（特别重大）或Ⅱ级（重大）危机事件4小时内报告国务院。危机事件处置过程中，要及时续报相关情况。

（四）应急响应与结束

对于先期处置未能有效控制事态的突发事件，要根据现场评估和信息研判确定响应级别并启动相关应急预案，成立现场应急指挥机构统一指挥或指导有关地区、部门开展处置工作。应急指挥机构应及时组织专家组，调动应急救援队伍和救援物资参与救援与处置。需要多个部门共同参与处置的，一般由该类危机事件业务主管部门牵头组成应急管理指挥机构，其他部门予以协助。

治安突发事件应急处置工作结束，或者相关危险因素消除后，现场应急指挥机构予以撤销。

**三、治安突发事件应急处置措施**

（一）自然灾害、事故灾难、公共卫生事件应急处置

自然灾害、事故灾难或者公共卫生事件发生后，履行统一领导职责的人民政府可以采取下列一项或者多项应急处置措施：①组织营救和救治受害人员，疏散、撤离并妥善安置受到威胁的人员以及采取其他救助措施。②迅速控制危险源，标明危险区域，封锁危险场所，划定警戒区，实行交通管制以及其他控制措施。③立即抢修被损坏的交通、通信、供水、排水、供电、供气、供热等公共设施，向受到危害的人员提供避难场所和生活必需品，实施医疗救护和卫生防疫以及其他保障措施。④禁止或者限制使用有关设备、设施，关闭或者限制使用有关场所，中止人员密集的活动或者可能导致危害扩大的生产经营活动以及采取其他保护措施。⑤启用本级人民政府设置的财政预备费和储备的应急救援物资，必要时调用其他急需物资、设备、设施、工具。⑥组织公民参加应急救援和处置工作，要求具有特定专长的人员提供服务。⑦保障食品、饮用水、燃料等基本生活必需品的供应。⑧依法从严惩处囤积居奇、哄抬物价、制假售假等扰乱市场秩序的行为，稳定市场价格，维护市场秩序。⑨依法从严惩处哄抢财物、干扰破坏应急处置工作等扰乱社会秩序的行为，维护社会治安。⑩采取防止发生次生、衍生事件的必要措施。

受到自然灾害危害或者发生事故灾难、公共卫生事件的单位，应当立即组织本单位应急救援队伍和工作人员营救受害人员，疏散、撤离、安置受到威胁的人员，控制危险源，标明危险区域，封锁危险场所，并采取其他防止危害扩大的必要措施，同时

向所在地县级人民政府报告。

（二）社会安全事件应急处置

社会安全事件发生后，组织处置工作的人民政府应当立即组织有关部门并由公安机关针对事件的性质和特点，依照有关法律、行政法规和国家其他有关规定，采取下列一项或者多项应急处置措施：①强制隔离使用器械相互对抗或者以暴力行为参与冲突的当事人，妥善解决现场纠纷和争端，控制事态发展。②对特定区域内的建筑物、交通工具、设备、设施以及燃料、燃气、电力、水的供应进行控制。③封锁有关场所、道路，查验现场人员的身份证件，限制有关公共场所内的活动。④加强对易受冲击的核心机关和单位的警卫，在国家机关、军事机关、国家通讯社、广播电台、电视台、外国驻华使领馆等单位附近设置临时警戒线。⑤法律、行政法规和国务院规定的其他必要措施。

严重危害社会治安秩序的事件发生时，公安机关应当立即依法出动警力，根据现场情况依法采取相应的强制性措施，尽快使社会秩序恢复正常。

因本单位的问题引发的或者主体是本单位人员的社会安全事件，有关单位应当按照规定上报情况，并迅速派出负责人赶赴现场开展劝解、疏导工作。突发事件发生地的其他单位应当服从人民政府发布的决定、命令，配合人民政府采取的应急处置措施，做好本单位的应急救援工作，并积极组织人员参加所在地的应急救援和处置工作。

**四、公安机关在应急处置中的职责**

根据《突发事件应对法》《人民警察法》等法律法规，公安机关参与突发事件应急处置是其法定的职责和义务。

（一）紧急疏散群众

治安危机事件的现场往往会有一部分群众和财物处于危险以及潜在的危险之中。灾害性事故危机持续的时间长短不一，无论出现哪种情况，都必须有专门的部门组织人员和财物的疏散和转移。特别是在特大突发事件发生后，人员和财物的紧急疏散难度大，无疑对公安机关的处置能力提出了更加严峻的考验。

（二）预防控制和打击犯罪

抢劫、盗窃、哄抢物资等犯罪往往伴随着危机事件的发生而发生，公安机关承担着维护社会治安秩序，预防、制止和惩治违法犯罪活动的任务，因此控制事件所衍生的犯罪行为，并对其发生与发展的趋势特点和类型作出科学预测，及时采取相应的处置对策，才能确保突发事件处置工作的稳定。

（三）警戒与交通疏导

社会安全事件发生后，公安机关针对事件的性质和特点，依照有关法律、行政法规和国家其他有关规定，加强对易受冲击的核心机关和单位的警卫，在国家机关、军事机关、国家通讯社、广播电台、电视台、外国驻华使领馆等单位附近设置临时警戒线。另一方面，出于人员安全和现场保护的需要，公安机关应根据危机事件的危险性和影响范围划定警戒区，进行警戒。

交通基础设施往往会因为严重的危机事件而造成瘫痪甚至毁灭性的破坏。如，2008年冰灾广泛影响了中国南方交通，因正值春运，大量旅客因交通中断滞留在车站，交通枢纽不畅通，从而造成安全隐患。公安机关根据应急处置需要，对相关道路交通实施管制，开设应急救援"绿色通道"，确保道路畅通，确保抢险救援物资和人员能够及时、安全送达。

（四）信息发布

在处置中，公安机关应与媒体建立良好的互动运转机制，以坦诚和透明的形象，召开新闻发布会或通过媒体向社会公布事件处置的进展情况，及时化解各种与事实不符的猜测和小道消息，为突发事件的处置工作提供良好的舆论环境，保证社会公众的情绪朝着积极的方向发展，避免不符合事实的舆论成为主流，造成公众心理的波动。

# 项目四　技能训练

## 治安灾害事故调查的模拟训练

### 一、训练内容

1. 事故调查的组织。
2. 事故调查计划制定。
3. 事故现场勘查与事故调查访问。

### 二、训练目的

通过训练，学生能进行事故调查的组织、制定调查计划。能区别不同的现场情形，采用合理的顺序，选择合适的勘查方法。掌握如何开展事故调查访问工作。

### 三、训练前的准备

事故现场布置，选择不同类型的物品作为现场的物证，有高处的、地面的，有相对稳定、相对容易被破坏的。现场知情人员的设定安排。

### 四、训练方法与步骤

学生8~20人组成小组，交替、轮流进行模拟训练。

（一）事故调查组织与计划

根据给定的案例，大致判断治安灾害事故的类别，将小组成员科学分配，组成若干分工不同的工作小组。属于重大灾害事故的，一般分工为：现场保护组、现场访问组、急救组、现场勘查组、物证查实组、现场化验组、经济损失核算组、后勤组、材料组。确定各调查小组的工作任务，制定调查计划。

（二）事故现场勘查的方法

1. 做好现场勘查的准备。勘查人员巡视现场，了解周围环境、现场中心、现场内的结构和各种物体的分布情况，根据现场的具体情况选择勘验顺序。常用勘验顺序有外围向中心式、中心向外围式、划片分层式、带状线状式。

2. 进行实地勘查。实地勘查可分为静态勘查和动态勘查两种形式。静态勘查，就是对现场的各种物体不加触动地进行观察研究。动态勘查，就是通过翻转、移动物体寻找可疑痕迹和物品，予以记录和提取。实地勘查一般应坚持先静观后动手、先拍照后提取、先重点后一般、先外表后内部、先地面后高处、先易失后稳定。

3. 做好勘查记录。现场勘查记录，是对事故现场中一切与事故真相有关的客观事物所作的记载，是勘查活动和结果的客观反映。

现场勘查笔录的主要内容包括：事故发生时间、地点；发现人姓名、住址；发现经过；事故基本概况；保护现场人员身份和现场保护情况；勘查工作起止时间；勘查范围、顺序；事故发生时和勘查时的气象情况；等等。

现场拍照一般包括：现场方位照相、现场全貌照相、中心部位照相和细目照相等。运用录像作记录，可以是局部，也可以是整个勘查活动的全程录制。

现场绘图主要包括：现场方位图；事故建筑平面、剖面图；事故波及范围总平面图；设备破坏情况示意图等。现场制图应注明图的名称、比例尺、绘图说明、绘图日期、绘图人等。

（三）事故调查访问

事故调查访问中，要做好笔录。调查访问主要围绕的问题有：事故发生的时间、具体部位和经过等情况；事故发生时，谁在岗或在场，谁不在岗或不在场；事故是谁首先发现的，怎样发现的，采取过哪些措施；事故发生前有什么征兆，是否有过类似事故，如何处理的；事故发生前后，谁有哪些反常表现和可疑情况；事故制造者必须具有哪些专业知识、技术技能、工具、时间和思想基础。

**五、注意事项**

1. 学生能否根据给定的案例，合理分工，进行事故调查的组织；

2. 学生能否根据现场的物品，选择正确的勘查顺序与方法；

3. 学生能否充分开展调查访问，了解治安灾害事故发生的详细情况。

### 六、考核方式及标准

（一）考核方式

1. 教师与未轮到训练的学生一同观察训练小组的模拟调查过程；

2. 各个模拟训练小组完成现场勘查记录、调查访问笔录；

3. 通过彼此之间的观摩，学生互相交流指出优点与不足，并完成训练作业，填写训练心得体会；

4. 教师总结。

（二）考核标准

四级评分制：

优秀：能根据给定案例，合理分工组织事故调查；选择了正确的现场勘查顺序与方法并制作了记录，充分开展调查访问工作并制作好笔录。认真观摩其他小组的模拟操作，积极与同学交流训练经验。

良好：能根据给定案例，合理分工组织事故调查；选择了较正确的现场勘查顺序与方法并制作了记录，基本完成调查访问工作并制作笔录。积极与同学交流训练经验。

及格：能根据给定案例，分工组织事故调查；无严重现场勘查顺序与方法的错误，基本完成调查访问工作。

不及格：无法完成任何一项训练内容。

### 七、思考题

1. 对于重大灾害事故，调查事故的组织，一般如何分工？

2. 现场勘查的步骤与方法是什么？

3. 事故调查访问时的主要问题方向是哪些？

# 参考书目

1. 李颖、师维主编：《治安管理实训教程》，高等教育出版社 2007 年版。

2. 李颖、师维主编：《治安管理教程》，高等教育出版社 2007 年版。

3. 熊一新、李健和主编：《治安管理学概论》，中国人民公安大学出版社 2004 年版。

4. 广东省公安厅政治部编：《治安管理（初级）》，中国人民公安大学出版社 2004 年版。

5. 王国良主编：《出入境管理学》，中国人民公安大学出版社 2002 年版。

6. 熊一新主编：《治安管理学》，中国人民公安大学出版社 2005 年版。

7. 谢川豫主编：《治安管理学概要》，中国人民大学出版社 2016 年版。

8. 王占军主编：《治安管理实务与实训教程》，武汉大学出版社 2018 年版。

9. 施秀艳主编：《治安管理学》，法律出版社 2015 年版。

10. 陈天本主编：《治安管理理论与实务教程》，对外经济贸易大学出版社 2012 年版。

11. 赵文燕、裴佳黛主编：《治安管理学》，中国人民公安大学出版社 2012 年版。

12. 丁建荣主编：《治安管理教程》，浙江大学出版社 2007 年版。

13. 裴兆斌、张金明、王君：《治安管理处罚法导读》，东南大学出版社 2016 年版。

14. 李小波：《治安学范式研究》，法律出版社 2017 年版。

15. 王宏君主编：《新编治安案件查处教程》，中国人民公安大学出版社 2014 年版。

16. ［荷］范迪克著，矫永慧译：《增长与危机管理》，机械工业出版社 2010 年版。

17. 董传仪：《危机管理学》，中国传媒大学出版社 2007 年版。

18. 王瑞山：《中国传统治安思想研究——以"盗贼"为考察对象》，法律出版社 2016 年版。